엑셀 2010, 기본만하자

최명세 著

 21세기사

엑셀은 일반적으로 우리가 알고 있기에 자료처리에 유용하게 사용되고 쉽게 활용할 수 있다고 생각하고 있습니다. 하지만 엑셀을 강의하면서 늘 느끼는 것은 학생들이 다른 OA 과목에 비해 배우고 공부하고 활용하는데 있어서 좀 더 어려움을 가지고 있는 것 같습니다. 관련 자격증을 가지고 있는 학생이든 그렇지 않은 학생이든 공부하고 배울 때 뿐이고 돌아서면 사용하는 방법을 잊어버려 '엑셀은 어렵다' 라는 생각이 들게 합니다.

주위에 컴퓨터를 잘 다루는 사람은 컴퓨터를 사용하는 시간이 그 만큼 많습니다. 엑셀이라는 것도 늘 사용을 하게 되면 엑셀박사가 되는 것이죠. 엑셀은 지식보다는 기능적인 측면이 많아서 엑셀을 사무실에서 늘 사용하게 되면 자연히 엑셀 전문가가 될 수 있습니다. 하지만 배우는 과정에서는 항상 엑셀을 접하는 것이 아니므로 엑셀이 쉽다는 생각이 들지 않죠.

엑셀, 기본만 하자.

배우고 공부하고, 하지만 돌아서면 잊어버리고 하는 것은 당연한 과정입니다. 이것을 자연스럽게 받아들여야 한다고 봅니다. 일반적으로 공부하다가 잊어버리고 새로 공부하고 잊어버리고, 이것을 반복하다 보면 계속 공부하는 것을 포기하는 경우가 많습니다. 엑셀도 마찬가지입니다. 배우고 익혀서 활용하는데 우리가 기억할 수 있는 정도는 한정되어 있습니다. 모든 것을 외우고 기억하면서 할 수는 없습니다. 외우지 못하고 기억나지 않을 때 필요한 것이 책입니다. 모르면 책을 보면서 활용하며 나에게 주어진 일을 해결할 수 있는 것이 능력입니다. 이것이 기본인 것입니다. 기본만 하자는 것은 기초적인 것만 공부하자는 것이 아닙니다. 공부하다가 또는 일을 수행하다가 모르거나 기억나지 않을 경우 이를 해결하기 위해 책을 보고 이해하고 따라할 수 있는 것이 기본이고 문제해결능력인 것입니다.

이 책에서 하고자 하는 것은 엑셀 사용 방법을 하나하나 따라 하면서 엑셀 활용에 익숙해지고 돌아서서 잊어버리더라도 나중에 실무에 접하였을 때 책을 보며 해석하고 이해하고 따라 하기가 되어 혼자서도 문제를 해결할 수 있는 능력을 가지도록 하는 것입니다. 또한 엑셀은 기능적인 측면이 많다고 하였지만 엑셀 동작의 기본을 이해하면서 따라하기가 가능하면 훨씬 더 쉽게 엑셀을 활용할 수 있고 실무에 자신감을 가지고 적용할 수 있을 것입니다. 모두가 엑셀에 대해 자신감을 가질 수 있기를 기원합니다.

최명세

목 차 ▶▶

Chapter

1

엑셀이란...

1 엑셀은 어디에 사용되는 프로그램일까요?

엑셀은 회사에서 사용하는 프로그램 중에 가장 일반적으로 유용하게 활용되는 사무용 프로그램으로 사무실에서 일반적으로 처리되는 데이터 관리업무에 많이 사용됩니다. 사무실에서 일반적으로 처리되는 업무라고 하면 문서작업일 것입니다. 여기에 생산품 또는 구매품 등의 자재관리와 비용계산 등과 같은 수치를 다루는 표 형식의 작업이 많을 것입니다. 몇 장에서 수십 장에 이르는 문서작업은 당연히 워드프로세서를 활용하겠지만 수치와 함께 작성되는 표 형식의 문서, 수치와 더불어 차트와 그래프와 같은 형태로 표현하고자 하는 문서의 경우에는 엑셀 보다 유용한 것은 없을 것입니다. 엑셀이 사무실에서 사랑받는 가장 큰 이유는 데이터의 단순한 입력에서 복잡한 계산까지 처리해야 할 일이 수 없이 많고 이런 일들이 계속해서 반복적으로 일어나는데 이를 간편하게 처리되도록 하고 수치적인 결과도 눈에 바로 보이도록 처리되며 때로는 자동으로 처리되도록 할 수 있기 때문일 것입니다. 여러분들은 앞으로 공부를 해나가면서 그 편리함을 경험할 수 있을 것입니다.

엑셀에서 할 수 있는 일
- 문서 작성
- 수치 계산
- 복잡한 수치에 대한 함수를 활용한 간편한 표 작업
- 차트와 그래프

견　　적　　서

작성일자　　　2015-01-05

발　신	㈜ABC
사업자번호	123-45-67890
전화번호	02-123-4567

품명	품종	수량	단가	공급가	부가세
한글	소프트웨어	300	30000	9,000,000	900,000
윈도우 7	소프트웨어	200	50000	10,000,000	1,000,000
포토샵	소프트웨어	100	150000	15,000,000	1,500,000
오피스 2010	소프트웨어	50	100000	5,000,000	500,000
소계		350	300000	30,000,000	3,000,000
램	하드웨어	200	50000	10,000,000	1,000,000
마우스	하드웨어	300	15000	4,500,000	450,000
모니터	하드웨어	70	500000	35,000,000	3,500,000
키보드	하드웨어	600	20000	12,000,000	1,200,000
프린터	하드웨어	40	250000	10,000,000	1,000,000
USB	하드웨어	100	10000	1,000,000	100,000
CPU	하드웨어	150	300000	45,000,000	4,500,000
소계		1460	1145000	117,500,000	11,750,000
합계		1810	1445000	147,500,000	14,750,000

▲ 문서 및 수치 작업

사원 명부

사번	성명	부서	직급	기본급	직급수당	부양가족	시간외수당
10001	홍길동1	인사팀	사원	1500000	0	2	55000
10002	홍길동2	영업팀	부장	2000000	400000	1	0
10003	홍길동3	기획팀	부장	2000000	400000	2	25000
10004	홍길동4	관리팀	대리	1600000	100000	1	40000
10005	홍길동5	전산팀	부장	2000000	400000	2	50000
10006	홍길동6	연구팀	과장	1700000	200000	3	25000
10007	홍길동7	인사팀	차장	1800000	300000	2	12000
10008	홍길동8	영업팀	사원	1500000	0	3	0
10009	홍길동9	총무팀	부장	2000000	400000	2	0
10010	홍길동10	관리팀	과장	1500000	200000	1	0
10011	홍길동11	인사팀	대리	1600000	100000	0	35000
10012	홍길동12	관리팀	대리	1600000	100000	3	12000

⇩

급 여 명 세 서

사번	성명	부서명	직급	부양가족	실수령액
10007	홍길동7	인사팀	차장	2	1,826,200

지급내용	기본급	직급수당	가족수당	시간외수당				지급합계
	1,800,000	300000	40,000	12000				2,152,000
공제내용	건강보험	국민연금	고용보험	산재보험	기타공제	갑근세	주민세	공제합계
	90,000	162,000	9,000	5,400		54,000	5,400	325,800

▲ 함수를 활용한 표 작업

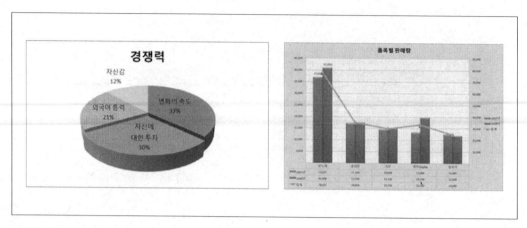

▲ 차트 작성

2 엑셀의 실행과 종료하기

🌐 엑셀 실행하기

컴퓨터에서 프로그램을 실행하는 방법은 대부분 동일합니다. 엑셀을 실행하는 방법은 여러 가지입니다. 가장 간편하고 보편적인 방법은 엑셀 실행 아이콘을 바탕화면에 만들어 놓고 더블 클릭하여 실행하는 방법입니다. 바탕화면에 아이콘을 만드는 방법을 포함하여 다음 소개되는 방법 중 여러분이 사용하는 컴퓨터의 환경에 맞게 선택하여 실행하면 되겠습니다.

🌐 방법 1 : 엑셀 프로그램 찾아서 실행하기

바탕화면에 엑셀을 실행할 수 있는 아이콘이 없을 경우에는 엑셀 프로그램을 찾아서 직접 프로그램을 실행하여야 합니다. 그 과정은 다음과 같습니다.

[시작] 단추 클릭 → [모든 프로그램] 클릭 → [Microsoft Office] 클릭 → [Microsoft Excel 2010] 클릭

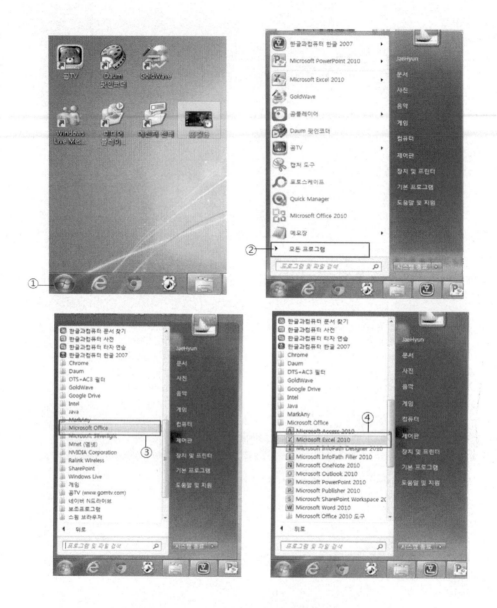

❶ 바탕화면에서 왼쪽 아래 모서리에 [시작] 단추「 🌐 」클릭

❷ 펼쳐지는 항목들 중에 바로 위의 [모든 프로그램] 항목을 클릭

❸ 사용 중인 컴퓨터에 설치된 모든 프로그램의 목록이 나타납니다. 그 중에 [Microsoft Office] 항목을 클릭

❹ Microsoft Office와 관련된 프로그램들이 펼쳐집니다. [Microsoft Excel 2010]을 클릭하면 엑셀이 실행됩니다. 엑셀 로그가 나타나고 엑셀의 워크시트 초기 화면이 나타납니다.

🌐 방법 2 : 바탕화면에서 실행하기

바탕화면에서 엑셀을 실행하려면 먼저 바탕화면에 엑셀을 실행할 수 있는 아이콘을 만들어야 합니다. 만드는 과정은 방법 1에서의 비슷한 과정을 거치는데 ❹번 과정에서 바탕화면에 아이콘을 만드는 작업만 수행하면 됩니다.

위의 ❶, ❷, ❸번 과정을 수행한 뒤

❹ Microsoft Office와 관련된 프로그램들이 펼쳐지면 [Microsoft Excel 2010] 항목에서 마우스 포인터를 항목 위에 두고 오른쪽 버튼을 누릅니다.

❺ 마우스 오른쪽 버튼을 누르면 새로운 항목들이 펼쳐집니다.

❻ [보내기] 항목에 마우스를 가져가면 새로운 메뉴 항목들이 펼쳐집니다.

❼ [바탕 화면에 바로가기 만들기]를 클릭합니다.

바탕화면에 엑셀 실행 바로가기 아이콘이 생성된 것을 확인할 수 있습니다.

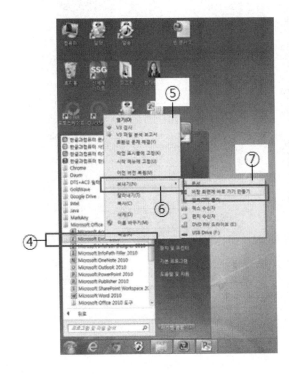
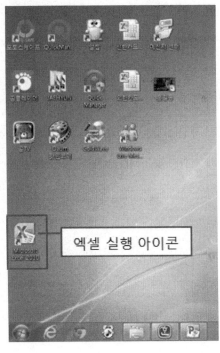

🔵 방법 3 : 시작 메뉴에서 실행하기

시작 메뉴라고 하는 것은 바탕화면에서 왼쪽 아래 모서리에 [시작] 단추가 「 🔵 」입니다. 이
[시작] 단추를 클릭하면 펼쳐지는 메뉴들 있죠? 이 메뉴가 시작 메뉴입니다. 시작 메뉴 여기에
엑셀을 실행하는 항목을 만들어 활용하려고 합니다.

방법 2에서와 같이 ❶, ❷, ❸, ❹번 과정을 수행한 뒤

❺ 펼쳐진 항목 중 [시작 메뉴에 고정]을 클릭합니다.

시작 메뉴에 엑셀 실행 항목이 생성된 것을 확인할 수 있습니다.

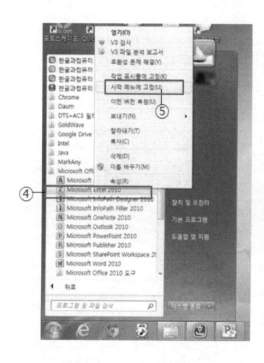 

🌑 방법 4 : 작업표시줄에서 실행하기

작업표시줄은 바탕화면 하단에 [시작] 단추 「 🌑 」이 있는 줄을 말합니다. 이 줄에 엑셀을 실행하는 아이콘을 생성하고자 합니다. 방법 3과 비슷한데요, ❺번에 해당하는 수행절차에서 [작업 표시줄에 고정] 메뉴를 클릭합니다. 그리고 바탕화면 하단의 작업표시줄에 엑셀 실행 아이콘이 생성된 것을 볼 수 있으며 클릭하여 실행해 보세요.

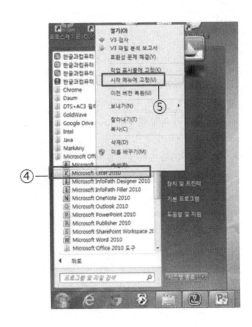

🌐 방법 5 : 엑셀 파일을 찾아 실행하기

이 방법은 이전에 작업을 한 후 저장이 되어 있는 파일이 있는 경우에 적용되며, 이미 만들어진 파일을 수정하거나 참고하고자 할 때 적용되는 경우입니다. 먼저 실행하고자 하는 파일을 탐색기 등을 이용하여 찾습니다. 실행을 파일을 찾았으면 더블 클릭하여 바로 실행하면 해당 파일이 열립니다.

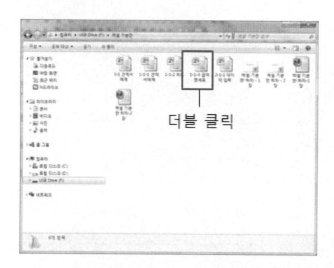

🌐 엑셀 종료하기

엑셀을 종료하기 위해서는 먼저 작업 중이던 내용을 저장하여야 합니다. 저장을 하지 않고 종료를 하는 명령을 내리면 컴퓨터가 알아서 자동으로 현재의 문서를 종료하기 이전에 저장을 할 것인지 저장하지 않고 종료할 것인지를 묻는 창이 뜹니다. 창이 뜨면 저장여부를 결정한 후 종료하면 됩니다. 저장에 대한 것은 다음 절에서 다루니까 넘어가고 여기서는 저장을 한 후라고 가정하고 엑셀을 종료하는 과정을 설명합니다.

가장 간단하고 많이 사용하는 방법은 [닫기] 단추를 클릭하여 종료할 수 있습니다. 아래 그림에서 [닫기] 단추를 클릭할 수 있는 3가지 경우를 볼 수 있는데

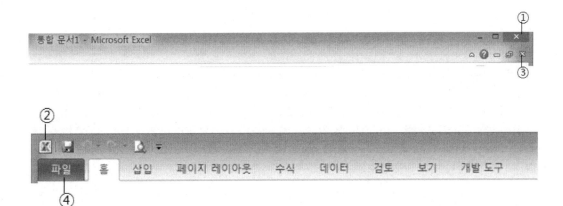

❶ 가장 많이 활용하는 「x」모양의 [닫기] 단추입니다.

❷ 더블 클릭을 하거나 클릭하여 펼쳐지는 항목 중에 [닫기] 항목을 클릭하면 됩니다.

❸ 이 경우의 [닫기]는 엑셀 프로그램은 종료하지 않고 현재 작업 중인 문서만 종료하는 단추입니다. 앞서 [닫기] 단추가 엑셀 프로그램을 종료하는 것과 차이가 있지요.

❹ [파일] 탭을 클릭합니다. 그러면 아래 그림처럼 [파일]에 대한 메뉴들이 펼쳐지는데 항목 중에서 [닫기] 또는 [끝내기]를 클릭하면 됩니다. [닫기]와 [끝내기]의 차이점은 [닫기]는 현재 작업 중인 문서를 종료하는 것이고 [끝내기]는 엑셀 프로그램을 종료하는 것입니다.

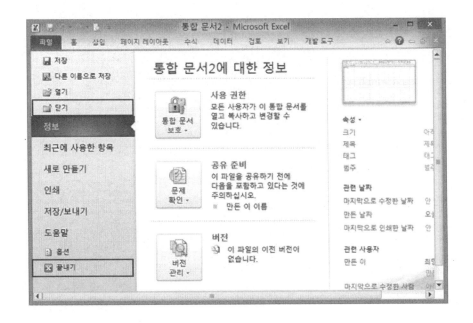

엑셀 뿐만 아니라 컴퓨터에서 응용프로그램을 활용할 때 지시하는 명령의 실행은 크게 두 가지 방법으로 이루어집니다. 「클릭」하는 방법 그리고 「단축키」를 사용하는 방법입니다. 어떤 일을 수행하기 위해서는 클릭을 한 번 할 수도 있고 여러 번 할 수도 있습니다. 또는 마우스의 오른쪽 버튼을 눌러서 메뉴 창을 펼치게 한 다음에 해당 명령을 클릭할 수도 있고요. 단축키를 활용하면 한 번에 원하는 것을 실행하게 됩니다. 단축키는 빠르게 수행할 수 있지만 단축키를 외우고 있어야 한다는 단점이 있습니다. Ctrl+C, Ctrl+V 아시죠? 이것이 단축키입니다.

● 엑셀 종료 단축키 : Alt+F4

앞에서 설명한 엑셀 종료 방법 중 ❷의 경우에서 X 을 클릭하면 펼쳐지는 항목 중에 [닫기]가 있습니다. 「Alt+F4」가 같이 있죠. 이것이 단축키입니다. Alt+F4는 엑셀 뿐만 아니라 현재 컴퓨터에서 실행 중인 프로그램을 종료하지요. 컴퓨터 끄기까지 합니다.

3

문서 열기와 저장하기

🔵 문서 열기

문서 열기는 이미 만들어져 저장되어 있는 엑셀 파일을 추가로 작업을 수행하기 위해 문서를 여는 것을 말합니다. 두 가지 방법으로 열기를 하게 되는데 일반적이고 많이 사용하는 방법이 해당 문서를 직접 더블 클릭하여 열기를 하는 방법입니다. 앞에서 설명한 엑셀을 실행하는 방법 중에「방법 5 : 엑셀 파일을 찾아 실행하기」와 같은 것입니다. 또 다른 열기는 아래 그림에서 처럼 엑셀을 실행한 후 [파일] 탭을 클릭하면 펼쳐지는 메뉴 중에 [열기]를 클릭하면 [열기] 창이 나타납니다. [열기] 창에서 작업을 하려는 문서를 찾아 해당 문서를「더블 클릭」또는「열기」단자를 클릭하면 됩니다.

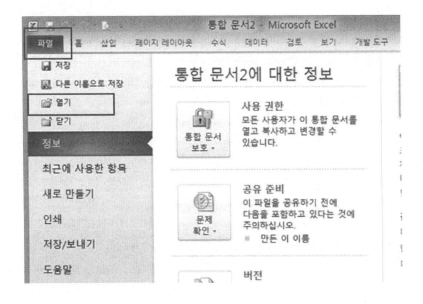

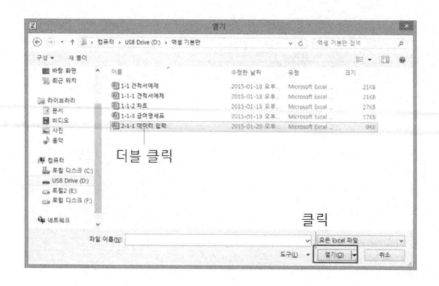

더블 클릭

클릭

🔵 문서 저장하기

엑셀 작업을 한 후 반드시 하여야 할 일이 「저장하기」입니다. 「저장하기」는 다른 이름으로 저장하기와 현재 사용하고 있는 이름으로 저장하기가 있습니다. 현재 사용하고 있는 이름으로 저장하기는 아래 그림에서처럼 [빠른 실행 도구 모음] 영역에서 저장 단추 🖫 를 클릭하거나 [파일] 탭에서 [저장]을 클릭하면 됩니다.

① 클릭

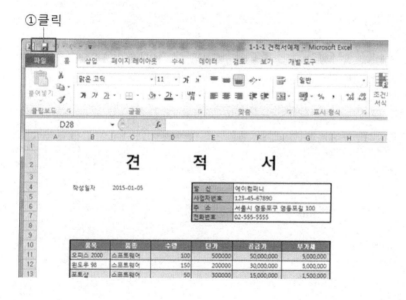

②클릭

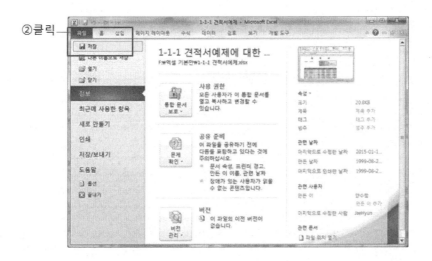

🔵 다른 이름으로 저장하기

[다른 이름으로 저장하기]는 새로 문서를 만들어 저장할 경우와 만들어진 문서를 수정한 후 다
른 이름으로 저장할 경우에 사용합니다. 처음 문서를 만들기 위하여 엑셀을 실행하면 「통합문
서1」이런 식으로 이름이 들어가 있습니다. 이것을 사용자가 원하는 이름으로 바꾸어 저장하
려고 합니다.

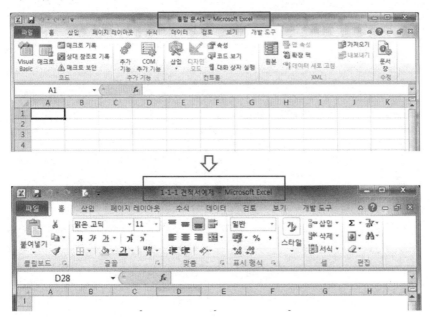

다른 이름으로 저장하기 위해서

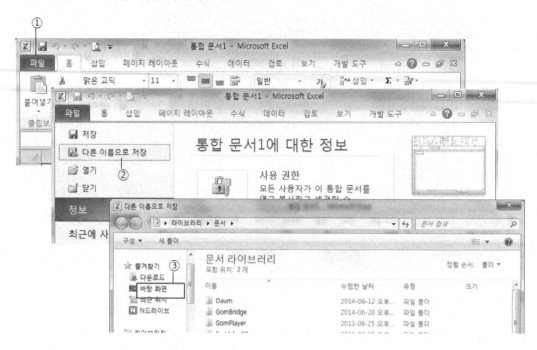

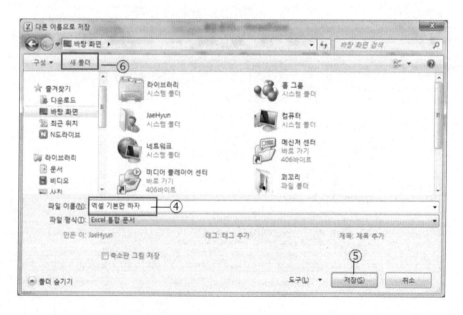

❶ [파일] 탭을 클릭합니다.

❷ 펼쳐지는 항목 중에 [다른 이름으로 저장] 항목을 클릭합니다.

❸ [다른 이름으로 저장] 창이 새로 뜹니다. 창에서 먼저 저장위치를 선택합니다. 그림에서는 [바탕화면]으로 정했습니다.

❹ 저장위치를 선택한 후 [파일 이름] 란에 새로운 이름을 입력합니다.

❺ [저장] 클릭하면 저장 완료입니다.

❻ 저장 위치를 정한 후 파일 이름을 입력하기 전에(후에도 상관없지만) 새로운 저장 폴더를 만들어 저장하고자 할 때 [새폴더]를 클릭한 후 새폴더를 만들어 저장할 수도 있습니다.

🌐 저장하지 않고 종료할 경우

엑셀 작업을 하다가 저장을 하지 않고 종료를 할 경우 [저장], [저장 안 함], [취소] 중에 하나를 선택하는 창이 뜹니다. [저장]은 저장 후에 엑셀을 종료하며, [저장 안 함]은 저장하지 않고 종료하며, [취소]는 종료를 취소하고 워크시트 상태로 됩니다.

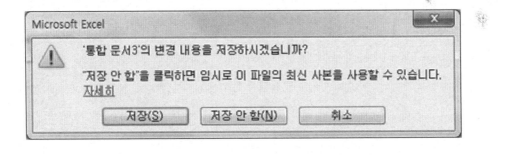

4 엑셀 화면 구성요소 살펴보기

여기에서 소개되는 화면 구성요소와 요소별 기능에 대해서 지금 바로 각 요소별 기능에 대해 외우고 알 필요는 없어요. 몰라도 엑셀을 사용하는데 아무런 문제가 되지 않습니다.「아~ 그렇구나」하는 정도로 엑셀의 전체적인 부분을 이해하는데 참고로 하고 그냥 넘어가도 되겠습니다.

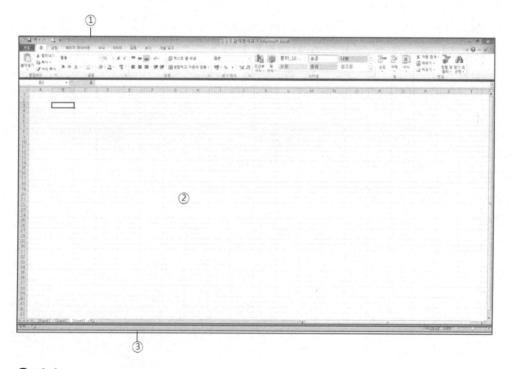

❶ 영역

엑셀에서 사용되는 기능들을 메뉴와 아이콘 형태로 모아 놓은 명령 기능 도구 모음 영역

❷ 영역

데이터와 수식 등을 입력하는 작업 시트 영역

❸ 영역

작업 상태를 표시하는 영역

🔵 도구 모음 영역

먼저 도구 모음 영역에 대해 자세히 알아봅시다.

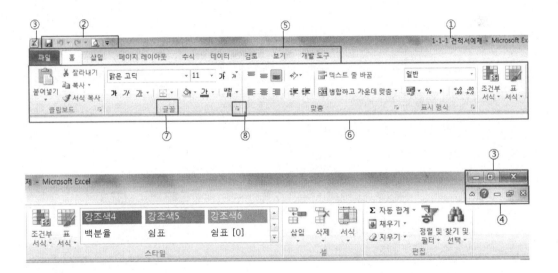

❶ 제목 표시줄

작업하고 있는 파일의 파일 이름이 표시되고 작업 상태에 따라 「읽기 전용」, 「호환 모드」, 「공유」, 「그룹」 등과 같은 표시가 나타납니다.

❷ 빠른 실행 도구 모음

자주 사용하는 기능에 대한 아이콘을 등록하여 해당하는 기능을 빠르게 실행할 수 있습니다. 또한 등록할 기능을 추가와 삭제를 쉽게 할 수 있어 사용자 취향에 맞게 할 수 있습니다.

❸ 창 조절 도구

작업 중인 엑셀 창을 최소화, 최대화, 사용자가 창의 크기를 조절할 수 있는 형태로 전환할 수
있는 기능입니다.

❹ 창 조절 및 리본 메뉴 조절

❸의 창 조절은 엑셀 프로그램 자체에 적용되는 단추이고 여기에서의 창 조절은 현재 작업 중
인 워크시트의 창을 조절하는 단추입니다. 각각 클릭해보면서 차이점을 확인해 보세요. 「 ⌂ 」
단추는 명령도구 모음을 화면에서 사라지게 하거나 나타나게 하여 작업시트의 크기를 조절할
수 있습니다. 명령도구 모음을 사라지게 하면 작업시트의 영역이 커지지만 기능을 적용하기
위해 명령을 내릴 때 마다 해당 메뉴 탭을 클릭해야 하는 불편함이 있습니다. 「 ❷ 」단추는 도
움말 단추입니다. 클릭하면 엑셀 기능에 대한 도움말을 검색할 수 있는 창이 나타납니다.

❺ 메뉴

엑셀에서 적용할 수 있는 모든 기능이 포함되어 있습니다. 각 탭을 클릭하면 해당 메뉴에 대한
명령도구들이 표시됩니다. 모든 기능들에 대한 설명은 생략하고 앞으로 공부하면서 메뉴와
명령도구들의 기능을 차근차근 익혀가도록 하겠습니다.

❻ 명령 도구 모음

❺의 메뉴에서 선택된 메뉴에 대한 명령 도구들이 나타납니다. 예를 들어 「홈」 탭을 선택하면
홈 탭에서 할 수 있는 모든 기능에 대한 명령도구들이 나타납니다. 여기에서 내가 원하는 기능
을 적용하기 위해 해당 도구 아이콘을 클릭하면 되겠지요.

❼ 도구 그룹명

명령도구에 대한 아이콘을 기능에 따라 그룹으로 편성하여 분류해 놓은 그룹 이름입니다.

❽ 대화 상자 표시

그룹별로 대화 상자 표시 단추를 클릭하면 해당 그룹에서 할 수 있는 추가적인 기능이 대화 상
자 창이 열리면서 나타납니다.

🌐 메뉴

「파일」에서 「보기」까지 각 메뉴의 기본적인 역할에 대해 간략히 설명합니다. 앞에서도 말했듯이 각 메뉴의 기능에 대해 설명은 하지만 지금 여기서 모두 알고 넘어가야 하는 것은 아닙니다. 자세한 것은 앞으로 공부하면서 하나씩 하나씩 알아 가고 여기서는 참고만 하기 바랍니다.

❶ 파일
클릭해보면 알 수 있는데 「파일」메뉴는 파일에 대한 기본적인 작업, 파일의 저장, 열기, 인쇄하기 등을 수행합니다.

❷ 홈
작업하고 있는 현재 시트에서 입력되는 데이터의 각종 서식에 대해 설정합니다. 글꼴, 크기, 색상, 정렬, 형식 등등. 엑셀 작업에서 가장 기본적인, 가장 많이 사용되는 메뉴로 기본 메뉴라 할 수 있습니다. 그래서 홈이겠지요??

❸ 삽입
엑셀에서 입력할 수 있는 모든 개체에 대한 메뉴입니다. 텍스트 이외에 표, 그림파일, 차트 등을 워크시트에 추가하여 작업을 할 수 있는 기능입니다.

❹ 페이지 레이아웃
작업 중인 시트에 적용되는 페이지 설정과 인쇄할 때 출력되는 페이지의 설정 등을 할 수 있습니다.

❺ 수식
엑셀에서 적용할 수 있는 고급 수식(엑셀에서는 이를 함수라고 합니다)과 수식의 분석 등 수식을 활용할 수 있는 기능들을 모아 두었습니다.

❻ 데이터
데이터에 적용될 수 있는 정렬과 필요한 데이터를 나타나도록 할 수 있는 필터링 기능, 데이터를 분석하는 기능들이 있습니다.

❼ 검토
맞춤법 적용과 시트보호 등 데이터 보안과 관련된 기능이 있습니다.

❽ 보기
모니터 화면이 나타나는 워크시트의 형태를 사용자의 편의에 따라 적용하여 작업에 편의성을 주는 기능들이 있습니다.

🔵 데이터 입력 영역

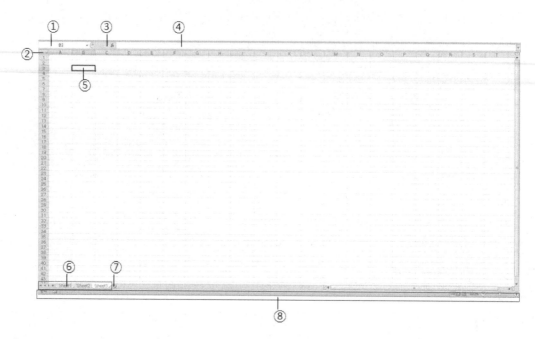

❶ 데이터를 입력하기 위해 선택된 셀의 주소(위치)를 나타내거나, 사용자가 정의한 셀 영역의 이름이 나타나거나, 도형이나 차트 등 개체를 선택하면 개체의 이름이 나타나고, 수식이나 함수를 입력하면 함수 목록이 나타나는 곳입니다. 예를 들면 그림에서 처럼 셀이 선택되면 「B3」이 표시됩니다. 이건 셀의 주소라고 했지요. B열 3행에 해당하는 위치의 주소입니다. 여기에서 알파벳은 열 번호이고 숫자는 행 번호입니다. 열 번호는 A부터 시작하고요 행 번호는 1부터 시작합니다.

❷ 클릭하면 시트 내의 모든 셀이 선택됩니다. 모든 셀에 글꼴이나 색상 등 같은 서식을 적용하고자 할 때 유용하게 적용됩니다. 클릭한 채로 계속 유지하면 셀 주소란에 숫자가 나타나지요. 「1048576R x 16384C」R은 ROW, 즉 행을 뜻하고 C는 COLUMN, 즉 열을 뜻합니다. 클릭하면 전체 셀이 선택된다고 하였지요. 「1048576R x 16384C」은 시트 내의 전체 셀의 개수를 말합니다. 1,048,576개의 행이 있고 16,384개의 열이 있으며 이것의 곱하기 만큼의 수에 해당하는 셀이 존재한다는 뜻입니다. 꼭 알 필요는 없지만 그렇다는 것입니다.

❸ 함수를 적용하기 위한 단추입니다. 함수는 고급형식의 수식이라고 앞서 말씀드렸지요. 엑

셀에서 이미 정의해 놓은 수식을 함수라고 하는데 함수를 적용하기 위해서는 몇 가지 절차가 필요한데 절차에 따라 함수를 적용할 수 있도록 하는 함수마법사라고 하는 기능을 실행하는 단추입니다. 함수는 우리가 공부할 엑셀의 최종단계의 고급기능으로 엑셀 사용자가 가장 어렵게 생각하는 것이지만 이를 잘 활용하면 엑셀에 대한 고급기술자가 될 수 있는 매우 유용한 기능입니다. 책을 보고 따라하며 적용할 수만 있도록 공부하면 크게 어렵지 않고 재미있게 목표를 달성할 수 있을 것입니다. 엑셀을 공부하는 이유이기도 합니다. 엑셀고급활용자로 태어나는 것을 기대하세요.

❹ 수식입력줄입니다. 각 셀에 입력된 데이터나 수식이 표시됩니다. 텍스트나 숫자는 각 셀에 입력하면 입력된 값이 셀에 그대로 나타나지요, 하지만 수식이나 함수를 입력하였을 셀에는 결과 값만 나타나므로 어떤 수식이나 함수가 적용되었는지 알 수가 없지요. 이럴 때 수식입력줄에서 확인이 가능합니다. 즉 수식입력줄에는 셀에 입력한 값이 그대로 나타나는 것입니다.

❺ 셀. 데이터를 입력하는 사각형 단위 영역으로 셀이라고 합니다. 하나의 워크시트에 17,179,869,184개의 셀이 있습니다. 1048576R x 16384C개의 셀이 있다고 앞에서 언급하였는데, 잊어셨나요? 잊어 먹어도 아무 문제없어요. 크게 중요한 건 아니니까요. 어쨌든 그림에서처럼 선택된 셀은 다른 셀과 다르게 테두리가 굵은 실선으로 표시됩니다. 셀을 선택하면 ❶의 셀 주소란에 주소 값이 나타나지요? 여러 개의 셀을 클릭하면서 확인해보기 바랍니다.

❻ 시트 탭으로 기본적으로 3개의 시트,「sheet1」,「sheet2」,「sheet3」으로 구성됩니다. 엑셀 작업을 할 때 하나의 파일에 많은 시트가 존재할 수 있는데 디폴트로 3개를 제공하는 거죠. 필요에 따라 사용자가 디폴트 개수를 설정할 수 있습니다. 너무 많은 시트가 있을 필요는 없으며 추가로 필요할 때 마다 시트를 새로 생성시키면 됩니다. 새로 만드는 단추가 ❼단추입니다.

❼ 시트를 추가로 생성시키는 단추입니다. 클릭할 때마다 시트 하나가 만들어집니다.

❽ 작업상태 표시 영역

작업상태 표시 영역에 마우스 포인터를 두고 마우스 오른쪽 버튼을 누르면 여러 메뉴들이 있는 창이 뜰 것입니다. 그 곳에 체크된 내용이 작업상태 표시줄에 나타납니다. 상태 표시 줄 오른 편에 보면 기본보기, 페이지 레이아웃 보기, 페이지 나누기 미리보기 단추가 구성되어 있으며, 그 옆에 워크시트의 보기상태를 축소/확대할 수 있는 것이 있습니다. 이것을 활용하면 화면의 크기 상태를 쉽게 조절할 수 있습니다. 이 외에 메뉴 창에 있는 메뉴 중에 평균, 개수, 합계 등의 메뉴가 체크 표시가 되어 있으면 숫자가 있는 셀을 선택했을 경우 선택된 영역의 숫자 값들이 평균, 개수, 합계된 값이 상태표시 줄에 나타나게 되어 있습니다. 이와 같이 현재 작업 중인 워크시트의 상태에 대한 기본적인 정보를 간략하게 상태 표시 줄에 나타냄으로써 사용 자가 해당 기능을 실행하지 않고 바로 확인할 수 있는 편의성을 제공하고 있습니다.

Chapter

2

데이터의
입력과 수정하기

1 데이터 입력하기

엑셀에서 입력할 수 있는 데이터 종류 또는 형태라고 하면 문자와 숫자, 수식 등에 해당하는 텍스트와 그래프 차트, 소리(음악), 그림 또는 사진, 동영상 등과 같은 개체입니다. 엑셀에서의 작업은 문자와 수식 등 텍스트가 주가 되고 그림 파일은 활용되기는 하지만 소리나 동영상은 많이 활용되지 않는 데이터라 할 수 있습니다. 그래서 여기서 우리가 공부할 내용은 텍스트의 입력방법과 활용도를 알아보고 기본적인 문서를 만드는 것입니다. 그림 파일의 활용과 차트와 표는 다음으로 미루겠습니다.

🌑 문자 입력하기

우리가 사용하는 문자의 종류로 다음과 같습니다.
- 한글
- 영문
- 한자
- 특수문자

(1) 한글/영문 입력

한글과 영문은 일반적으로 입력하는 것과 같이 키보드에서 두드리면 입력됩니다. 한자와 특수문자는 활용도가 떨어지지만 가끔은 사용되고 그때 입력방법을 모르면 답답하죠. 앞서 말씀드렸듯이 활용도가 떨어지는 것을 우리가 늘 기억하면서 있을 수는 없겠죠. 기억할 수도 있겠지만요. 이런 것은 기억할 필요없이 어떻게 하면 된다고 했지요? 대신 책을 활용할 수 있으면 됩니다. 엑셀을 활용하는 방법은 수 없이 많습니다. 이를 모두 기억할 순 없으니 책을 활용할 수 밖에 없고 책을 활용할 수 있을 정도의 연습만 하면 됩니다.

먼지 한글과 영문의 입력입니다. 영문은 한글과 같은 입력 형식이므로 키보드에서 「한/영」키를 눌러서 한글과 영문 입력모드로의 전환만 해주고 입력하면 되므로 생략합니다.

데이터를 입력하기 위해서는 먼저 마우스로 입력할 위치, 즉 셀을 클릭하여 선택합니다. 선택된 셀에 그냥 글자를 입력합니다. 입력을 끝내고 엔터키를 치면 입력이 완료되고 셀 위치는 아래의 셀로 이동합니다. 그림처럼 [A1]~[A3]까지 글자를 입력해 보세요.

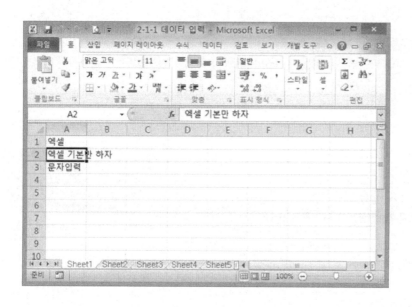

문자는 기본적으로 왼쪽정렬로 입력됩니다. 그림에 잘 나타나 보이죠? 왼쪽정렬이라 함은 셀 내에서 글자가 왼쪽을 기준으로 오른쪽으로 입력되면서 셀을 차지한다는 것입니다. 우리가 글을 읽을 때 대부분 왼쪽에서 오른쪽으로 읽어 나가죠. 엑셀에서도 문자가 입력될 때는 기본적으로 왼쪽정렬로 정해 놓았습니다.

그림에서 [A2] 셀에 입력된 문자 「엑셀 기본만 하자」는 [A2] 셀의 범위를 벗어나 마치 [B2] 셀을 침범한 것처럼 보입니다. 하지만 실제로는 침범하지 않고 화면으로만 그렇게 보일뿐입니다.

아래 그림을 봅시다. [B2] 셀에 문자를 입력하였습니다.

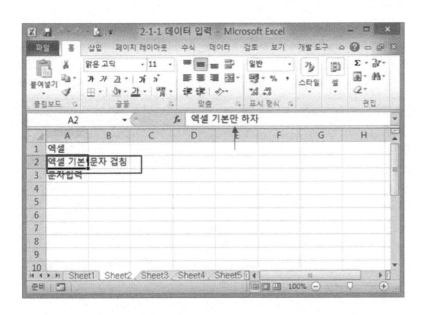

[B2]에 문자를 입력하니 [A2]에 입력되었던 문자 중 [B2]와 겹친 문자는 이제 보이지 않습니다. 그렇다고 겹쳐진 부분의 문자가 지워졌을까요? 그렇지 않습니다. 그러면 안 되겠죠. 엑셀에서의 모든 셀은 데이터가 들어가는 독립적인 기본단위의 공간입니다. 각각의 셀은 서로 영향을 주지 않습니다. 지워진 것이 아니라 다만 보이지 않을 뿐입니다. 그러면 [A2] 셀에 입력된 문자를 확인하려면 어떻게 해야 할까요? 위의 그림에서 처럼 [A2] 셀을 선택합니다. 그러면 [A2]에 입력된 데이터 값은 수식입력줄(화살표로 지시된 부분)에서 확인할 수 있습니다. 앞에서도 말씀드렸었죠. 셀 내에 입력된 값을 확인하려면 수식입력줄에서 확인하라고...

엑셀에서 작업한 문서에서 실제 입력한 데이터는 화면에 나타나야 하고 프린트하였을 경우에 입력된 값이 출력되어야 하겠지요. 그렇다면 위의 경우, 입력한 데이터가 셀의 범위를 넘어서서 나타나지 않을 때는 어떻게 해야 할까요. 상식적으로 생각해서 셀의 크기를 조정하거나 글자의 크기를 작게 하거나 해서 나타나도록 해야 되겠지요. 이를 셀 설정이라 하는데 셀 설정에 대해서는 추후 자세히 다루겠습니다.

• 엑셀 2010, 기본만 하자!!

다음은 셀 내에 데이터를 입력하면서 줄을 떠우는 경우입니다. 아래 그림 [A4]와 [A5]를 비교해 보세요. [A4]는 한 줄에 데이터를 입력하였고, [A5]는 두 줄로 데이터를 입력하였습니다. 우리가 데이터를 입력하다 보면 두 줄이든 석 줄이든 줄을 떠우며 입력할 경우가 있습니다. 문자의 배치 특성상이든 하나의 셀에 글자가 모두 보이도록 하기 위한 것이든 어떤 이유에서든 말이죠.

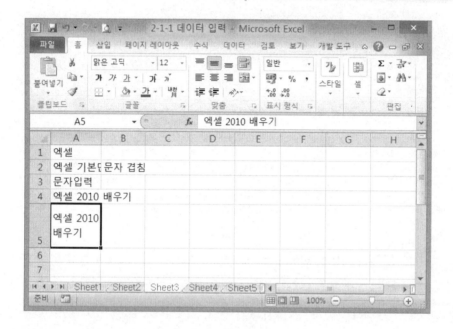

일반적으로 워드프로세스에서는 엔터를 치면 줄을 떠워서 다음 줄에서 데이터가 입력하도록 되어 있습니다. 엑셀은 엔터를 치면 데이터의 입력을 완료하는 행위이고 셀의 위치가 아래 셀로 이동하게 됩니다. 그래서 워드 프로세서에서 엔터를 치면 줄이 바뀌는 것과 연관시켜서 Alt 를 누른 상태에서 엔터를 치면 입력 줄이 다음 줄로 바뀌게 됩니다.

 데이터 입력 요약

- 데이터를 입력하려면 ❶ 셀 선택 → ❷ 데이터 입력 → ❸ 엔터
- 문자는 기본적으로 왼쪽 정렬
- 셀 내에서의 줄 바꿈 : Alt + Enter↵

(2) 한자 입력

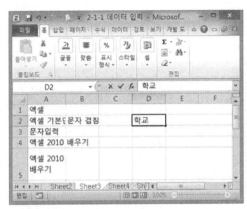 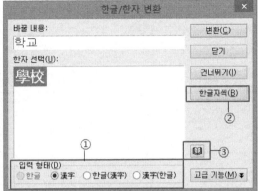

- 한자로 변환시킬 한글을 입력합니다. (예, 학교)
- 키보드 상의「한자」키를 누릅니다.
- [한글/한자변환] 대화상자가 뜹니다. 해당하는 한자를 선택하고 [변환] 단추를 클릭합니다.

「한글/한자 변환」대화상자에 대해 좀 더 자세히 보겠습니다.

❶ 한자로 변환할 때의 형식을 선택하는 영역입니다. 형식 선택에 따라 다음과 같이 변환됩니다.

- 漢字 : 학교 → 學校
- 한글(漢字) : 학교 → 학교(學校)
- 漢字(한글) : 학교 → 學校(학교)

❷ 단어 단위로 한자를 변환하는 것을 한 글자 단위로 변환하고자 할 때 클릭합니다.

❸ 한자 사전 기능으로 선택된 한자의 음과 뜻에 대한 정보를 제공합니다.

(3) 특수문자 입력

두 가지 방법이 제공됩니다.

첫 번째 방법은 도구 모음에서 [삽입] 탭을 클릭하고 메뉴 중에 오른편에 있는 [기호]를 클릭합니다. 「기호」대화상자가 뜹니다. 여기에서 필요로 하는 기호를 찾아서 [삽입] 단추를 클릭하면 완료됩니다. 사용하다 보면 자주 사용되는 기호는 「기호」대화상자 아래 쪽에 [최근에 사용된 기호]가 있는데 여기서 쉽게 찾을 수 있습니다. 찾는 기호가 없을 때는 글꼴 마다 기호가 다양하게 제공되므로 글꼴에 따라 기호를 찾으면 됩니다. 어쨌든 원하는 기호가 어디에 있는지를 기억하고 있어야 하는 불편함은 있습니다.

• 기호 찾기 : [삽입] - [기호] - [기호대화상자]

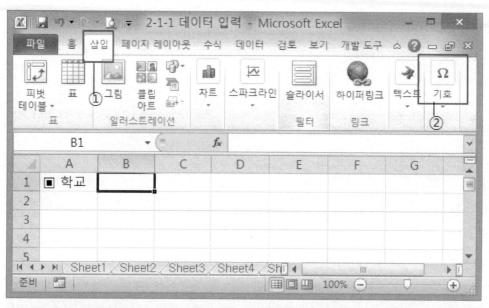

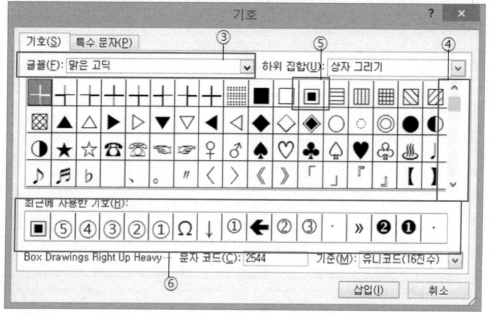

두 번째 방법은 저는 잘 사용하지 않는 방법이지만 소개합니다.

한글 자음(ㄱ~ㅎ)을 입력한 후 키보드의 [한자] 키를 누릅니다. 「ㄱ」에 속해 있는 특수문자들이 펼쳐집니다. 찾고자 하는 문자를 클릭하면 됩니다. 펼쳐진 창 오른편 아래쪽에 「»」를 클릭하면 「ㄱ」에 속해 있는 특수문자 모두가 펼쳐집니다. 이 방법 또한 특수문자를 문서에 넣기 위해서는 「ㄱ~ㅎ」까지 하나하나 선택하여 특수문자를 찾아야 하며 좀 더 빨리 찾으려면 「ㄱ~ㅎ」까지 포함되어 있는 특수문자의 위치를 알고 있어야 하는 불편함이 있습니다.

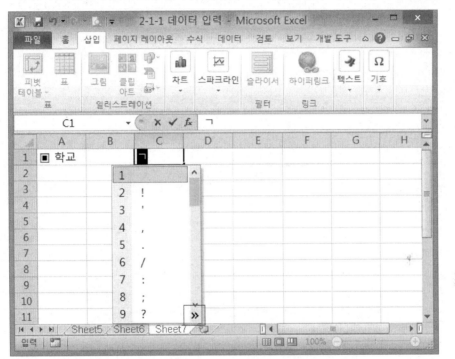

🌐 숫자 입력하기

엑셀에서 가장 많이 다루는 것이 숫자입니다. 셀에 숫자를 입력하는 것은 문자와 동일한데 문자와 다른 몇 가지 특징을 살펴보겠습니다.

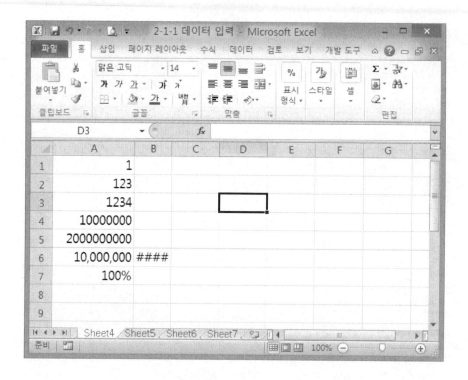

- 숫자는 기본적으로 오른쪽 정렬입니다. 문자는 왼쪽 정렬이라고 했지요. 숫자의 기준은 '1'의 자리입니다. 우리가 숫자를 읽을 때 「일십백천만 ..... 」식으로 표현하죠. 그래서 '1'의 자리가 기준이 되다보니 오른쪽 정렬이 이루어지게 됩니다. 또한 오른쪽 정렬이 되어야 수의 크기를 쉽게 짐작할 수 있습니다.

- 숫자는 천 단위마다 콤마 「,」을 넣으면 수의 크기를 쉽게 인식할 수 있습니다. 그렇지 않으면 「0」이 몇 개인지 아니면 일십백천만... 식으로 따져야 수의 크기를 알 수 있지요. 수에 콤마 「,」를 넣어야 편하게 사용할 수 있습니다.

- 지수 형태로도 나타납니다. [A5]의 수는 실제 2,000,000,000입니다. 수식입력줄에서 확인이 되겠지요. 수의 크기가 셀의 범위를 넘게 되면 지수형태로 「2E+09」표현됩니다. 「2E+09」

는 2x109이라는 뜻입니다.

- 「%」를 같이 사용하여 백분율로도 표현됩니다.

- 엑셀을 사용하다 보면 [B6] 셀과 같이 「#####」형태로 나타나는 경우가 종종 있는데 이는 오류가 아니라 입력된 수가 셀의 크기보다 클 경우에 셀 내에서 수를 표현할 수 없음을 나타나는 기호입니다. 이럴 때 당황하지 말고 셀의 크기를 늘려 주거나 글자의 크기를 줄이거나 해서 올바르게 나타나도록 할 수 있습니다.

- 셀의 크기보다 자리수가 많은 수를 입력하였을 경우 셀의 크기가 자동으로 늘어납니다. 그런데 데이터를 입력하고 난 후 셀의 크기로 인위적으로 조정하다 보면 입력된 수 보다 작은 크기로 조정될 경우에는 이와 같이 「#####」형태로 나타나게 되지요. 여러분들도 그림과 같이 나타나는지 숫자를 입력한 후에 셀의 크기를 줄여보세요. 같은 현상이 나타날 것입니다.

🔵 수식 입력하기

엑셀은 다른 워드프로세스와 다르게 수식을 적용할 수 있다는 것이 최대 장점이라고 할 수 있습니다. 수식 활용은 추후에 자세히 다루게 되겠지만 여기서는 기본적인 것에 대해서 언급하겠습니다.

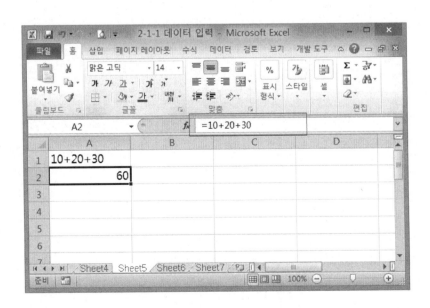

그림에서 [A1] 셀의 데이터와 [A2] 셀의 데이터를 비교하며 설명하겠습니다.

[A1]의 값은 「10+20+30」이 입력되었습니다. 우리가 일반적으로 쓰는 수식형태이지요. 「10+20+30」은 숫자와 문자 「+」의 조합으로 이루어져 있습니다. 엑셀에서는 숫자 내에 문자가 들어 있으면 문자로 인식합니다. 따라서 「10+20+30」는 문자인 셈이지요. 그러면 수식은 어떻게 적용하느냐? 별 것 없습니다. 수식 앞에 무조건 「=」을 넣습니다. 그림에서 [A2]는 수식을 적용하여 계산된 결과 값입니다. [A2]의 「60」이라는 수식 결과 값이 어떻게 나왔느냐는 수식입력줄에 입력된 수식을 살펴보면 알 수 있습니다. 「=10+20+30」이라는 수식이 적용되었는데 이것을 문자로 인식하지 않고 수식으로 인식하도록 하기 위해 앞에 「=」은 붙였습니다. 수식을 입력하려면 수식 앞에 반드시 「=」을 넣어야 한다는 것을 꼭 기억합시다.

날짜 입력하기

날짜는 년 월 일 순으로 입력하여야 하며 년 월 일을 구분하는 「-」 또는 「/」등 구분자가 필요합니다.

- 2015-1-20
- 2015/1/20
- 15-1-20
- 15/1/20
- 1-20 (년도를 생략하면 컴퓨터에 설정된 당해 연도가 자동 입력됩니다)
- 1/20
- 2015년 1월 20일

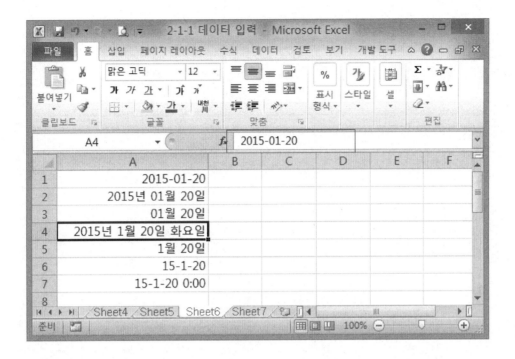

여러분들도 직접 입력해 보면 알 수 있지만 위에서 제시된 날짜 입력 형식 중 어떤 형식으로도 입력이 가능합니다. 하지만 수식입력줄에 입력되는 값은 「2015-01-20」 형식으로 통일되어 나타납니다. 앞으로 우리는 날짜를 입력할 때는 가장 일반적인 방법 하나만 알고 사용하겠습니다. 연월일 구분자로 「-」를 사용하여 「2015-01-20」 형식을 사용하겠습니다.

그런데 위 그림에서 각 셀에 나타난 날짜의 표현 형식은 모두 다르게 보이지요. 그것은 각 셀마다 날짜가 나타나는 표시형식을 다르게 설정하였기 때문입니다.

입력형식은 「2015-01-20」로 통일하여 사용하며, 화면에 나타나는 형식은 사용자의 의도에 따라 설정을 다르게 하여 나타나도록 할 수 있다는 것입니다. 표시 형식의 설정은 셀 설정의 문제이므로 나중에 자세히 다루도록 하겠습니다.

🌑 채우기 핸들 사용하기

엑셀에서 데이터를 입력하는 방법으로 가장 유용하게 활용할 수 있는 기능입니다. 복사 기능이라고 할 수 있습니다. 우리가 잘 알고 있는 복사 기능, Ctrl+C, Ctrl+V를 하지 않고 한꺼번에 많은 영역에 복사를 할 수 있습니다. 가장 많이 사용하는 기능이니까 잊지 말고 꼭 알아둡시다.

● 문자 채우기

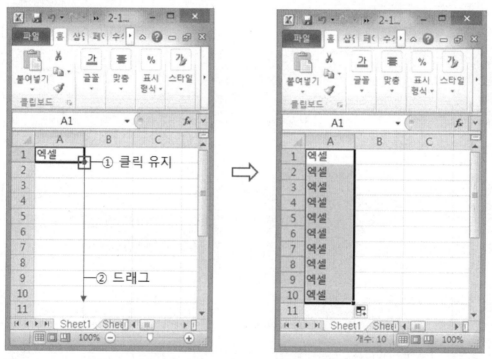

❶ 글자(그림에서는 '엑셀')를 입력하고 마우스 포인터를 셀의 사각형 오른쪽 아래 모서리로 천천히 가져다 놓습니다. 모서리 부분에서 마우스 포인터 모양이 검은색 「+」모양으로 바뀌게 됩니다. 「+」상태에서 클릭을 하는데 마우스 버튼을 떼지 말고 클릭한 상태를 유지합니다.

❷ 클릭한 상태에서 원하는 위치까지 끌어주기를 합니다.

❸ 마우스의 클릭한 버튼을 떼면 됩니다. 문자가 원하는 영역까지 복사된 것을 볼 수 있죠?

● 숫자 채우기

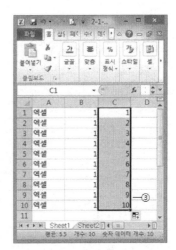

❶ 같은 방법으로 숫자를 입력한 후 마우스 포인터를 셀의 사각형 오른쪽 아래 모서리로 천천히 가져다 놓으며 마우스 포인터 모양이 검은색 「+」모양으로 바뀌는 것을 확인합니다. 「+」상태에서 클릭하여 끌어 놓으면 숫자가 복사됩니다.

❷ 숫자를 복사할 경우 어떤 경우에는 숫자가 1씩 증가시키면서 복사를 원하는 경우가 있습니다. 순서화된 순번처럼 숫자를 1씩 증가시키면서 복사하고자 할 경우에는 Ctrl 키를 동시에 누른 상태에서 끌어 놓으면 그림처럼 마우스 포인터에 1씩 증가된 수가 나타나는 것을 확인할 수 있습니다.

❸ 마우스 왼쪽 버튼을 떼면 됩니다. 숫자가 증가 되어 원하는 영역까지 복사된 것을 볼 수 있습니다.

다음 그림을 볼까요.

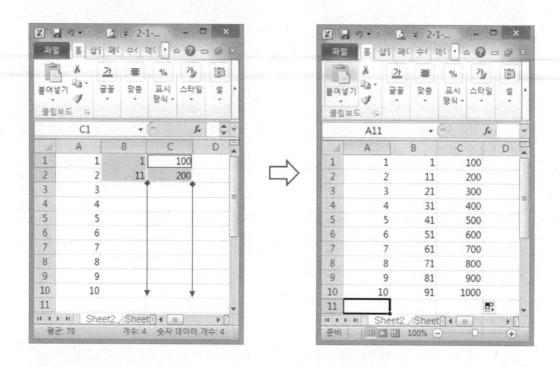

숫자가 들어있는 셀 2개를 선택합니다. 그림처럼 '1'과 '11'입니다. 차이가 '10'입니다. 2개의 셀을 같이 선택하여 드래그하면 차이가 '10'씩 증가되어 채워집니다. 그림에서 확인이 되시죠? 그러면 2개의 셀 값을 각각 '100'과 '200'을 입력하고 2개의 셀을 동시에 선택한 후 아래로 끌어 주면 차이 값인 '100'씩 증가되어 자동채우기가 됩니다.

● 혼합 데이터 채우기 및 사용자 지정 목록 채우기

아래 그림에서 오른쪽 그림처럼 데이터가 채워지도록 해볼까요.

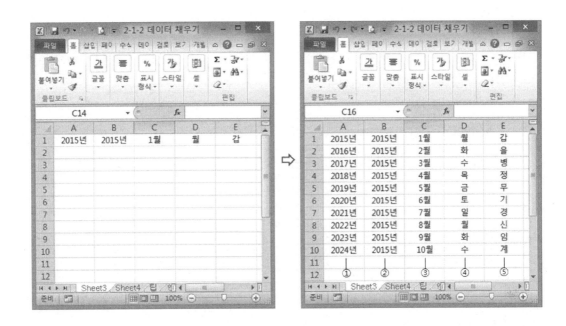

먼지 혼합 데이터 채우기입니다. 혼합 데이터는 그림에서 처럼 문자와 숫자가 함께 있는 데이터입니다.

❶ 숫자가 1씩 증가되어 채워져 있습니다. 채우기 핸들 기능을 활용해야겠지요. [A1] 셀을 선택하고 셀 오른쪽 아래 모서리에서 드래그하여 채우기를 합니다. 숫자가 증가되어 채우기가 완성됩니다.

❷ 혼합 데이터를 채우기 할 때 숫자가 변하지 않고 채우기를 해야 하는 경우가 종종 있습니다. Ctrl 키를 누른 상태에서 채우기를 수행합니다. 숫자가 변하지 않고 채우기가 이루어집니다.

다음은 사용자 지정 목록 채우기입니다. 「사용자 지정 목록 채우기」는 사용자가 자동으로 채워지는 목록을 지정할 수 있는 기능인데요, 요일과 같은 일상 생활에서 사용되는 정해진 규칙을 엑셀 프로그램에서 미리 목록을 규정해 놓고 사용자들이 이를 쉽게 활용할 수 있도록 서비스를 제공하고 있습니다.

❸ '1월'을 채우기 핸들 기능을 적용하면 '12월'까지 채우기가 이루어지고 '12월' 다음 값은 '13월'이 아니고 자동으로 '1월'부터 자동으로 채우기가 이루어집니다.

❹ '월요일'을 채우기 핸들 기능을 적용하면 '일요일'까지 자동으로 채우기가 이루어지고 '일요

일' 다음은 '월요일'로 채워집니다.

❺ '갑'을 채우기 핸들 기능을 적용하면 '을', '병', '정', …으로 자동으로 채우기가 이루어집니다.

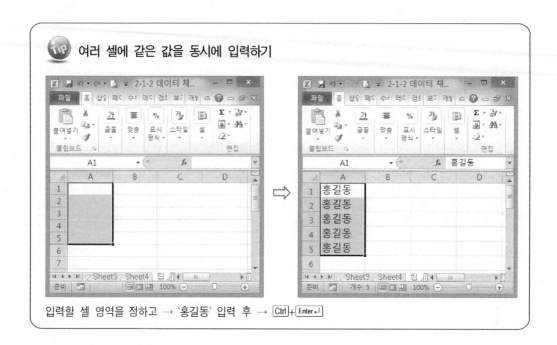

 여러 셀에 같은 값을 동시에 입력하기

채우기 핸들 기능에서 혼합 데이터이냐 아니냐에 따라서 숫자를 증가시키며 채우기를 할 것인지 복사만 할 것인지를 결정하는 요소가 Ctrl 키 입니다. 사용하다 보면 헷갈리기도 합니다. Ctrl 키를 누르면 바로 확인이 되므로 Ctrl 키를 사용하는 것을 꼭 기억합시다.

2 데이터 수정하기

🔵 데이터 지우기

삭제하고자 하는 데이터를 먼저 선택하고
Delete 키를 누릅니다.

[A3] 셀에 있는 데이터를 지우려고 합니다.
[A3] 셀을 클릭하여 선택합니다. Delete 키를 누
르면 삭제됩니다.

🔵 데이터 수정하기

수정하기는 셀 내의 데이터 값을 삭제하고 새로운 값을 넣거나 데이터의 일부분을 수정하는
것을 말합니다.

● 데이터를 삭제하고 수정하기
셀을 클릭하여 선택한 후 Delete 키를 누를 필요 없이 새로운 값을 입력하면 됩니다. 위 그림 ❶에
서 [A3]을 선택한 후 "문자출력"이라고 입력해 봅니다.

● 데이터 일부분 수정하기

셀에 이미 입력된 문자열이 길 경우에 문자
열 중에 한 글자 또는 몇 글자를 수정하거나
삭제할 경우 긴 문자열을 새로 입력하기에
는 시간도 걸리고 귀찮기도 하겠지요. 또는
'234,146,963'이라는 숫자에서 다섯 번째 자
리의 수를 수정할 경우 새로 입력할 경우 긴
숫자를 외워서 새로 입력하기도 어렵고 새
로 입력하는 중에 오류를 범할 확률도 높아
지죠. 이럴 경우에는 수정하고자 하는 부분
만 수정할 수 있으면 좋을 것입니다. 일부분
을 수정하는 방법은 2가지 입니다.

그림에서 ❷로 표시한 [A2] 셀의 "엑셀 기본만 하자"에서 "엑셀 기본을 하자"로 수정하고자 합
니다. "만"을 "을"로 수정하는 것입니다. [A2] 셀을 더블 클릭 합니다. 그러면 문자 입력 포인터
가 셀 속에서 깜박이죠. 이 문자 입력 포인터를 이동하여 글자 "만" 앞에 두고 Delete 키를 눌러 삭

제하고 "을"을 입력하고 Enter↵
를 칩니다. 수정 완료됩니다.

또는 그림에서 [A2] 셀을 클릭하
여 수정할 셀을 먼저 선택합니
다. 그런 다음 수식입력줄 ❸에
서 수정하고자 하는 글자에서 클
릭하면 문자 입력 포인터가 수식
입력줄 안에 나타납니다. 데이터
값을 수정하고 Enter↵를 칩니다.
수정 완료됩니다.

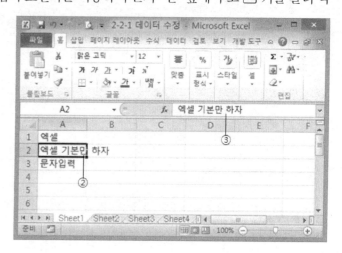

🔵 데이터 찾기/바꾸기

● 데이터 찾기

엑셀에서는 많은 데이터의 수정과 삭제/삽입 등 갱신작업이 수 없이 반복적으로 이루어집니다. 가령 현재까지 작업이 많이 이루어져 다루어야 할 데이터가 많아졌을 때 어떤 임의의 데이터를 수정하려고 하면, 즉 'X'라는 값을 'Y'로 변경하고자 할 때 'X'라는 값을 하나하나 찾아서 바꾸기가 힘들고 귀찮아질 수 있습니다. 무엇보다도 수정하여야 할 'X'를 빠뜨리는 경우가 생길 수 있습니다. 이것은 정확한 데이터를 유지해야 할 경우에는 매우 심각한 현상일 수 있습니다. 이럴 경우 「찾기」기능을 활용하면 오류없이 원하는 데이터를 찾을 수 있고 한꺼번에 수정도 가능하게 됩니다. 그러면 「찾기/바꾸기」기능에 대해 알아 봅시다.

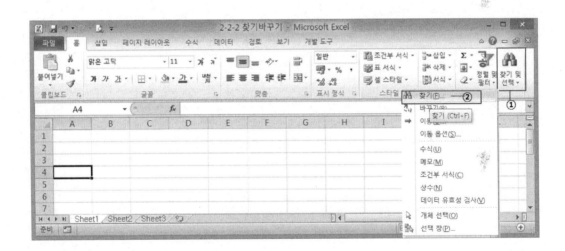

❶ [홈] 탭의 맨 오른편에 [편집] 도구 그룹에 있는 망원경 모양의 「찾기 및 선택」을 클릭합니다. 메뉴가 펼쳐집니다.

❷ 펼쳐진 메뉴에서 첫 번째 항목 [찾기]를 클릭합니다. 「찾기 및 바꾸기」대화상자가 뜹니다.

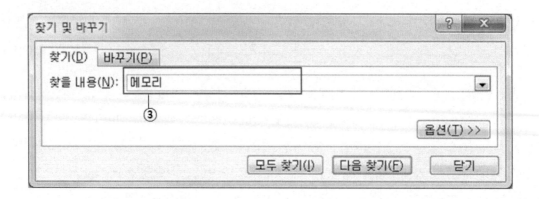

❸ 만약에 그림에서 처럼 '메모리'라는 항목에 대해 찾고 싶으면 「찾기 및 바꾸기」창에서 [찾을 내용]에 '메모리'라고 입력하고 [다음 찾기] 단추를 클릭하면 워크시트 내에서 '메모리'가 들어 있는 셀로 이동하게 됩니다. 계속해서 [다음 찾기] 단추를 클릭하면 '메모리'가 들어 있는 셀로 계속해서 이동하게 됩니다.

데이터 입력 요약

「찾기 및 바꾸기」창에서 [옵션] 단추를 클릭해 봅니다. 찾기 하는 방법에 대한 여러 설정항목에 대해 알아봅시다.

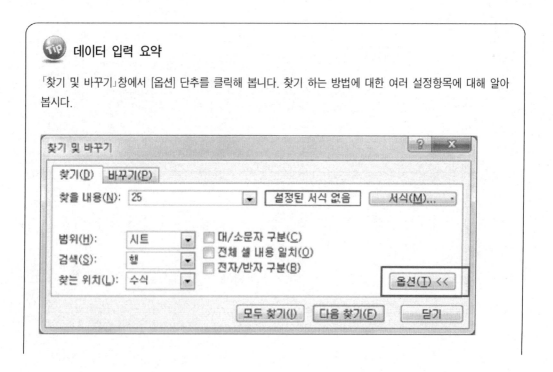

[옵션] 단추를 클릭하면 설정 항목이 펼쳐집니다.
- 범위 : 작업 중인 시트 내에서만 찾을 것인지 파일 내의 모든 시트에서 찾을 것인지를 선택
- 검색 : 행우선이냐 열우선이냐를 선택하는 것(그냥 넘어 가도 되는 항목)
- 찾는 위치 : 수식입력줄에서 찾느냐 값으로 찾느냐를 선택. 그림에서 처럼 숫자 '25'를 찾을 경우 [수식] 으로 선택하면 셀에서 표현된 값이 '25'라는 숫자가 없더라도 수식에 '25'가 들어가 있으면 해당 셀도 찾고, [값]으로 선택하면 셀에 나타난 값으로 찾기 때문에 '25'가 있는 셀만 찾음

 [찾을 내용] 입력 조건에 따른 찾는 범위

「*」: 모든 문자를 의미합니다. [찾을 내용]에 '*'와 조합하여 같이 사용

- '가'로 시작하는 모든 값을 찾으려면 : '가*'

- '가'로 시작하여 '나'로 끝나는 모든 값을 찾으려면 : '가*나'

「?」: 한 문자를 의미합니다.

- '가'로 시작하는 두 음절의 값을 찾으려면(가면, 가족 등) : '가?'

- '가'로 시작하여 '도'로 끝나는 세 음절의 값을 찾으려면(가덕도 등) : '가?도'

---

(2) 데이터 바꾸기

데이터 바꾸기는 데이터 값을 수정하거나 삭제하거나 추가할 경우에 「데이터 찾기」를 한 후 값을 바꾸는 것을 말합니다.

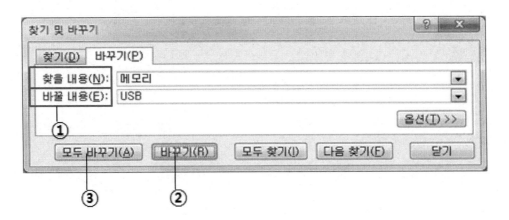

실행절차가 「데이터 찾기」와 거의 같다고 할 수 있는데 [홈] 탭에서 「데이터 찾기 및 선택」을 클릭하면 펼쳐지는 메뉴 중 [바꾸기]를 클릭하면 [찾기] 할 때와 같은 「찾기 및 바꾸기」대화상자가 뜹니다. [찾기]와 다르게 [바꾸기] 탭이 선택이 되어 그림처럼 [찾을 내용] 밑에 [바꿀 내용]이 추가로 나타납니다.

시트 내의 데이터 중 '메모리'를 'USB'로 바꾸려고 합니다.

❶ [찾을 내용]에 '메모리'를 입력하고 [바꿀 내용]에 'USB'를 입력합니다.

❷ [바꾸기] 단추를 클릭합니다. 내용이 바뀐 후에 자동으로 찾을 내용이 있는 셀로 이동합니다. 계속해서 [바꾸기] 단추를 클릭하며 바꾸는 작업을 실행합니다.

❸ [모두 바꾸기] 단추를 클릭하면 시트 내의 바꿀 내용을 한꺼번에 바꾸기를 실행합니다. [모두 바꾸기]를 실행할 때는 원하지 않는 것도 바꾸기를 실행하므로 신중히 생각한 후 실행하여야 합니다.

 이동하기 : 데이터의 유형에 따른 셀 표시하기

「데이터 찾기와 바꾸기」와 연관하여 「데이터 찾기 및 선택」을 클릭하였을 펼쳐지는 메뉴 중 [이동] 또는 [이동 옵션]을 활용하여 봅시다.

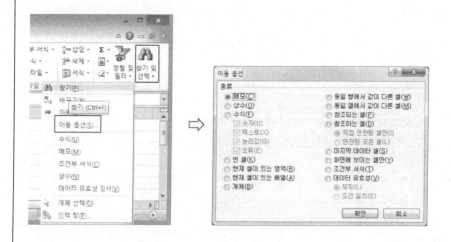

그림처럼 [이동 옵션]을 클릭하면 [이동 옵션] 대화상자가 뜹니다. 대화상자에서 원하는 조건의 메뉴를 선택하여 [확인] 단추를 클릭하면 조건에 해당하는 셀이 선택됩니다.

Chapter 3

편집하기

1

셀 범위 지정하기 및 크기 조절하기

엑셀에서 데이터를 입력하고 수식을 사용하여 어떤 결과를 만들고 하는 모든 일들은 셀에서의 작업입니다. 셀이라고 하는 것은 데이터가 들어가는 가장 기본적인 단위의 저장소라고 했습니다. 셀 범위를 지정한다는 것은 엑셀에서 데이터 작업을 하기 위한 가장 기본적인 일의 단위라고 할 수 있습니다. 셀을 지정하는 방법은 다음과 같습니다.

● 마우스로 클릭 하기

● 마우스로 드래그 하기

● Shift 키를 누른 상태에서 마우스 동작하기

● Ctrl 키를 누른 상태에서 마우스 동작하기

● 화살표 키를 활용하기

(1) 셀 선택 및 범위 지정

🔵 연속된 여러 셀 범위 지정

❶ 한 개 이상의 셀 영역을 지정할 때 가장 많이 사용하는 방법이죠. 마우스를 클릭한 채로 원하는 위치까지 드래그하면

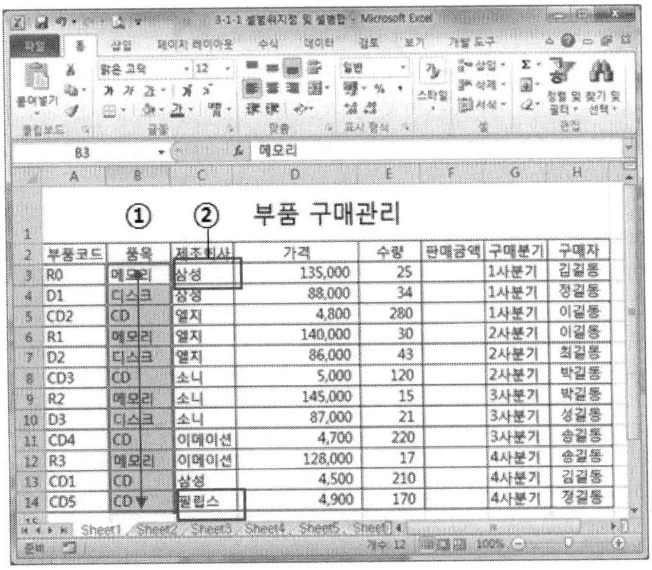

됩니다.

❷ 한 개의 셀을 클릭한 후 Shift 키를 누른 상태에서 목적지에 해당하는 셀을 클릭하면 됩니다. 두 손을 다 사용해야 하는 불편함이 있습니다.

🔵 연속되지 않은 여러 셀 범위 지정

그림에서 색깔이 들어가 있는 셀이 동시에 선택된 상태의 셀들입니다. 이렇게 위치적으로 떨어져 있는 여러 셀들을 선택하기 위해서는 Ctrl 키를 누른 상태에서 선택하고자 하는 셀들을 클릭하면 됩니다.

연속적이든 비연속적이든 여러 셀을 동시에 선택하는 이유는 선택된 여러 개의 셀에 동일한 기능을 적용하든가 아니면 동일한 셀 서식을 적용할 때 많이 사용합니다. 100개의 셀에 글꼴을 바꾸는 작업을 한다고 가정하였을 때 100개의 셀에 동일한 서식을 하나씩 적용하면 시간도 많이 걸리고 너무 짜증나는 일임에 분명합니다. 이런 불편함을 없애기 위해 동시에 여러 개의 셀을 선택할 수 있는 기능입니다.

- Shift 키 : 연속적인 셀을 선택할 때 활용
- Ctrl 키 : 비연속적인 셀을 선택할 때 활용

자주 사용하는 것이기 때문에 꼭 기억하길...

🌑 행과 열 지정

❶ 열 전체를 지정

열 번호(A, B, C, …)를 클릭하면 됩니다.

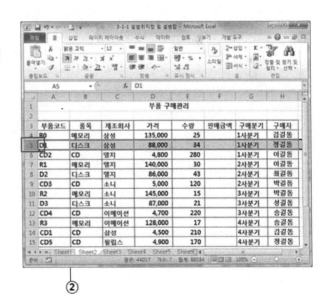

❷ 행 전체를 지정

행 번호(1, 2, 3, …)를 클릭하면 됩니다.

❸ 행과 열 동시 지정

행 번호와 열 번호를 동시에 클릭하면
됩니다. 바로 앞에서 배웠죠? 행과 열
을 동시에 지정하려면 [Ctrl] 키를 누른
상태에서 클릭합니다.

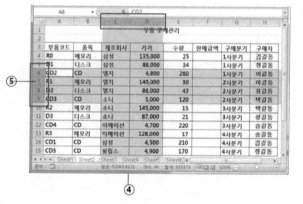

❸

❹ 연속된 여러 열 지정

열 번호를 클릭한 후 드래그하면 됩니
다. 그림에서는 'B'를 클릭하여 'D'까지
드래그 하였습니다.

❺ 연속된 여러 행 지정 : 행 번호를 클
릭한 후 드래그하면 됩니다.

④

❻ 비연속 여러 행과 열 동시 지정 : Ctrl 키를 누른 상태에서 행과 열을 클릭합니다.

❻

부품코드	품목	제조회사	가격	수량	판매금액	구매분기	구매자
R0	메모리	삼성	135,000	25		1사분기	김길동
D1	디스크	삼성	88,000	34		1사분기	정길동
CD2	CD	엘지	4,800	280		1사분기	이길동
R1	메모리	엘지	140,000	30		2사분기	이길동
D2	디스크	엘지	86,000	43		2사분기	최길동
CD3	CD	소니	5,000	120		2사분기	박길동
R2	메모리	소니	145,000	15		3사분기	박길동
D3	디스크	소니	87,000	21		3사분기	성길동
CD4	CD	이메이션	4,700	220		3사분기	송길동
R3	메모리	이메이션	128,000	17		4사분기	송길동
CD1	CD	삼성	4,500	210		4사분기	김길동
CD5	CD	필립스	4,900	170		4사분기	정길동

(2) 셀 크기 조절하기

🌐 마우스로 저절하기

엑셀에서의 문서 형태가 표 형식이다 보니 표 안에, 즉 셀 안에 데이터의 크기에 따라 셀의 크기도 다르게 조절이 가능해야 할 것입니다. 셀의 크기 조절은 셀의 세로 높이를 조절하기 위해서는 행을 조절하고, 가로 너비를 조절하기 위해서는 열을 조절해야 합니다.

	A	B	C	D	E	F	G	H
1				부품 구매관리				
2								
3	부품코드	품목	제조회사	가격	수량	판매금액	구매분기	구매자
4	R0	메모리	삼성	135,000	25		1사분기	김길동
5	D1	디스크	삼성	88,000	34		1사분기	정길동
6	CD2	CD	엘지	4,800	280		1사분기	이길동
7	R1	메모리	엘지	140,000	30		2사분기	이길동
8	D2	디스크	엘지	86,000	43		2사분기	최길동
9	CD3	CD	소니	5,000	120		2사분기	박길동
10	R2	메모리	소니	145,000	15		3사분기	박길동
11	D3	디스크	소니	87,000	21		3사분기	성길동
12	CD4	CD	이메이션	4,700	220		3사분기	송길동
13	R3	메모리	이메이션	128,000	17		4사분기	송길동
14	CD1	CD	삼성	4,500	210		4사분기	김길동
15	CD5	CD	필립스	4,900	170		4사분기	정길동

Sheet1 Sheet2 Sheet3 Sheet4 Sheet5 Sheet6

위 그림에서 'D' 열의 너비를 크게 하기 위해서는 열 번호를 조절합니다. 마우스를 열 'D'와 'E' 사이 경계지점으로 천천히 가져가면 마우스 포인터 모양이 좌우 화살표 모양으로 바뀝니다. 이 때 클릭하여 클릭한 상태로 오른쪽으로 드래그 하면 열의 너비가 크게 됩니다. 왼쪽으로 드래그 하면 열의 너비가 작아지겠지요. 마우스로 크기를 조절할 때 마우스로 좌우로 움직이며 크기를 조절하는데 이 때 마우스 포인터에 숫자가 나타나는 것을 볼 수 있습니다. 예를 들면 너비: 10.00(80 픽셀??), 너비의 크기를 말합니다. 여러 행과 열의 높이와 너비를 조절할 때 숫자를 참고하면 크기를 쉽게 조절할 수 있습니다.

셀의 세로 높이를 조절하려면 행 번호를 조절해야 합니다. 그림에서 1행의 높이를 크게 하기 위해 행 번호 '1'과 '2' 사이에 마우스를 가져가면 마우스 포인터 모양이 상하 화살표 모양으로 바뀝니다. 클릭하여 아래로 드래그 하면 됩니다.

	A	B	C	D	E	F	G	H
	부품 구매관리							
	부품코드	품목	제조회사	가격	수량	판매금액	구매분기	구매자
4	R0	메모리	삼성	135,000	25		1사분기	김길동
5	D1	디스크	삼성	88,000	34		1사분기	정길동
6	CD2	CD	엘지	4,800	280		1사분기	이길동
7	R1	메모리	엘지	140,000	30		2사분기	이길동
8	D2	디스크	엘지	86,000	43		2사분기	최길동
9	CD3	CD	소니	5,000	120		2사분기	박길동
10	R2	메모리	소니	145,000	15		3사분기	박길동
11	D3	디스크	소니	87,000	21		3사분기	성길동
12	CD4	CD	이메이션	4,700	220		3사분기	송길동
13	R3	메모리	이메이션	128,000	17		4사분기	송길동
14	CD1	CD	삼성	4,500	210		4사분기	김길동
15	CD5	CD	필립스	4,900	170		4사분기	정길동

Sheet1 / Sheet2 / Sheet3 / Sheet4 / Sheet5 / Sheet6

셀의 크기를 조절해 보면 하나의 전체 열과 전체 행의 크기가 같이 조절되는 것을 볼 수 있습니다. 같은 열에 해당하는 셀들, [A1], [A2], [A3], ...의 가로 너비의 크기가 모두 동일합니다. 다르게 조절할 수 없습니다. 다르게 해야 되는 경우가 있을 수 있는데 그 때는 셀들을 합친다든가 해야 합니다. 요것은 잠시 후에 다시 다루겠습니다. 행도 마찬가지입니다. 1행에 해당하는셀들, [A1], [B1], [C1], ...의 행 높이는 모두 동일합니다.

● 여러 개의 열과 행을 동시에 조절하기

앞에서 셀 범위를 정하는 것을 배웠지요. 여러 개의 행과 열을 동시에 조정하기 위해서는 먼저 여러 개의 행과 열을 동시에 선택을 해야 합니다. 어떻게 하죠? Ctrl 키를 누른 상태에서 행 번호(숫자)와 열 번호(알파벳)를 하나씩 클릭하여 선택한 후에 마우스 포인터를 행 또는 열 번호의 경계지점으로 가져가서 조절하면 됩니다. 한 번 해 보세요. 여러 개의 행 또는 열을 조절하면 선택된 행과 열의 크기가 동일하게 적용됩니다. 엑셀에서 표 작업을 하면서 셀의 크기를 동일하게 하면 보기가 좋아 동일하게 적용하기 위해 자주 사용하는 기법입니다.

	A	B	C	D	E	F	G	H
1				부품 구매관리				
2								
3	부품코드	품목	제조회사	가격	수량	판매금액	구매분기	구매자
4	R0	메모리	삼성	135,000	25		1사분기	김길동
5	D1	디스크	삼성	88,000	34		1사분기	정길동
6	CD2	CD	엘지	4,800	280		1사분기	이길동
7	R1	메모리	엘지	140,000	30		2사분기	이길동
8	D2	디스크	엘지	86,000	43		2사분기	최길동
9	CD3	CD	소니	5,000	120		2사분기	박길동
10	R2	메모리	소니	145,000	15		3사분기	박길동
11	D3	디스크	소니	87,000	21		3사분기	성길동
12	CD4	CD	이메이션	4,700	220		3사분기	송길동
13	R3	메모리	이메이션	128,000	17		4사분기	송길동
14	CD1	CD	삼성	4,500	210		4사분기	김길동
15	CD5	CD	필립스	4,900	170		4사분기	정길동

| ◄ ► ► | Sheet1 | Sheet2 | Sheet3 | Sheet4 | Sheet5 | Sheet6 | ◄ | |

다음 그림은 워크시트 전체를 선택한 경우입니다.

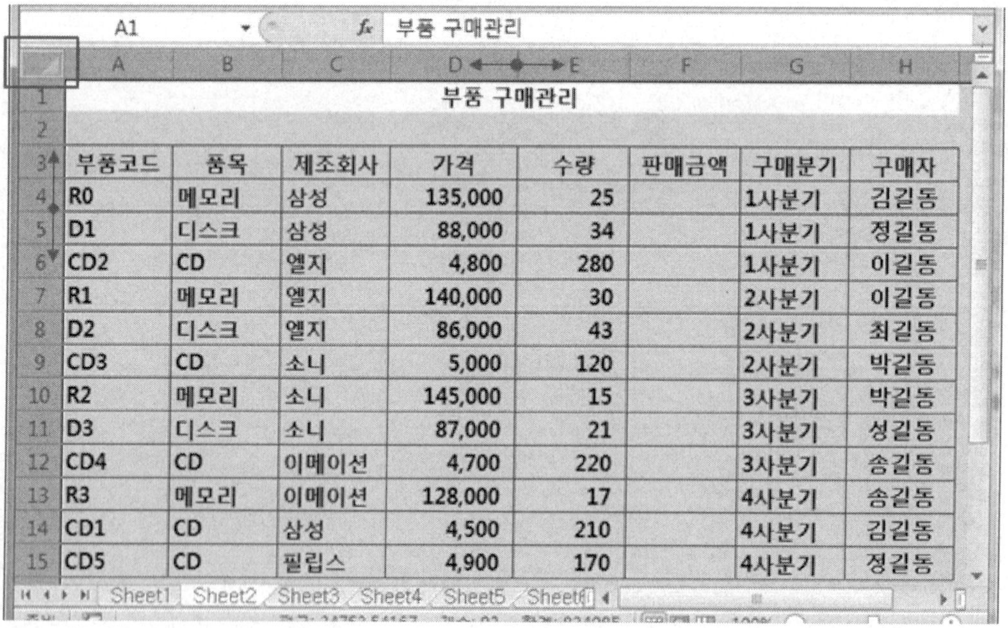

A1		▼		*fx*	부품 구매관리			
	A	B	C	D	E	F	G	H
1				부품 구매관리				
2								
3	부품코드	품목	제조회사	가격	수량	판매금액	구매분기	구매자
4	R0	메모리	삼성	135,000	25		1사분기	김길동
5	D1	디스크	삼성	88,000	34		1사분기	정길동
6	CD2	CD	엘지	4,800	280		1사분기	이길동
7	R1	메모리	엘지	140,000	30		2사분기	이길동
8	D2	디스크	엘지	86,000	43		2사분기	최길동
9	CD3	CD	소니	5,000	120		2사분기	박길동
10	R2	메모리	소니	145,000	15		3사분기	박길동
11	D3	디스크	소니	87,000	21		3사분기	성길동
12	CD4	CD	이메이션	4,700	220		3사분기	송길동
13	R3	메모리	이메이션	128,000	17		4사분기	송길동
14	CD1	CD	삼성	4,500	210		4사분기	김길동
15	CD5	CD	필립스	4,900	170		4사분기	정길동

| ◄ ► ► | Sheet1 | Sheet2 | Sheet3 | Sheet4 | Sheet5 | Sheet6 | ◄ | |

모든 셀의 너비를 동일하게 한다든가 모든 셀의 높이를 동리하게 한다든가 하기 위해 적용하는 방법입니다. 워크시트 전체를 선택하기 위해서는 어떻게 한다하였지요. 기억이 안 난다구요? 이제 엑셀을 처음 시작했는데 기억이 안 나는 건 당연합니다. 열 번호와 행 번호가 만나는 지점, 열 [A]의 왼편, 행 [1]의 위, 워크시트의 왼쪽 맨 위 모서리 부분입니다. 그 곳을 클릭하면 워크시트 전체가 선택이 됩니다. 그런 후에 행과 열을 조절하면 되겠지요.

🔵 숫자로 조절하기

행과 열의 크기를 조절하는 또 하나의 방법으로 숫자를 직접 입력하여 크기를 정하는 방법입니다.

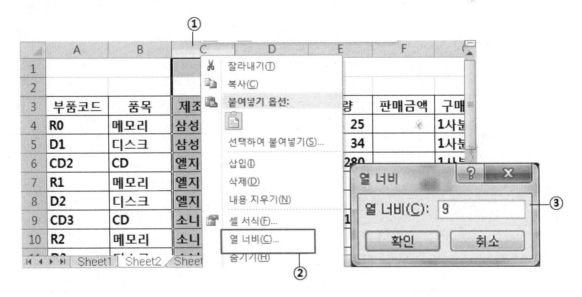

❶ 크기 조절을 하고자 하는 열을 먼저 선택합니다. 마우스 포인터를 선택된 열 번호(그림에서는 'C') 위에 놓고 마우스의 오른쪽 버튼을 클릭합니다. 메뉴 창이 펼쳐집니다.
❷ 메뉴 중에서 [열 너비]를 클릭합니다. 「열 너비」창이 뜹니다.
❸ 「열 너비」창에서 열 너비 숫자를 입력하고 [확인]을 클릭하면 완료됩니다.

숫자로 행 높이를 조절하고자 할 경우에도 행 번호에서 동일한 방법으로 실행하면 됩니다.

(3) 셀 합치기

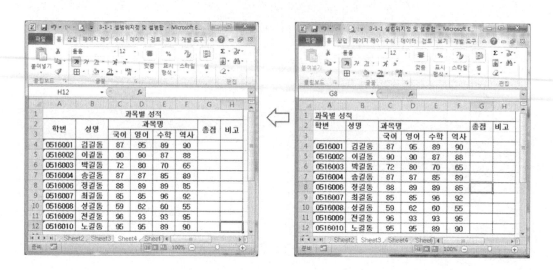

위 그림에서 왼편의 시트에서 '과목별 성적'이나 '학번', '성명', '과목명', '점수', '비고' 값이 들어 있는 셀은 하나의 셀에 값이 들어 있는 것이 아니라 2개 이상의 셀이 합쳐져서 표를 구성한 형태입니다. 앞에서 언급하였듯이 같은 열에 있는 셀이나 또는 같은 행의 셀의 크기는 모두 동일하다고 하였습니다. 그렇지만 위의 그림처럼 다르게 표현해야 하는 표의 형태에 따라 셀 크기가 달라질 수 있습니다. 이와 같이 표를 만들려면 셀을 합쳐야 가능한 일입니다. 따라서 위 그림의 왼편의 표 형태는 오른편 원래 형태의 시트에 데이트를 입력한 후 셀 합치기를 하여 만들어진 것입니다. 합치기는 '병합', '합병' 등 여러 말로 표현되는데 엑셀 메뉴에 '병합'이라는 말을 사용하므로 '셀 병합'으로 표현을 통일하겠습니다. 셀 병합은 데이터를 입력한 후에 해도 되고 병합 후에 데이터를 입력해도 됩니다. 일반적으로 데이터를 입력한 후에 표를 조정하는 것이 편리하므로 데이터를 입력한 후에 병합을 실행합니다.

셀 병합을 하기 위해 먼저 병합할 셀을 지정합니다.

❶ 2 개의 셀을 가로로 선택한 경우

❷ 3 개의 셀을 세로로 선택한 경우

❸ 가로 세로로 선택한 경우

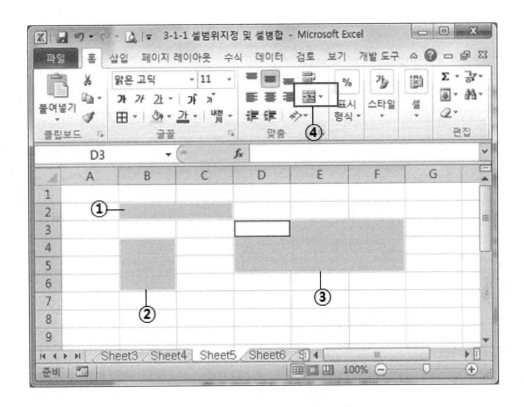

❹ 병합할 셀을 지정한 후 [홈] 탭의 [맞춤] 도구 그룹에서 셀 병합 아이콘 ▦를 클릭하면 병합이 실행됩니다.

이번에는 데이터가 있을 때의 병합을 봅시다.

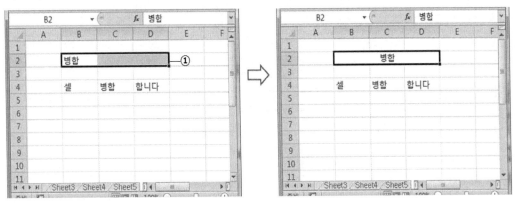

❶ [B2]에 '병합'을 입력합니다. [B2]~[D2]까지 셀을 선택한 후 ▦을 클릭합니다. 그림 오른편에서 처럼 셀 병합이 이루어지고 '병합'이라는 글자는 병합된 셀의 가운데로 정렬됩니다. 병합후 '병합'이라는 단어가 들어 있는 셀의 위치는 셀 주소 영역에서 보이듯이 'B2'로 되어 있습니다. 이것은 [B2]~[D2]까지 셀을 병합하면 셀의 위치가 가장 앞인 'B2'가 병합된 셀의 주소가 되는 것입니다.

❷ [B2]에 '셀', [C2]에 '병합', [D2]에 '합니다' 라고 셀 각각에 데이터를 입력합니다. 그런 다음에 [B2]~[D2]까지 셀을 병합하여 봅시다.

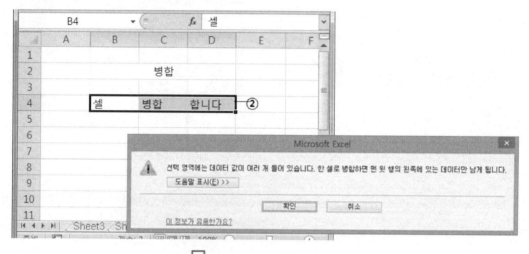

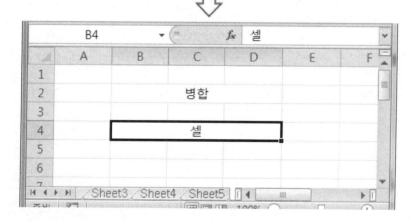

이 경우에 셀 병합 아이콘 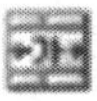 을 클릭하면 메시지 창이 뜹니다. 메시지 창에서 안내하는 내용은 2개 이상의 셀에 데이터가 들어 있을 경우에 셀 병합을 하면 맨 앞의 위치에 있는 셀의 데이터만 남고 나머지 셀에 있는 데이터는 삭제되고 없어지니까 데이터가 삭제되어도 셀 병합을 실행할 것인지에 대한 확인 메시지입니다. 삭제되어도 상관없으면 [확인], 셀 병합을 취소하고 싶으면 [취소] 단추를 클릭하면 됩니다.

(4) 셀 병합 해제하기

여러 셀을 병합하였다가 다시 원 상태로 돌리거나 다른 작업을 하기 위해 병합한 셀을 해제해야 하는 경우가 있습니다. 해제하는 아이콘이 따로 없으며 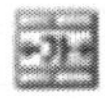 단추를 클릭하면 해제됩니다. 단추를 클릭할 때 마다 병합과 해제가 번갈아가며 실행됩니다.

2 셀 서식 설정 기초

셀 서식을 설정하는 것은 많은 내용을 포함하고 있는데 여기서는 문서를 작성하는데 필요한 기본적인 것만 다루고 세부적이고 고급기능에 해당하는 서식은 다음에 하도록 하겠습니다. 기본적인 셀 서식은

- 글씨체, 글자 크기, 글자 색깔 등 글꼴과 관련된 서식
- 글자의 위치 등 정렬과 관련된 서식
- 셀 면의 색깔, 셀 테두리 모양 등과 관련된 서식

아래 그림에서 [홈] 탭을 클릭하면 나타나는 메뉴들 중에 사각형 내의 아이콘을 클릭하기만 하면 되는 간단한 것입니다.

서식을 적용할 때 마우스 포인터를 어떻게 하느냐는 서식이 적용되는 범위가 달라지기 때문에 매우 중요합니다. 컴퓨터 사용이 미숙할 경우에 더욱 더 절실하게 느껴지는데 책대로 하라는 대로 했는데 적용이 안 되는 경우가 이런 경우입니다. 그래서 일반적으로 적용하는 방식대로 따라 하도록 합시다.

먼저 데이터 입력을 하고 난 다음에 일률적으로 서식을 적용하거나 서식에 대한 설정을 적용하고 난 다음에 데이터를 입력하는 두 가지 적용절차를 따라합시다.

🔵 글꼴 서식 적용하기

[C3]에 데이터를 입력하고 Enter↵ 키를 칩니다. 데이터가 입력되고 셀의 위치는 [C4]로 이동합니다. 입력한 데이터의 서식을 변경하려고 하는 것이니 다시 [C3] 셀을 클릭하여 선택합니다. 그런 다음에 서식을 하나씩 하나씩 적용합니다.

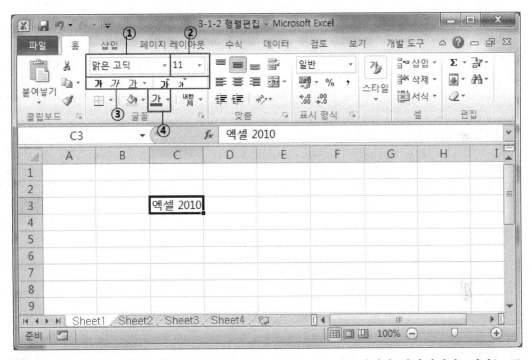

❶ 글씨체를 변경합니다. 「▼」를 클릭하면 적용할 수 있는 글씨체가 펼쳐집니다. 원하는 글씨체를 클릭하면 됩니다.

❷ 글자 크기입니다. 마찬가지로 「▼」를 클릭하면 숫자가 펼쳐지는데 글자 크기입니다. 원하는 것을 클릭하면 됩니다. 또 다른 방법으로 글자 크기를 선택하는 영역에 마우스를 클릭하면 마우스 포인터가 영역 안으로 들어갑니다. 원하는 크기의 숫자를 직접 입력하면 됩니다.

❸ 글자를 진하게 또는 약간 기울이게, 밑줄 등을 표시하도록 설정합니다.

❹ 글자의 색입니다. 「가」글자 위를 클릭하면 「가」글자 밑에 색깔 보이죠. 보이는 그 색깔이 적용되고 「▼」를 클릭하면 색상이 펼쳐져서 원하는 색을 선택할 수 있습니다.

● 정렬 서식 적용하기

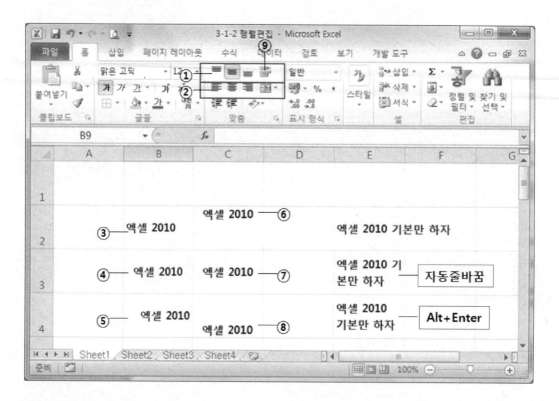

❶ 셀 내에서 세로 기준으로 데이터의 위치를 설정합니다. 위, 가운데, 아래

❷ 셀 내에서 가로 기준으로 데이터의 위치를 설정합니다. 왼쪽, 가운데, 오른쪽

❸ 왼쪽 정렬

❹ 가운데 정렬

❺ 오른쪽 정렬

❻ 위쪽 정렬

❼ 가운데 정렬(세로 기준)

❽ 아래쪽 정렬

❾ 자동으로 줄 바꿈. 그림에서 처럼 데이터가 셀 크기보다 클 경우 자동으로 줄을 바꾸어주는 기능을 합니다. 기억날지 모르겠지만 앞에서 줄을 바꾸는 것은 「Alt」+「Enter↵」를 하면 된다고 하였습니다. 줄을 바꾸는 기능은 같지만 차이점이 있습니다. 그림에서 보고 알아 차리셨나

요.「자동 줄 바꿈」은 셀 크기에 맞게 자동으로 줄을 바꾸는 기능을 하는데 다음 줄로 바뀌는 글자의 위치가 셀의 크기에 따라 결정이 되고,「Alt + Enter↵ 」은 사용자가 줄을 바꾸려는 위치를 결정하여 줄을 바꾸도록 하는 것입니다. 알겠죠...

🌑 셀 면 서식 적용하기

셀의 면 색깔과 면 테두리의 선 모양을 설정하는 것입니다. 서식을 적용할 셀을 선택하고 아래 그림에서 처럼 [홈] 탭의 [글꼴] 메뉴 그룹에서 설정을 합니다.

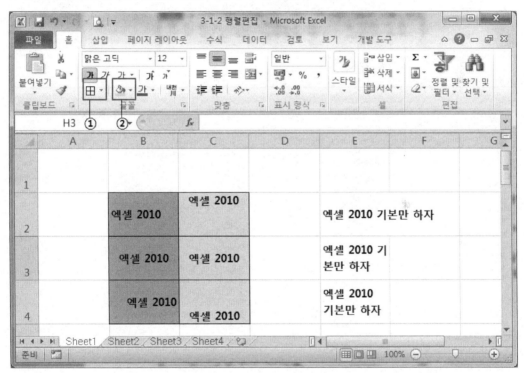

위 그림에서

❶ 셀의 테두리 모양을 설정하는 단추입니다.「▼」를 클릭하면 테두리 모양이 펼쳐집니다. 적용하고자 하는 것을 클릭하면 됩니다. 테두리 모양도 선의 종류, 선의 색상 등 다양하게 적용할 수 있는데 여기서는 기본만 적용하고 자세한 것은 다음에 셀 서식 설정에 대한 자세한 설명이 있을 때 함께 다루도록 하겠습니다.

❷ 면 색을 설정하는 단추입니다. 글자의 색을 설정할 때와 마찬가지로 「▼」를 클릭하면 여러 가지 색을 선택할 수 있는 창이 펼쳐집니다. 원하는 색을 클릭하면 됩니다. 색을 선택하는 것에 대해 조금 더 언급하면,

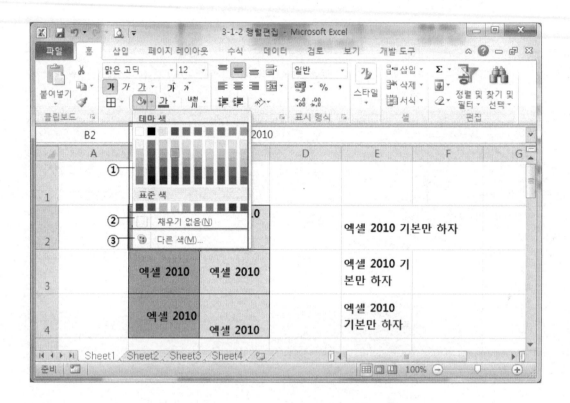

❶ 영역은 가장 많이 사용되는 색상으로 기본으로 제공되는 것이며,

❷ 영역은 면 색이 적용된 셀에서 적용된 면 색을 없앨 때 사용되는 것이며,

❸ 영역은 기본으로 제공되는 ❶ 영역에서 원하는 색이 없을 때 다른 색을 찾고자 할 때 사용되는 것입니다. 클릭하면 다른 색이 펼쳐집니다.

🔵 실무 연습

지금까지 배운 것을 가지고 아니면 책을 활용하면서 다음과 같은 문서를 작성해 보세요.

성명	과목명				점수				비고
	국어	영어	수학	역사	총점	평균	평점	순위	
김길동	87	95	89	90					
이길동	90	90	87	88					
박길동	72	80	70	65					
송길동	87	87	85	89					
정길동	88	89	89	85					
최길동	85	85	96	92					
노길동	95	95	89	90					

성적 산출표

3 행과 열 편집하기

일반적으로 편집이라고 하는 것은 기본적으로 입력된 데이터를 가지고 원하는 결과물을 얻기 위하여 복사하고 잘라서 옮기고 앞에서 다루었던 글꼴, 색상 등을 넣는 것입니다. 그래서 이번에 배울 편집하는 기능은 다음과 같은 같습니다.

- 행과 열 삽입 및 삭제
- 셀 삽입 및 삭제
- 행과 열 복사 및 잘라내기
- 셀 복사 및 잘라내기

🔵 행과 열 삽입

행과 열의 삽입은 행 번호 또는 열 번호에서 실행합니다. 앞에서 실무연습으로 작성한 문서를 이용하여 공부하겠습니다.

🔵 열 삽입

문서를 작성한 후에 그림에서 처럼 수학과 역사 사이에 사회 과목을 추가를 해야 하는 일이 발생하였다고 가정해 봅시다. 새로운 과목을 '수학' 과목 [E] 열과 '역사' 과목 [F] 열 사이에 새로 열을 삽입하려고 합니다. 새로운 열은 삽입하고자 하는 열의 왼쪽에 삽입이 됩니다. 따라서 [F] 열의 왼쪽에 새로운 열을 삽입하여야 하므로 [F] 열을 선택하여 실행하여야 [E] 열과 [F] 열 사이에 새로운 열이 만들어집니다. 만약에 [E] 열을 선택하여 실행하면 [D] 열과 [E] 열 사이에 새로운 열이 만들어지겠지요. 헷갈리지 않도록 합니다. 선택된 열의 왼쪽에 새로운 열이 생긴다는 것을 꼭 기억하세요.

❶ [F] 열 번호 위에 마우스 포인터를 위치해 두고 마우스 오른쪽 버튼을 클릭합니다. 그러면 편집과 관련된 메뉴들이 펼쳐집니다.

❷ 펼쳐진 메뉴 중 [삽입] 메뉴를 클릭하면 오른편처럼 [F] 열에 새로운 열이 생성됩니다.

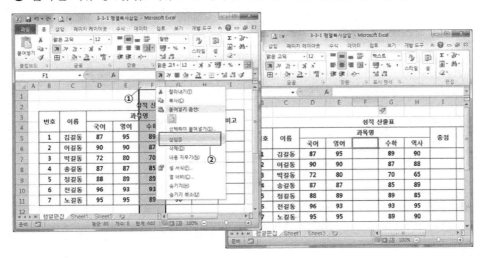

● 행 삽입

행 삽입은 선택된 행의 앞쪽인 위에 새로운 행이 추가됩니다. 과정은 열을 추가하는 과정과 동일합니다. 추가할 위치인 행의 위치만 정해주면 열 삽입과정과 동일하다는 것입니다. 행 번호 위에 마우스 포인터를 두고 앞에서 설명한 과정을 똑같이 하면 됩니다.

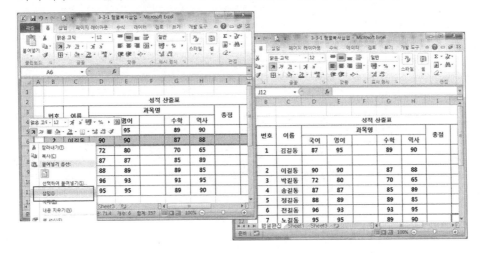

🔵 행과 열 삭제

삭제할 열 또는 행 번호에 마
우스 포인터를 두고 오른쪽
버튼을 클릭합니다. 여기까
지는 삽입과정과 같지요? 펼
쳐진 편집 메뉴 중에 삭제를
클릭하면 삭제 완료 됩니다.

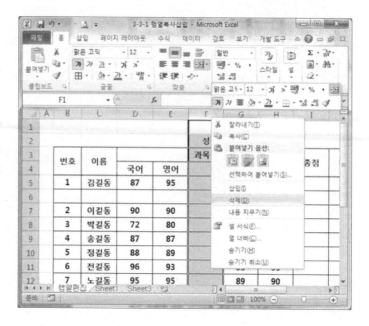

🔵 행과 열 삽입/삭제 또 다른 방법

도구 모음에 있는 아이콘을
활용하는 방법입니다.
❶ 먼저 삽입 또는 삭제할 행
이나 열을 클릭하여 선택을
합니다.
❷ [홈] 탭에서 도구 모음의
[셀] 그룹을 보면 [삽입] 단추
와 [삭제] 단추가 있습니다.
클릭을 하면 됩니다.

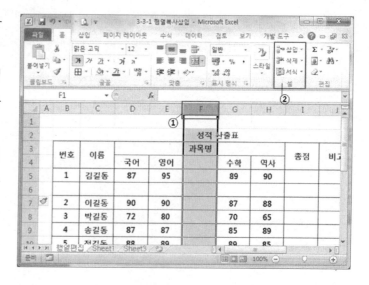

🔵 행과 열 복사

복사는 우리가 잘 알고 있는 Ctrl+C, Ctrl+V 행위입니다. 복사 또한 삽입/삭제와 마찬가지로 행위의 대상이 먼저 필요합니다. 복사를 할 열이나 행을 먼저 선택을 하고 복사를 실행해야 한다는 말입니다. 또한 복사는 복사를 해서 붙여넣기를 할 때 원래 데이터와 겹쳐져 원 데이터를 잃을 수 있으므로 한 번 더 생각하고 복사를 하는 것이 좋습니다. 물론 잘못되더라도 이전 상태로 되돌아가서 데이터를 복구할 수 있지만요. 그럼 복사를 해 봅시다.

● Ctrl+C, Ctrl+V

❶ 먼저 복사하고자 하는 열이나 행을 선택합니다. 열 번호 또는 행 번호에 마우스 포인터를 올려 놓고 「Ctrl+C」를 합니다. 복사는 「Ctrl+C」를 하게 되면 선택된 열, 즉, 복사하고자 하는 영역의 데이터가 '클립 보드'라는 곳에 잠시 저장되어 있다가 '붙여넣기'를 실행하면 클립 보드에 저장된 내용이 문서 내로 복사가 되는 것입니다. 그림에서 보이듯이 「Ctrl+C」를 하면 해당 영역의 테두리가 점선으로 깜박깜박 합니다. 이것이 선택된 영역의 데이터가 클립 보드에 저장되었다는 신호입니다.

❷ 복사하고자 하는 장소, 열 또는 행을 선택하고 「Ctrl+V」를 합니다. 복사가 완료됩니다. 앞에서 잠깐 언급하였지만 붙여넣기를 하면 해당 위치에 복사할 내용이 겹쳐지게 되므로 데이터가 있으면 기존의 데이터는 사라지고 복사가 된다는 것을 기억하기 바랍니다.

● 마우스 오른쪽 버튼 활용하여 복사하기

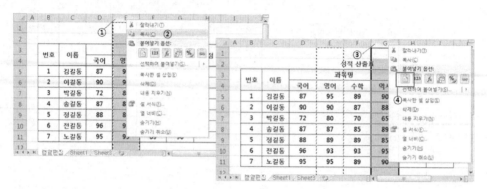

❶ 복사하고자 하는 열 또는 행의 번호 위에 마우스 포인터를 올려서 오른쪽 버튼을 클릭합니다. 그러면 편집 관련 메뉴가 펼쳐집니다.

❷ 펼쳐진 메뉴 중 [복사]를 클릭합니다. 그러면 앞에서 했던 「Ctrl+C」와 같은 현상으로 선택된 열이 점선으로 깜박거리게 됩니다. 복사할 내용을 클립 보드에 보관해 두고 있다는 것입니다. 결국 [복사]라고 하는 실행은 단축키를 사용하여 「Ctrl+C」를 한 것과 같은 것입니다.

❸ 복사한 내용을 붙여넣기 할 열을 선택합니다. 마우스 오른쪽 버튼을 클릭합니다. 편집관련 메뉴가 펼쳐지지요.

❹ 펼쳐진 메뉴 중에 [붙여넣기]를 클릭하면 복사가 완료됩니다.

● 도구 모음 아이콘 활용하여 복사하기

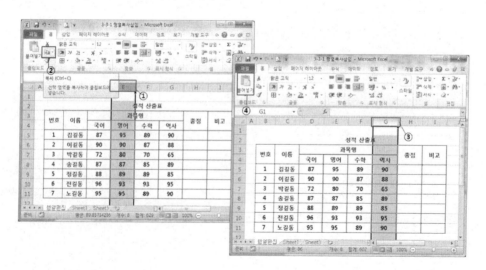

❶ 복사하고자 하는 열 또는 행의 번호 위에 마우스 포인터를 올려서 클릭합니다.

❷ [홈] 탭의 도구 모음 중에서 맨 오른편에 [클립보드]라는 도구모음 그룹 이름이 있습니다. 그 중에 아이콘 🖳 를 클릭합니다. 「Ctrl+C」와 같은 현상으로 선택된 열이 점선으로 깜박거리게 됩니다.

❸ 복사한 내용을 붙여넣기 할 열을 선택합니다.

❹ [클립보드] 도구모음 그룹에서 아이콘 🗐 를 클릭합니다. 복사가 완료됩니다.

클립보드 도구모음에서 아이콘 🖳 와 🗐 옆에 「▼」이 있습니다. 이것은 그림 형식의 개체로 복사할 때 사용하는 것으로 행과 열 단위로 복사하는 것 보다는 셀 단위로 복사를 할 때 유용하게 쓰일 수 있으므로 조금 뒤에 셀 단위의 편집을 공부할 때 다루도록 하겠습니다.

🔵 행과 열 잘라내기

잘라내기는 복사하기와 비슷한데, 복사를 한다고 하면 원 데이터는 그대로 두고 다른 위치에 똑같은 값을 옮기는 것을 말하지요. 그것에 비해 잘라내기는 말 그대로 어느 위치의 데이터를 다른 곳으로 옮기는데 원래 위치의 데이터는 삭제하고 다른 곳으로 옮기는 것을 말합니다. 결국 잘라내기의 실행은 데이터를 옮기는 것 자체는 복사하기와 동일하기 때문에 복사하기와 동일한 절차를 거쳐서 실행되며 다만 원래 위치의 데이터가 삭제되는 것만 다릅니다. 가끔은 데이터를 삭제할 때 잘라내기를 실행하기도 합니다. 잘라내기를 한 후에 붙여넣기를 하지 않으면 삭제와 동일한 효과가 나타나기 때문입니다.

Ctrl+X, Ctrl+V

❶ 잘라내기를 하고자 하는 열이나 행을 선택합니다. 열 번호 또는 행 번호에 마우스 포인터를 올려 놓고 「Ctrl+X」를 합니다. 복사와 같이 잘라내기를 하고자 하는 영역의 데이터가 '클립 보드'에 곳에 잠시 저장되어 있다가 '붙여넣기'를 실행하면 클립 보드에 저장된 내용이 문서 내로 옮겨지는 것이기 때문에 해당 영역의 테두리가 점선으로 깜박깜박 합니다.

❷ 잘라내기를 하고자 하는 장소, 열 또는 행을 선택하고 「Ctrl+V」를 합니다. 그림에서 보이듯이 잘라내기를 실행하고 나면 원래 위치의 데이터는 없어지고 다른 곳으로 옮겨진 것을 확인할 수 있습니다.

잘라내기의 다른 경우를 봅시다.

그림에서 [D] 열을 삭제하려고 「Ctrl+X」를 하면 옆의 그림처럼 삭제할 수 없다는 메시지가 뜹니다. 열을 삭제하던 행을 삭제하던 병합된 영역이 있을 때는 복사할 때와는 다르게 잘라내기를 할 수 없다는 것입니다. 이 문제를 어떻게 해결해야 할까요? 별다른 방법없이 원시적인 방법으로 해결할 수 밖에 없습니다. 해결하기 위해 병합된 셀 '성적 산출표' 셀을 원래의 병합되지 않은 셀 형태로 변경한 뒤 잘라내기를 하고자 하는 열을 실행하고 다시 '성적 산출표' 셀을 병합을 하여야 합니다.

● 마우스 오른쪽 버튼 활용하여 잘라내기

❶ 잘라내기 하고자 하는 열 또는 행의 번호 위에 마우스 포인터를 올려서 오른쪽 버튼을 클릭합니다. 편집 관련 메뉴가 펼쳐집니다.

❷ 펼쳐진 메뉴 중 [잘라내기]를 클릭합니다.

❸ 잘라낸 내용을 붙여넣기 할 열을 선택합니다. 마우스 오른쪽 버튼을 클릭합니다. 편집관련 메뉴가 펼쳐지지요.

❹ 펼쳐진 메뉴 중에 [붙여넣기]를 클릭하면 잘라내기가 완료됩니다.

🌑 도구 모음 아이콘 활용하여 잘라내기

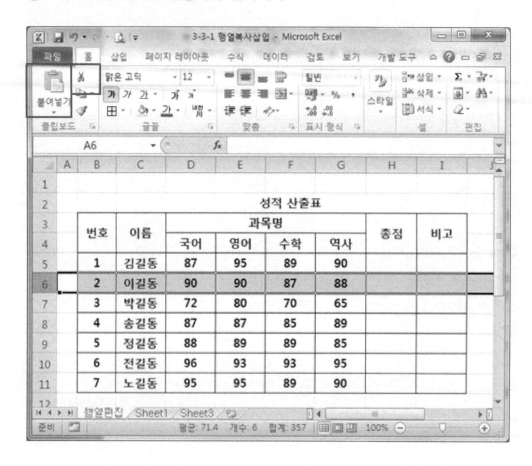

❶ 잘라내기 하고자 하는 열 또는 행의 번호 위에 마우스 포인터를 올려서 클릭합니다.

❷ [홈] 탭의 도구 모음 중에서 [클립보드] 도구모음 그룹의 가위 모양 아이콘 ✂ 를 클릭합니다.

❸ 내용을 붙여넣기 할 열을 선택합니다.

❹ [클립보드] 도구모음 그룹에서 아이콘 붙여넣기 를 클릭합니다. 잘라내기가 완료됩니다.

🌑 실무 연습

앞의 실무 연습에서 작성한 문서를 활용
하여 열 삽입을 연습하겠습니다. '이름'
열 왼쪽에 번호를 추가하고자 합니다.

❶ [B] 열을 선택하고 오른쪽 버튼을
클릭하여 [삽입] 메뉴를 클릭합니다.
[A] 열과 너비가 같은 새로운 열이 생성
됩니다.

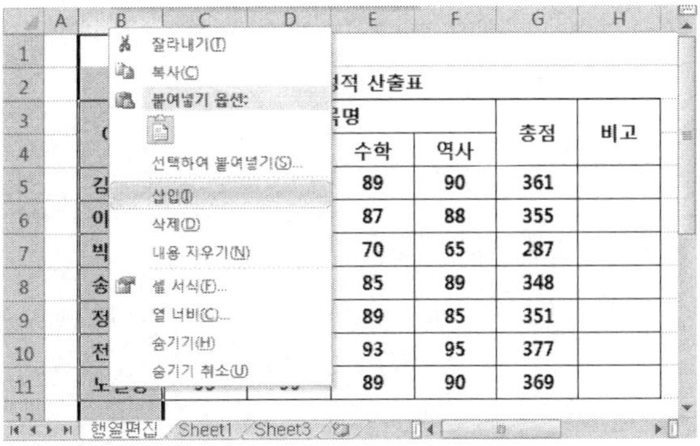

❷ 생성된 열의 너비를 조금 늘려 봅시
다. [B] 열과 [C] 열의 경계선에 마우스
포인터를 놓고 클릭한 상태로 오른쪽
으로 적당히 드래그 하면 되죠.

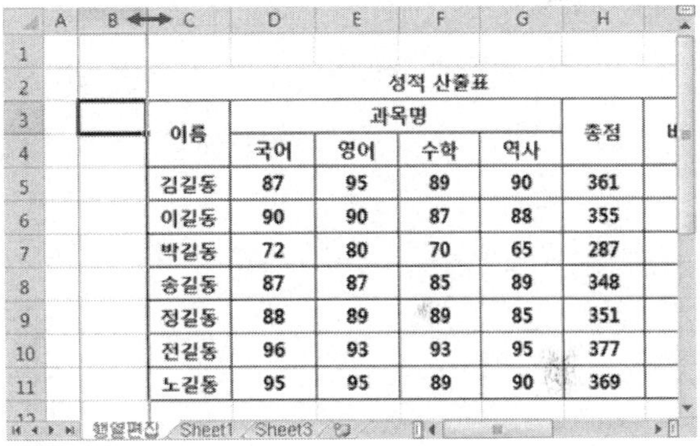

❸ 그림처럼 [B3] 셀과 [B4] 셀을 선택
하여 셀 병합을 합니다. 병합된 셀에
'번호'를 입력합니다. [B5]~[B11]까지
번호 값 숫자를 입력합니다. 번호를 모
두 입력할 필요없이 [채우기 핸들] 기능
을 이용해 봅시다. [B5]에 숫자 '1'을 입
력하고 셀 오른쪽 아래 모서리에서 마
우스로 클릭한 상태로 [B11] 셀까지 드

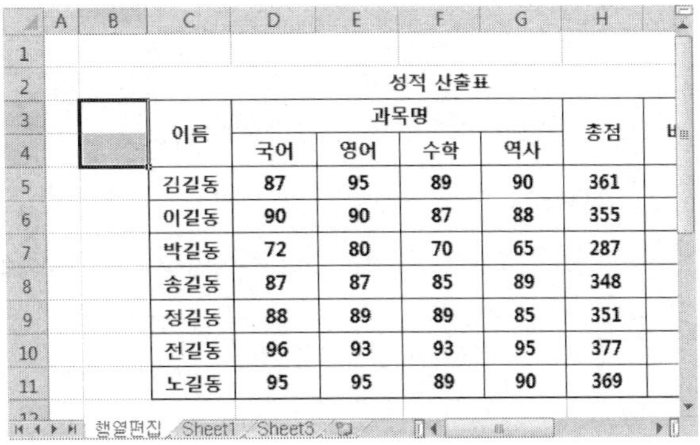

래그 하면 됩니다. 이 때 그냥 드래그 하게 되면 '1'이 복사가 되므로 1씩 증가된 수가 입력되
도록 [Ctrl] 키를 누른 상태에서 마우스를 드래그 합니다. 번호 모두 채워졌지요?

❹ 테두리 선을 설정합니다. [B3]~[B11]
까지 셀 영역을 지정합니다. 도구 모음
에 테두리 선을 설정하는 단추 를
클릭합니다. [B3]~[B11]까지 셀 영역이
지정된 상태에서 [가운데 정렬을 실행
합니다.

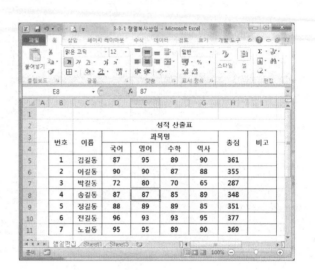

❺ 그림처럼 완성되었는지 확인해 보세
요. 안 된 부분이 있으면 지금 바로 될
수 있도록 시도를 합니다. 컴퓨터 활용
능력은 될 수 있을 때까지 직접 해보는
것이 중요하니까요...

🔵 행과 열 삽입하여 붙이기

앞에서 실전 연습을 통해 만들어진 문서를 갖고 계속해서 공부하겠습니다.

그림에서 3번 박길동을 5번 다음으로 복사 또는 잘라내기 하여 이동하려고 합니다. 복사와 잘
라내기를 동시에 할 수 없지만 복사나 자라내기의 실행과정은 동일하기 때문에 잘라내기 실
행으로 '삽입하여 붙이기' 기능을 해 보도록 하겠습니다.
먼저 앞에서 배운 것을 이용하여 해봅시다.

❶ 옮겨 놓을 행을 선택하여 [행 삽입]을 실행합니다.

번호	이름	과목명				총점	비고
		국어	영어	수학	역사		
1	김길동	87	95	89	90	361	
2	이길동	90	90	87	88	355	
3	박길동	72	80	70	65	287	
4	송길동	87	87	85	89	348	
5	정길동	88	89	89	85	351	
6	전길동	96	93	93	95	377	
7	노길동	95	95	89	90	369	

성적 산출표

번호	이름	과목명				총점	비고
		국어	영어	수학	역사		
1	김길동	87	95	89	90	361	
2	이길동	90	90	87	88	355	
3	박길동	72	80	70	65	287	
4	송길동	87	87	85	89	348	
5	정길동	88	89	89	85	351	
6	전길동	96	93	93	95	377	
7	노길동	95	95	89	90	369	

성적 산출표

❷ '3번 박길동'의 자료를 새로 만든 행으로 옮기기 위해 '3번 박길동'의 행을 잘라내기를 하여 새로 만든 행에 붙여넣기를 실행합니다.

번호	이름	과목명				총점	비고
		국어	영어	수학	역사		
1	김길동	87	95	89	90	361	
2	이길동	90	90	87	88	355	
4	송길동	87	87	85	89	348	
5	정길동	88	89	89	85	351	
3	박길동	72	80	70	65	287	
6	전길동	96	93	93	95	377	
7	노길동	95	95	89	90	369	

성적 산출표

❸ 데이터를 옮기고 난 후 비어 있는 행을 선택하여 [삭제]를 실행하여 행을 삭제합니다.

번호	이름	과목명				총점	비고
		국어	영어	수학	역사		
1	김길동	87	95	89	90	361	
2	이길동	90	90	87	88	355	
4	송길동	87	87	85	89	348	
5	정길동	88	89	89	85	351	
3	박길동	72	80	70	65	287	
6	전길동	96	93	93	95	377	
7	노길동	95	95	89	90	369	

(표 제목: 성적 산출표)

이렇게 몇 번의 옮기기 절차를 통해 하려고 한 자료 옮기기가 완료되었습니다.

자료를 옮기는데 이렇게 여러 번 실행되는 과정을 거치지 않고 한 번에 실행할 수 것이 [잘라낸 셀 삽입] 메뉴입니다. 같이 해 볼까요?

❶ 옮기려고 하는 행을 선택합니다. 마우스의 오른쪽 버튼을 눌러 펼쳐진 메뉴에서 [잘라내기]를 클릭합니다. 선택된 행의 영역은 점선으로 점멸하게 되지요.

번호	이름	과목명				총점	비고
		국어	영어	수학	역사		
				89	90	361	
				87	88	355	
		72	80	70	65	287	
				85	89	348	
				89	85	351	
				93	95	377	
				89	90	369	

(표 제목: 성적 산출표)

(컨텍스트 메뉴: 잘라내기(T), 복사(C), 붙여넣기 옵션:, 선택하여 붙여넣기(S), 잘라낸 셀 삽입(E), 삭제(D)...)

❷ 옮겨 놓을 행을 선택합니다. 그림에서는 10번 행을 선택하였습니다. 10번 행 번호 위에서
마우스 오른쪽 버튼을 클릭합니다. 펼쳐진 메뉴에서 [잘라낸 셀 삽입]을 클릭합니다.

❸ '박길동'이 있는 행의 데이터가 '전길동'이 있는 행 아래도 옮겨진 것을 확인할 수 있습니다.

성적 산출표							
번호	이름	과목명				총점	비고
		국어	영어	수학	역사		
1	김길동	87	95	89	90	361	
2	이길동	90	90	87	88	355	
4	송길동	87	87	85	89	348	
5	정길동	88	89	89	85	351	
6	전길동	96	93	93	95	377	
3	박길동	72	80	70	65	287	
7	노길동	95	95	89	90	369	

데이터를 옮길 때 여러 번의 옮기는 과정을 한 번의 과정으로 완료할 수 있음을 보았습니다.
할 수 있으면 유용하게 활용할 수 있는 기능입니다. 자주 활용되고 하니 여러 번 연습을 통해
처리방법을 잘 익히기 바랍니다.

🌐 셀 복사 및 잘라내기

지금까지는 열과 행 단위의 문서 편집에 대해 알아보았습니다. 여기에서는 셀 단위위 문서 편집에 대해 알아보도록 하겠습니다. 행과 열의 단위와 셀 단위의 차이점은 처리되는 데이터의 범위입니다. 처리되는 데이터의 범위의 차이일 뿐 처리과정은 동일하나고 생각하시면 배워아 할 내용이 많지 않으므로 긴장하지 않아도 되겠지요. 복습한다고 생각하면 좋겠습니다.

❶ 그림에서 [C3] ~ [E4]까지 데이터를 입력하고 영역을 지정합니다. 영역 내에 마우스 포인터를 두고 오른쪽 버튼을 눌러 펼쳐진 메뉴에서 [복사]를 클릭합니다.

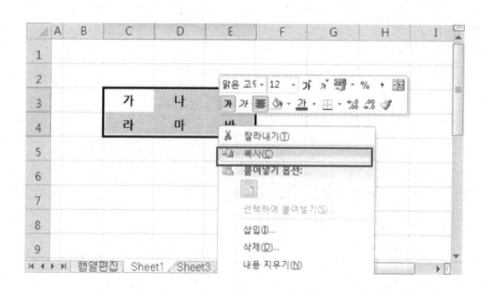

❷ 복사할 위치, 셀을 클릭하여 선택한 후 마우스 오른쪽 버튼을 눌러 펼쳐진 메뉴에서 [붙여 넣기] 아이콘을 클릭하면 복사가 이루어집니다.

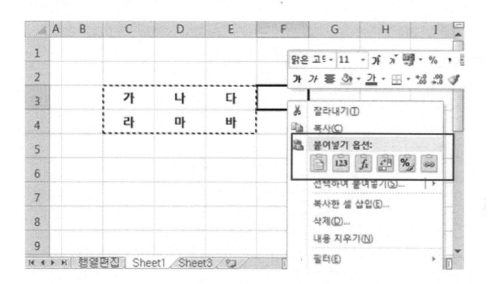

잘라내기는 복사와 유사하므로 직접해보고 다음 그림과 같이 이루어지는지 확인하여 보세요.

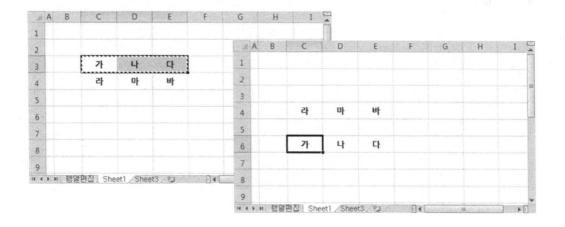

복사 실행방법도 앞에서 배웠듯이 3가지 절차로 구분될 수 있었습니다. 어느 것이든 사용자가 편리한 방법을 선택하면 되는데 가능하면 한 가지 방법을 택하여 사용하는 것이 기능을 익히는데 집중도가 높아지겠지요. 엑셀을 잘 활용하기 위해서는 사용법을 빠른 시간 내에 익숙해지는 것이 중요하니까요. 엑셀 활용 방법에 대해 실행절차를 자세하게 설명하지 않아도 이해할 수 있으면 엑셀에 익숙해졌다고 할 수 있겠습니다. 그렇게 되면 엑셀 사용이 재미있어질 것입니다. 빨리 그런 시간이 오기를 기대합니다.

 선택하여 붙여넣기 서식

복사한 내용을 붙여넣기를 할 때 복사되는 내용에 적용된 서식이 그대로 복사되는 것이 일반적입니다. 하지만 때로는 복사할 내용 중에 수식의 경우 수식으로 아닌 다른 형식으로 복사해야 되는 경우도 생깁니다. 이와 같이 사용자가 문서 내용에 맞게 붙여넣기를 선택하여 실행을 할 수 있습니다. 다음은 선택하여 붙여넣기에 대한 설정과정과 각 요소에 대한 설명입니다.

- 복사할 내용을 선택한 후 [복사하기]를 실행합니다.
- 붙여넣기를 할 셀을 선택합니다.
- 도구 모음에서 [클립 보드] 그룹에서 [붙여넣기] 아이콘을 클릭합니다.
- 붙여넣기에 대한 선택 항목이 펼쳐집니다.
- 대화상자의 중요 요소에 대한 실행 기능입니다.

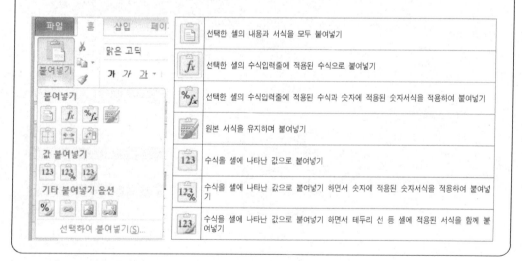

🔵 셀 삽입 및 삭제

● 셀 삽입

그림에서 [C3] 셀과 [C4] 셀 사이에 새로운 데이터를 입력하고자 합니다. 그렇게 하려면 [C4] 셀 위에 새로운 셀 하나를 새로 만들어야 하겠지요. 셀 하나를 삽입해야 합니다.

❶ [C4] 셀을 마우스로 선택을 한 후 오른쪽 버튼을 눌러 [삽입] 메뉴를 클릭합니다.

❷ [삽입] 창이 하나 뜹니다. 이 창에서 설정해야 할 것은 지금 우리가 하려고 하는 것이 셀 하나를 삽입하는 것입니다. 어딘가에 무엇을 끼워 넣으려면 이미 존재해 있는 것을 정리해야 할 필요가 있겠지요. 그래서 새로운 빈 셀을 끼워 넣으니 다른 셀들을 어떻게 처리할 것인가에 대한 물음입니다. 지금은 데이터가 몇 개 없으니 어느 것을 해도 상관없지만 데이터가 많을 때는 상황에 맞게 기존의 데이터들, 즉 나머지 셀들에 대한 처리가 요구됩니다. [셀을 아래로 밀기]가 체크된 상태로 [확인]을 클릭합니다.

그럼 다시 이전 상태로 돌아가 [셀을 오른쪽으로 밀기]를 실행해 보겠습니다. 이전 상태로 돌아가는 것은 빠른 실행 도구 모음에서 를 클릭하면 됩니다.

❸ [셀을 오른쪽으로 밀기]를 실행하면 새로운 셀을 하나 만들면서 관련 셀들을 오른쪽으로 옮겨 놓습니다.

 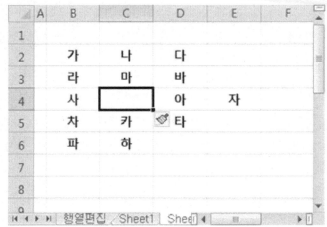

💡 되돌리기 실행

작업을 하다가 잘못 처리한 일이 발생하였을 경우, 특히 삭제 또는 지우기 등의 일을 실행하고 데이터가 없어진 상태에서 이전 상태로 복구하는 작업입니다.

빠른 실행 도구 모음 에서 를 클릭하면 이전 상태로 돌아갑니다. 계속 클릭하면 그 이전 이전 상태로 돌아가지요.

이전 상태가 아니라 다음 상태로 갈려면 을 클릭합니다.

이제 이전 상태와 다음 상태로의 이동을 할 수 있어 잘못된 작업으로 인한 데이터의 손실을 쉽게 복구할 수 있어 배워 가는 과정에서 여러 가지의 시도를 마음 놓고 할 수 있을 것입니다.

- **셀 삭제**

셀 삽입과 같은 형태로 실행됩니다. 삭제하고자 하는 셀에서 [삭제] 메뉴를 선택하면 [삭제] 창이 나타나는데 [셀을 왼쪽으로 밀기]를 선택하고 [확인]을 클릭하면 그림처럼 데이터들이 왼쪽으로 이동하게 됩니다.

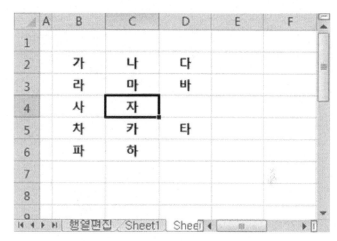

- **여러 셀 삽입과 삭제**

그림에서 '4번 정길동'과 '5번 송길동' 사이에 새로운 데이터를 추가하려고 합니다. '5번 송길동' 위에 새로운 셀을 추가하여 데이터를 입력하여야 하므로

❶ '5번 송길동' 데이터 영역을 선택합니다.

❷ 이번에는 오른쪽 버튼을 눌러 실행하지 않고 [홈] 탭 도구 모음의 [셀] 그룹의 [삽입] 단추를 클릭합니다. 오른편 그림처럼 '5번 송길동' 위에 새로운 셀이 생성됩니다. 셀을 삽입할 때 다른 영역의 데이터를 오른쪽으로 밀어내기를 할지 아래로 밀어내기를 할지를 묻는 메시지 창이 뜨지 않고 시스템에서 알아서 아래로 밀어내기를 합니다. 셀을 지정하는 위치에 따라 엑셀 프로그램에서 판단하여 실행하므로 사용자는 여기에 맞추어 실행여부를 판단하면 되겠습니다.

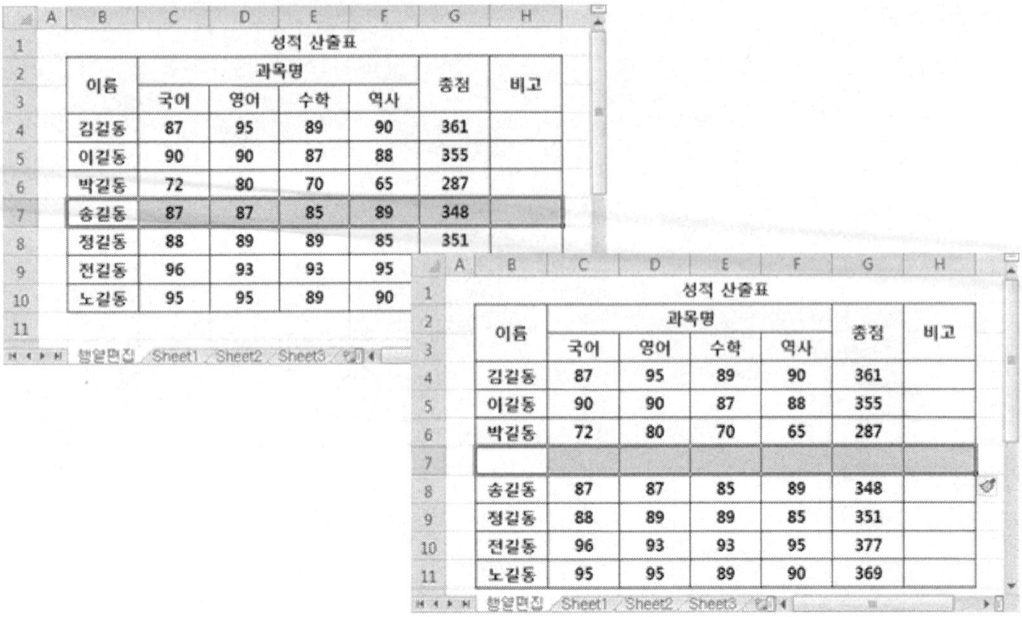

성적 산출표

이름	과목명				총점	비고
	국어	영어	수학	역사		
김길동	87	95	89	90	361	
이길동	90	90	87	88	355	
박길동	72	80	70	65	287	
송길동	87	87	85	89	348	
정길동	88	89	89	85	351	
전길동	96	93	93	95		
노길동	95	95	89	90		

성적 산출표

이름	과목명				총점	비고
	국어	영어	수학	역사		
김길동	87	95	89	90	361	
이길동	90	90	87	88	355	
박길동	72	80	70	65	287	
송길동	87	87	85	89	348	
정길동	88	89	89	85	351	
전길동	96	93	93	95	377	
노길동	95	95	89	90	369	

삭제도 동일한 형태로 실행되므로 생략하고 넘어 가겠습니다.

행과 열 숨기기

• 숨기기

「숨기기」 기능은 「삭제」와 다르게 작업을 하는 과정 또는 출력 결과물을 표현할 때 화면에 보이지 않도록 하여 일의 편리성을 주는 기능입니다. 다음 그림에서 '점수'에 해당하는 [H] 열에서 [I] 열까지의 데이터가 현재 작업하는 과정에서는 반드시 필요하지만 화면상에는 나타날 필요가 없다거나 출력물에는 나타날 필요가 없을 때, 즉 삭제해서는 안 되지만 화면에서는 나타나지 않도록 하기 위해서는 「숨기기」 기능을 실행하면 됩니다.

❶ 숨기려고 하는 열을 선택합니다. 선택된 열 번호 위에 마우스 포인터를 두고 오른쪽 버튼을 클릭합니다. 편집 메뉴가 펼쳐지지요?

❷ [숨기기] 메뉴를 클릭합니다.

오른편 그림처럼 [D] 열과 [E] 열이 화면에서 사라졌습니다. 삭제된 것이 아니라고 했습니다. 문서를 작업하면서 가끔은 열 번호가 없는 경우가 있습니다. 그럴 땐 [숨기기] 기능이 적용되었구나 하고 생각하면 됩니다.

• 숨기기 취소

숨겨진 영역을 다시 화면에 나타나도록 하여 관련 작업을 하려고 합니다. 숨기기 실행과 동일한 과정을 실행하면 됩니다.

❶ [숨기기 취소]를 하려고 하는 열을 선택합니다. [D] 열과 [E] 열이 숨겨져 있으므로 [D] 열과 [E] 열을 포함하도록 열을 선택합니다. 그림에서는 [C] 열에서 [F] 열을 선택하였습니다. 선택된 열 번호 위에 마우스 포인터를 두고 오른쪽 버튼을 클릭합니다. 편집 메뉴가 펼쳐집니다.

❷ [숨기기 취소] 메뉴를 클릭합니다. 오른편 그림처럼 [D] 열과 [E] 열이 다시 화면에 나타났습니다.

이름	과목명				총점	비고
	국어	영어	수학	역사		
김길동	87	95	89	90	361	
이길동	90	90	87	88	355	
박길동	72	80	70	65	287	
송길동	87	87	85	89	348	
정길동	88	89	89	85	351	
전길동	96	93	93	95	377	
노길동	95	95	89	90	369	

🌐 실무 연습– ITQ 자격증 기출문제 형식을 중심으로

실무 연습으로 지금까지 배운 것을 바탕으로 문서 작성 연습을 해 보겠습니다. 실무 예제로 ITQ 자격증 기출문제를 활용하여 자격증 취득을 위한 연습도 병행할 수 있도록 합시다. 아울러 앞에서 생략한 기능들을 추가로 배우면서 복습하도록 합시다.

• ITQ 자격증 기출문제 형식

우리마트 봄맞이 할인행사 현황

상품코드	분류	상품명	공급업체	가격(원)	할인가(원)	행사수량	행사시작일	행사수량순위
FS-01	스킨케어	리얼클렌징폼	하나유통	49,000	43,700	500	(1)	(2)
FC-01	세제	프리미엄세탁세제	한국통상	33,000	27,500	800	(1)	(2)
SS-02	스킨케어	리프팅에센스	뷰티풀	123,000	105,000	350	(1)	(2)
FN-02	영양/건강	종합비타민미네랄	하나유통	82,500	78,500	900	(1)	(2)
FC-02	세제	고급의류세제	한국통상	18,500	15,000	700	(1)	(2)
SC-03	세제	욕실세정제	한국통상	7,700	7,000	850	(1)	(2)
SN-02	영양/건강	천연비타민C	하나유통	69,000	58,000	950	(1)	(2)
FS-03	스킨케어	에센셜크림	뷰티풀	55,000	49,500	450	(1)	(2)
하나유통 상품 수			(3)		최대 가격		상품명	할인가(원)
스킨케어 할인가 평균			(4)		(5)		리얼클렌징폼	(6)

결재 / 담당 / 팀장 / 부장

ITQ 자격증 시험에서 위의 그림처럼 문서를 작성하라고 하는 것에 그치지 않고 위의 형태로 문서를 작성하고 추가로 수행할 것을 요구합니다. 추가로 수행해야 할 부분은 앞으로 우리가 공부해 나갈 부분이고 지금까지 공부한 것으로는 ITQ 자격증 시험에서 요구하는 첫 번째 요구사항으로 위의 내용과 동일하게 문서를 작성하라는 것입니다. 그림에서 [본문]에 해당하는 부분, [B4]에서 [J14]까지의 내용은 지금까지 공부한 것으로 충분히 작성할 수 있을 것입니다. 지금부터 [B4]에서 [J14]까지의 내용을 앞에서 배운 것을 책을 참고하여 작성해 봅니다. (1)에서 (6)은 빈 셀로 그대로 둡니다. 작성을 다 하고 나면 나머지 부분에 대해서는 아래 설명대로 따라하기를 하며 문서를 완성해 봅시다.

🌐 도형 그리기 개체 삽입

제목에 해당하는 도형 개체입니다. 그림에서도 보이듯이 [본문]에 해당하는 데이터처럼 셀에 데이터를 입력한 것과 달라 보입니다. 셀에 입력하는 데이터의 형식과 다르다는 것을 짐작할 것입니다. 이를 그림형식의 개체라고 합니다. 그림형식의 개체는 셀을 차지하는 것이 아니라 공중에 떠 있듯이 워크시트에서 자리만 차지하고 있습니다. 어쨌든 그건 그렇고 이런 형식의 개체를 엑셀 문서에 입력하는 것을 공부해 보도록 합시다.

• 제시된 지시에 따라 만들어 봅시다

제 목 ⇒ 모서리가 둥근 직사각형과 바깥쪽 그림자 스타일(오프셋 가운데)을 이용하여 작성하고 "우리 마트 봄맞이 할인행사 현황"을 입력한 후 다음 서식을 적용하시오 (글꼴-맑은고딕, 24pt, 검정, 굵게, 채우기-노랑).

엑셀에서 문자 또는 숫자와 같은 셀 내에 입력되는 텍스트 형식의 데이터 이외의 개체(그림, 도형, 차트 등)는 [삽입] 탭의 메뉴들을 활용하여 워크시트 내로 가지고 옵니다. [삽입] 탭을 클릭해 보면 가지고 올 수 있는 개체의 여러 형식이 나타나죠. 그래서 지금 우리가 하려는 제목이 들어가는 도형도 [삽입] 탭 내에 배치되어 있습니다.

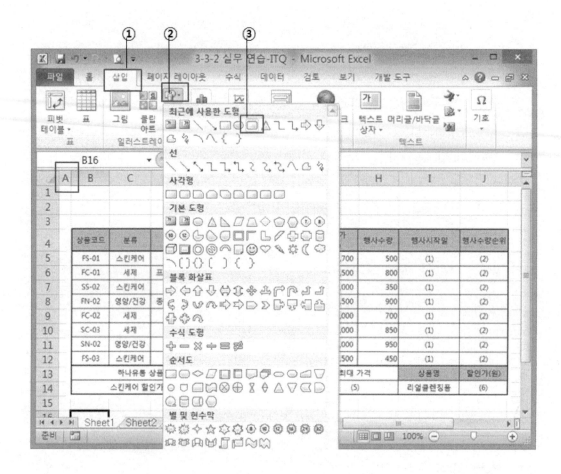

[B4]에서 [J14]까지 기본적인 데이터 입력은 되었다고 가정하고, 먼저 ITQ 자격증 시험 형태와 동일하게 하기 위해 열 [A]의 너비를 그림처럼 적당히 줄입니다.

❶ [홈] 탭 옆에 있는 [삽입] 탭을 클릭합니다. 워크시트에 삽입할 수 있는 여러 형식의 개체에 대한 아이콘들이 나타납니다.

❷ [도형] 메뉴를 클릭합니다. 여러 모양의 도형이 있는 창이 펼쳐집니다.

❸ 모서리가 둥근 직사각형 「□」을 클릭합니다.

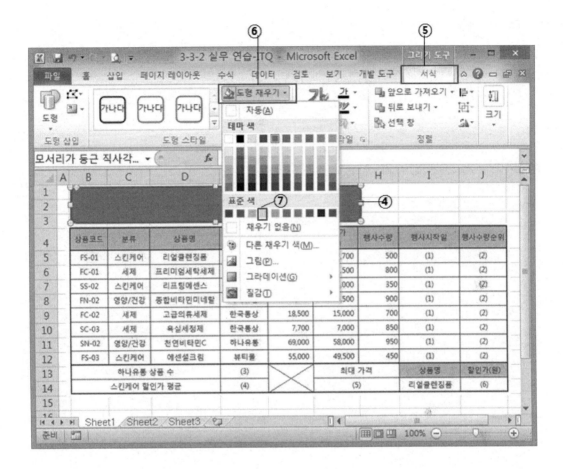

❹ 마우스 포인터를 워크시트로 가져오면 마우스 포인터가 작은 십자 모양 「+」으로 변합니다. 마우스 포인터를 셀 [B1]에서 클릭한 상태에서 마우스 버튼을 떼지 말고 마우스를 드래그하면 모서리가 둥근 직사각형이 그려집니다. 마우스를 셀 [G3]까지 끌어와서 마우스 버튼에서 손을 뗍니다. 그림처럼 모서리가 둥근 직사각형이 만들어졌습니까? 또는 도형을 워크시트 어느 곳에서나 만들어 그림처럼 [B1]~[G3] 영역을 차지하도록 위치와 크기를 조절해도 됩니다.

❺ 도형을 만들고 나면 메뉴바 맨 오른편에 [그리기 도구-서식] 메뉴가 생성됩니다. 개체가 선택되면 개체에 대한 여러 서식을 적용하기 위해 자동으로 나타나게 됩니다. [서식]을 클릭합니다.

❻ 도형내의 면색을 노랑색으로 변경하기 위해 [도형채우기]의 「▼」를 클릭합니다. 여러 색이 펼쳐집니다.

❼ 노랑색을 클릭합니다. 도형의 면색이 노랑색으로 바뀌었나요?

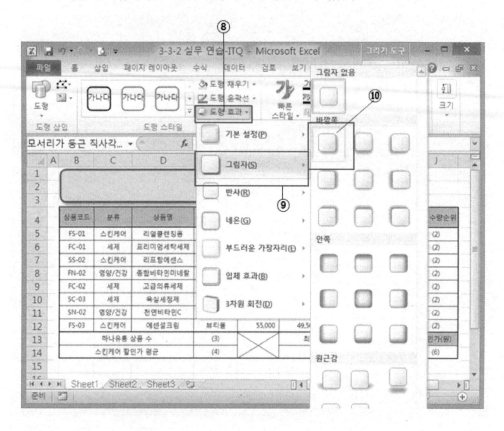

❽ 문제에서 제시된 지시사항 중「바깥쪽 그림자 스타일(오프셋 가운데)」를 적용하기 위해 [도형효과]의「▼」를 클릭합니다.

❾ [그림자]를 클릭합니다.

❿ 첫 번째 단추가「바깥쪽 그림자 스타일(오프셋 가운데)」입니다. 마우스 포인터를 이 단추 위에 올리면 작은 글씨로 나타납니다. 클릭합니다.

삽입한 제목 도형에 대한 스타일 설정은 끝났습니다. 적용해야 할 것이 많지요? 어렵지는 않습니다. 엑셀은 어려운 프로그램이 아닙니다. 아직 어렵게 느끼는 것은 아직 익숙하지 않기 때문입니다. 엑셀 기본만 하자는 것은 쉬운 것 몇 가지만 하자는 것이 아닙니다. 복잡하고 많은 실행절차를 책을 보며 할 수 있도록 하는 것이 기본입니다. 책을 보고 무슨 말인지 차근차근 따라하기 할 수 있는 훈련만 하자는 것입니다. 포기하지 말고 힘내세요.

이번에는 만들어진 도형에 제목 글을 입력하는 것을 해 봅시다.

먼저 개체를 클릭하여 선택할 때는 마우스 포인터 모양을 잘 보아야 합니다. 개체를 이동하거나 개체에 필요한 서식을 적용할 때 개체 자체가 선택이 되어야 합니다. 마우스 포인터 모양이 십자 모양에 상하좌우방향으로 화살표 모양이 생겼을 때 클릭을 하여야 개체가 선택 됩니다. 그림에서 처럼 도형(개체)을 선택하면 도형의 테두리 가장자리와 모서리에 포인터가 생기죠? 이 포인터가 생성되어야 개체가 선택이 된 것입니다. 그리고 이 포인터에서 개체의 크기를 조절할 수 있습니다. 그러면 제목 글을 입력하여 봅시다.

제목 도형을 클릭하여 선택한 후 "우리 마트 봄맞이 할인행사 현황"을 입력합니다. 입력한 글에 문제에서 지시한 사항대로 서식을 설정하여 줍니다. 제목 글의 입력이 완료되면 다시 도형을 선택합니다. 테두리에 포인터가 생겼나요? 글꼴에 대한 서식적용은 [홈] 탭에서 이루어지므로 [홈] 탭을 클릭합니다. 그런 다음 글씨체, 크기, 진하게, 가운데 정렬을 수행합니다.

🌐 사진 형식 복사 및 붙이기

문제에서 지시한 결재란을 만들어 봅시다. 결재란은 셀 병합 등을 실행하여 만들 수 있지만 그림에서 보면 데이터가 입력된 셀과의 너비 등 크기가 맞지 않아 만들기가 쉽지 않습니다. 그리고 결재란 맞추어 데이터가 입력되는 표의 모양을 바꾸는 것이 쉽지 않고 만약에 만든다면 만드는데 들어가는 시간이 너무 많아지겠죠. 아니면 표에 맞추어 결재란을 만들면 모양이 제대로 나오지 않으니 이것도 고민이 됩니다. 그래서 필요한 기법이 「사진 복사」 기능입니다.

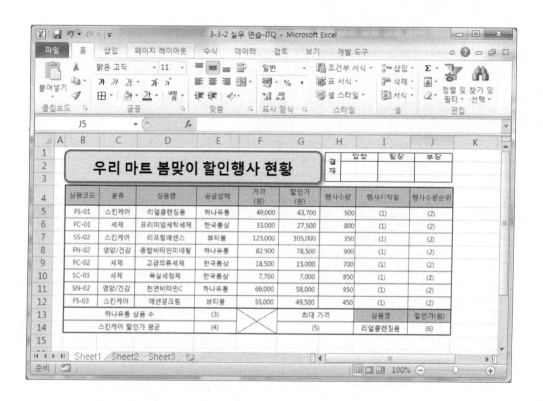

다음 그림처럼 따라하기 합니다.

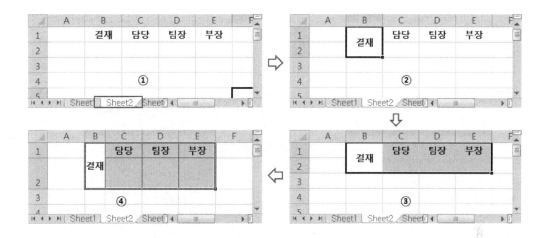

❶ 워크시트 [Sheet2]를 클릭합니다. 그리고 [B1]~[E1]까지 각 데이터를 입력합니다.

❷ [B1], [B2] 두 셀을 병합합니다.

❸ [B1]~[E2]까지 테두리 선을 설정합니다.

❹ 2행의 높이를 늘려주고 [B] 열의 너비를 줄여줍니다.

❺ [B1]의 '결재'가 세로로 글자가 들어가야 합니다. 물론 모양이 안 좋지만 '결재'를 두 줄로 들어가도록 하여도 되겠지만 글자를 세로로 들어가도록 설정하여 봅시다.

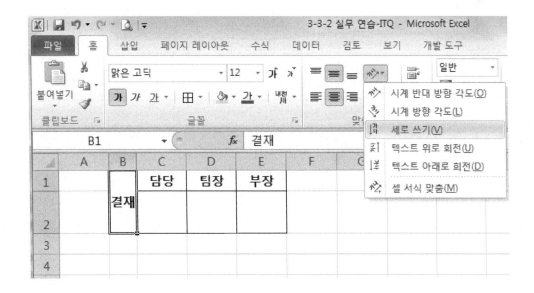

'결재' 값이 들어있는 [B1] 셀을 선택합니다. [홈] 탭의 [맞춤] 도구 그룹에서 「　　」단추의 「▼」를 클릭합니다. 펼쳐지는 메뉴 중에 [세로 쓰기]를 클릭합니다. '결재'의 글자가 세로로 변경됩니다.

이제 결재란을 다 만들었습니다. 이걸 복사해 가야 하겠죠?

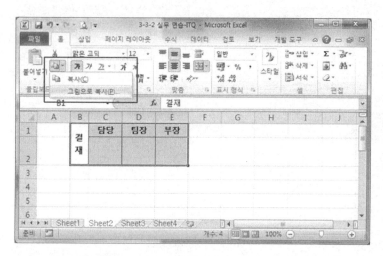
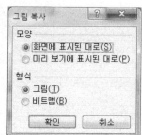

❶ [B1]~[E2]까지 셀을 선택합니다.

❷ [홈] 탭의 복사하는 아이콘에서 「▼」를 클릭합니다.

❸ 펼쳐진 메뉴에서 [그림으로 복사]를 클릭합니다. [그림 복사] 창이 뜹니다.

❹ [그림 복사] 창에서 [화면에 표시된 대로] 체크하고 [확인]을 클릭합니다. 결재란 복사가 된 것입니다. 즉, 그림 형식으로 복사되어 클립 보드에 저장되어 있는 거죠.

❺ 그림으로 복사한 것을 원래의 문서에 붙여넣기를 하기 위해 [Sheet1]을 클릭합니다. 붙여넣기를 한 후 그림형식으로 복사된 결재란 개체를 문서에 맞게 크기를 조정하고 해당 위치에 갖다 놓으면 결재란 만들기가 완료됩니다.

「그림 복사」를 하는 과정은 2가지가 있습니다. 하나는 앞에서 한 대로 그림으로 복사하여 붙여넣기를 하는 방법과 다른 하나는 일반적인 복사를 한 후 그림형식으로 붙여넣기를 하는 것입니다. 두 번째 방법에 대해 복습삼아 한번 해 볼까요.

다시 [Sheet2]를 클릭하여 선택합니다.

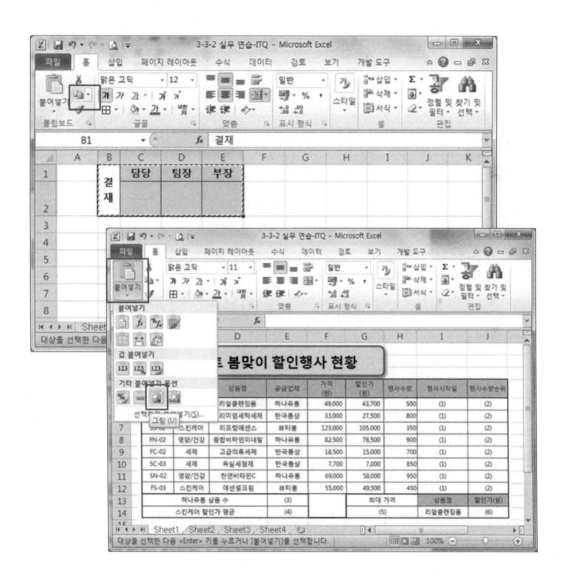

❶ [B1]~[E2]까지 셀을 선택합니다. 그리고 [홈] 탭의 [클립보드] 도구 그룹에서 복사하기를 클릭합니다. [B1]~[E2]까지 선택된 셀이 클립보드에 저장되었다고 점선으로 깜박거리죠…

❷ [Sheet1]을 클릭하여 선택합니다. [클립보드] 도구 그룹에서 [붙여넣기]를 클릭합니다. 붙여넣기에 대한 여러 메뉴들이 펼쳐집니다. 그 중에 아래쪽에 그림 모양의 아이콘이 [그림으로 붙여넣기] 아이콘입니다. 이것을 클릭합니다. [Sheet1]에 결재란이 그림 형식으로 들어옵니다. 크기를 조절한 후 해당위치에 놓으면 완료됩니다.

● 대각선 선 모양 넣기

주어진 문제에서 마지막으로 [F13] 셀에 대각선으로 선을 넣는 것을 해 보겠습니다.

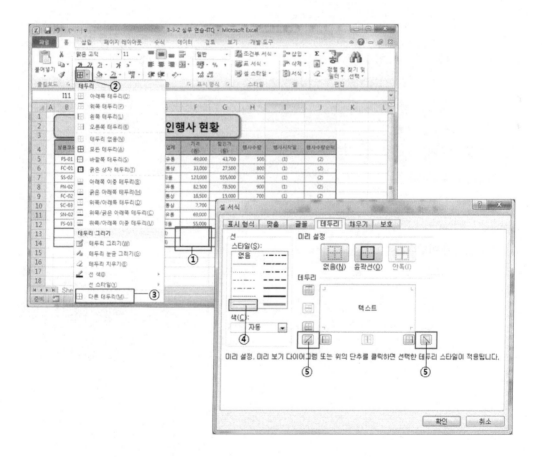

❶ [F13] 셀을 선택합니다.

❷ [홈] 탭의 [글꼴] 도구모음 그룹에서 테두리선 메뉴의 「▼」를 클릭합니다. 테두리에 대한 항목이 펼쳐집니다. 원하는 모양이 있으면 해당 항목을 클릭하면 되지만 대각선 모양은 없으므로 가장 아래에 [다른 테두리] 항목을 클릭합니다.

❸ [다른 테두리] 항목을 클릭하면 [셀 서식] 대화상자가 뜹니다. [셀 서식] 대화상자에 대해서는 추후 자세히 다루겠지만 여기서는 테두리 선에 대한 것만 설정해 보겠습니다.

❹ 테두리를 설정할 때는 먼저 테두리 선 종류부터 먼저 선택을 합니다. 실선, 점선, 2중 실선 등 여러 종류의 선이 있습니다. 그 중에 실선을 선택합니다.

❺ 선 종류를 선택한 다음에는 셀의 사각형에서 어느 변에 선을 적용할 것인지를 결정하는데 여기서는 대각선을 각각 한 번씩 클릭하면 됩니다.

[확인]을 클릭하면 선 입력이 완료됩니다.

지금까지 편집에 대해 알아 보았습니다. 편집이라는 것이 많은 의미를 포함하고 있어서 이 장에서 모든 편집기능에 대해 공부한 것은 아닙니다. 엑셀을 시작한지 얼마 되지 않기 때문에 편집의 기본적인 기능에 대해서만 다룬 것입니다. 앞으로 공부해야 할 것이 많지만 지금까지 공부한 기본적인 기능만 익숙해져도 공부하는데 어려움 없이 해 나갈 수 있을 것입니다. 조급함을 버리고 조금씩 재미있게 해 나가는 것이 중요하다고 생각합니다. 한꺼번에 모든 것을 다루다 보면 헷갈릴 수도 있고 오히려 집중도가 떨어질 수 있습니다. 나무만 계속 보는 것 보다 숲도 보고 그러다가 나무도 보고 그렇게 해야 학습의 효율이 높아질 것이라 생각됩니다. 머리도 덜 아프고... 여기서 다루지 않은 편집기능은 앞으로 다른 기능들을 함께 계속해서 공부해 나갈 것입니다. 공부할 것들이 어떤 것일까 궁금해지나요? 기대하세요.

Chapter

4

수식
이해하기

1 수식이란?

수식은 말 그대로 숫자를 연산하는 것을 말합니다. 더하기, 빼기, 곱하기, 나누기, 우리가 알고 있는 사칙연산, 수식의 기본입니다. 엑셀이 많이 사용되는 근본 이유는 수식을 처리할 수 있다는 것이겠지요. 그래서 엑셀에서 수식을 활용할 수 있다는 것은 엑셀을 다 안다는 것과 같습니다. 엑셀에서 계산하기 쉬운 사칙연산 정도만 다룬다면 큰 의미를 가지지 못할 것입니다. 엑셀이 사칙연산을 기초로 조건에 따른 연산, 문자와 연관되어 활용되는 연산, 그리고 복잡한 통계 연산 등 고급의 연산에 해당하는 함수에 이르기까지 다양한 활용이 가능하기 때문에 업무처리에 효과적으로 적용되는 것입니다. 우리가 이 장에서 알아야 할 것은 엑셀에서 수식을 사용할 수 있다는 것을 알고 사용할 수 있는 방법을 아는 것과 더불어 수식이 처리되는 과정을 확실하게 이해하는 것이 매우 중요합니다. 수식의 활용도를 높이고자 한다면 결국 고급 수식에 해당하는 함수를 잘 다룰 수 있어야 할 것입니다. 엑셀의 활용은 결국 처리하는 방법, 기능을 익히는 것인데 처리 방법을 이해하지 못해도 어느 정도는 활용할 수 있습니다. 물론 함수활용도 기능에 포함됩니다. 그러나 엑셀을 잘 활용한다는 것은 수식을 잘 활용한다는 것인데 수식과 수식의 처리과정을 이해하지 못하면 수식과 연관된 기능을 배우고 활용하는 것이 매우 어렵게 여겨질 것이고 엑셀활용에 대해 흥미를 가지지 못하게 될 것입니다. 엑셀을 재미있게 공부하려면 수식을 먼저 이해를 해야 합니다. 여기서 수식을 이해한다는 것은 연산 자체에 대한 이해가 아니라 수식이 처리되는 과정을 이해해야 한다는 것입니다. 수식이 처리되는 과정을 이해해야 한다는 것이 어떤 것인지는 이 장에서 공부하면서 보도록 합시다. 다시 한 번 더 강조하지만 이 장에서는 먼저 수식 처리 과정의 이해입니다. 그런 다음에 반복적인 훈련입니다.

🔵 수식의 형식

앞에서 언급한 적이 있는데 수식은 반드시 '='으로 시작합니다. 그렇게 해야 엑셀이라는 프로그램에서 입력되는 데이터가 수식이구나 하고 처리하게 됩니다.

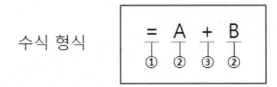

❶ '=' : 수식임을 정의하는 기호라고 생각하면 됩니다.

❷ 'A', 'B' : 연산항 또는 피연산자. 숫자, 셀 주소, 수식, 함수, 문자까지 들어갈 수 있습니다. 엑셀에서는 대부분 셀 주소가 들어갑니다..

❸ '+' : 연산자. 더하기, 빼기 등 사칙연산자 외 많은 연산자가 있습니다.

• 연산자 유형

- 산술 연산자 : 더하기, 빼기, 곱하기, 나누기 등 계산을 하기 위한 연산자

- 비교 연산자 : 조건식에서 주로 사용하는 연산자로 큰가, 작은가, 같은가 등 두 개의 값을 비교하는 연산자. 결과는 논리 값입니다. 논리 값이라고 하는 것은 컴퓨터에서 조건식에서 판단을 하기 위한 기준이 됩니다. 가령 'A가 B보다 큰가?' (A>B) 물었습니다. A와 B를 비교하는 거죠. 그래서 비교 연산자라고 합니다. 결과는 '맞다' 또는 '아니다'입니다. '참' 또는 '거짓'이라고 하지요. '당신은 키가 큽니까?' 묻습니다. 결과는 대답할 수 없습니다. '큽니다' 라고 답하면 맞습니까? 큰지 작은지 비교 대상이 없습니다. 비교를 하려면 비교 대상이 있어야 합니다. 다시 말해서 'A'는 큰가? 라고 물으면 잘못된 질문이 됩니다. 올바른 질문이 되려면 'A가 B보다 큰가?' 처럼 비교대상이 있어야 됩니다. 'A>B' 또는 'A<B' 또는 'A=B' 또는 'A>=B' 등 비교를 묻는 질문은 많습니다. 하지만 대답은 하나입니다. '맞다' 또는 '아니다' 둘 중에 하나입니다. 비교 연산은 많지만 답은 하나인 것입니다. 답이 둘 중에 하나인

값을 논리 값이라고 합니다. 우리가 산술 연산은 계산은 틀리게 할 수 있지만 산술 연산이 어떤 것인지는 이해하고 있으니 문제될 것이 없지만 비교 연산은 나중에 함수를 활용할 때 나오는 연산이라 반드시 확실하게 이해하고 넘어가야 합니다. 이 내용을 조금 지나면 잊을 수도 있습니다. 하지만 나중에 비교 연산자에 대해 공부를 하게 될 때 '비교 연산이라는 것이 있었지' 정도의 기억과 비교 연산자의 결과는 참과 거짓이다 정도를 기억하고 있으면 되겠습니다.

- 논리 연산자 : AND, OR, NOT 등 비교 연산자와 유사한 연산자로 이 연산의 결과도 비교 연산과 같이 '참'과 '거짓'입니다. 논리 연산자는 논리 값, 즉 '참'과 '거짓'의 연산을 말합니다.
. 'AND'는 '그리고'라는 뜻입니다. 게임을 한다고 생각해 봅시다. 빨강색 계통의 티를 입고 있고 그리고(AND) 파랑색 계통의 바지를 입은 사람은 'Yes', 그렇지 않으면 'No'라고 합시다. 조건이 두 개입니다. '빨강색 티', '파랑색 바지'. 답이 'Yes'가 나오려면 연산이 어떻게 되죠? 「빨강색 티」 그리고 '파랑색 바지」입니다. 다시 논리 연산자를 사용하면 「빨강색 티' AND '파랑색 바지」입니다. 결과를 같이 쓰면 「빨강색 티' AND '파랑색 바지」= 「Yes(참)」입니다. 즉 「참' AND '참」= 「Yes(참)」입니다. 'AND' 연산은 두 가지 조건 모두 '참'이어야 'Yes(참)'인 것이고 두 조건 중 하나라도 '거짓'이면 'No(거짓)'인 것입니다. 빨강색 티를 입었어도 파랑색 바지가 아니면 'No'인 것이죠. 물론 조건 둘 다 거짓이면 당연히 결과는 '거짓'입니다.

. 'OR'은 '또는'이라는 뜻이죠. 게임 조건이 빨강색 계통의 티를 입고 있거나 또는(OR) 파랑색 계통의 바지를 입고 있는 사람은 'Yes', 그렇지 않으면 'No'라고 합시다. 빨강색 계통의 티를 입고 있으면 바지가 무슨 색이든 상관없이 뭐죠? 'Yes(참)'입니다. 파랑색 계통의 바지를 입고 있으면 무슨 색의 티를 입고 있든 상관없이 'Yes(참)'입니다. 'OR'은 두 조건 중 하나만 만족하면, 즉 하나만 참이면 'Yes(참)'이고 둘 다 거짓일 때만 결과도 'No(거짓)'입니다.
. 'NOT'은 연산자가 하나(단항 연산자)이며 '참'과 '거짓'에 대한 반대의 결과를 내놓습니다.

논리 연산자, 이해를 하였습니까? 잘 모르겠고 어렵다고요? 이해가 잘 안되면 그냥 이런 게

있구나, 조금 더 고민하다가 넘어 갑시다. 너무 고민하면 머리 아프니까요. 지금 당장은 사용을 안 하니 걱정 말고 관련 연산, 즉 함수를 할 때 실제 문제를 가지고 다시 배워봅시다.

- 문자 연결 연산자 : 문자와 문자를 연결해주는 연산자. 엑셀에서는 셀에 입력된 문자가 많이 길지 않습니다. 독립적인 각 셀의 문자들을 연결하여 새로운 정보를 만들어 낼 때 사용될 수 있는 연산자입니다. 예를 들면 '학교명', '학과명', '학년', '이름'의 각 셀 값을 연결하여 결과를 만들면 '한국대학교 전자과 1학년 홍길동'라는 정보를 만들어 낼 수 있는 거죠. 이 연산도 나중에 실제 문제를 통해서 다시 배워봅시다.

 연산자 종류

종류	연산자	연산 기능	연산 우선 순위
산술 연산자	%	백분율	1
	^	제곱	2
	*, /	곱하기, 나누기	3
	+, -	더하기, 빼기	4
문자 연결 연산자	&	문자 연결	5
비교 연산자	=	같은가?	6
	〉	큰가?	
	〈	작은가?	
	〉=	크거나 같은가?	
	〈=	작거나 같은가?	
	〈〉	같지 않은가?	
논리 연산자	AND	AND	6
	OR	OR	
	NOT	NOT	

연산자의 우선 순위

수식에는 연산자의 우선 순위가 있습니다. 우선 순위에 따라 연산의 순서가 바뀔 수 있습니다. 예를 들면
- 「1+2*3」의 결과는?
  「1+2」를 한 후 「3」을 곱하는 것이 아니라 곱셈 '*'이 덧셈 '+' 보다 우선 순위가 높기 때문에 「2*3」을 먼저 계산하고 결과와 「1」을 더하게 됩니다.
  따라서 결과는 「1+2*3=7」입니다.
- 「1+2」를 먼저 계산하고 싶으면...
  괄호를 사용합니다.
  「(1+2)*3 = 9」

🌐 수식의 작성

	A	B	C	D	E	
1	번호	이름	국어	역사	총점	
2	1	김길동	87	90	=87+90	①
3	2	김길동	87	90	=C3+D3	②

❶ 수식에 숫자를 직접 입력하는 방법

수식에 숫자, 상수를 직접 입력하는 경우로 우리가 일반적으로 수식을 만드는 형식입니다. 하지만 엑셀에서는 특별한 경우 이외에는 절대값이라고도 말하는데 상수를 직접 입력하는 경우는 많지 않습니다. 될 수 있으면 상수를 사용하지 않도록 합시다.

❷ 'C3', 'D3' 같이 데이터가 있는 셀 주소를 사용하는 경우

「셀 참조」라고 합니다. 엑셀에서는 수식을 사용할 때 피연산자를 셀 참조로 하여 작성합니다. 셀 참조를 할 때는 셀 주소에 해당하는 'C3'을 직접 입력하여도 되고 마우스로 'C3'의 셀을 클릭하여 선택하여도 됩니다. 직접 입력하는 것 보다 클릭하는 것이 더 쉽고 편리하겠지요.

화면상으로는 적용된 수식이 나타나지 않고 수식의 결과 값이 나타납니다. 수식이 어떻게 적용되었는지 알려면 어떻게 하면 되지요? 네, 수식입력줄에서 확인하면 됩니다.

• 수식 입력 절차

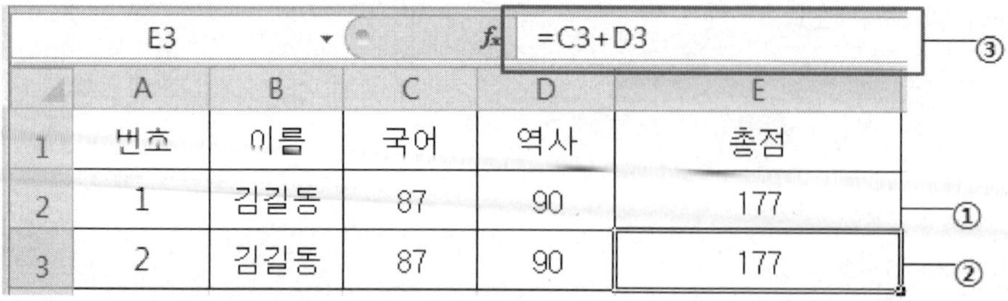

E3	▼		f_x	=C3+D3	③

▲	A	B	C	D	E	
1	번호	이름	국어	역사	총점	
2	1	김길동	87	90	177	①
3	2	김길동	87	90	177	②

❶ '=87+90' Enter↵

❷ '=C3+D3' Enter↵ ← 「'=', 'C3' 클릭, '+', 'D3' 클릭」 Enter↵

❸ [E3]의 '177' 결과 값에 적용된 수식을 수식입력줄에서 확인할 수 있습니다.

• 셀 참조로 수식을 작성하여야 하는 이유

위 그림에서 국어 점수가 잘못 입력되었다고 합시다. 87점이 아니라 97점이면 87을 97로 수정을 해야 되겠지요. 국어 점수를 97로 수정하였다고 하면 ❶의 상수 값을 직접 넣은 수식의 결과는 변하지 않습니다. ❶의 수식 '=87+90'은 국어 점수 87과 실제 아무런 상관이 없습니다. '=87+90'은 국어 점수, 역사 점수가 다른 값으로 수정되어도 수식 '=87+90'은 그냥 '=87+90'인 것입니다. 국어와 역사의 값이 없어도 '=87+90'의 결과는 '177'인 것입니다. 이해가 됩니까? 수식은 이해를 해야 된다고 했습니다.

❷의 수식 '=C3+D3'을 처리하는 것을 해석하면, 'C3'에 있는 값과 'D3'에 있는 값을 더하기 하라는 것입니다. 상수 '87' 또는 '90'과는 상관이 없는 것이죠. 'C3'과 'D3'에 '87' 과 '90'이 있어 '87+90'을 실행할 뿐입니다. 'C3'에 100이 들어 있으면 100을 더하는 것이고 500이 들어 있으면 500을 더하는 것입니다. 따라서 위의 그림에서 수식 '=C3+D3'은 상수 '87' 또는 '90'과는 상관이 없다고 말할 수 있는 것입니다.

엑셀을 활용하는 가장 큰 이유가 숫자와 수식을 다룰 수 있기 때문입니다. 회사에서 수치는 판매량이든 판매금액이든 또는 단가, 환율, 수입량 등 수 많은 숫자 데이터를 다루고 매일매일 또는 매 시간마다 데이터의 변화가 일어납니다. 변화할 때 마다 수식을 수정하고 계산해야 한다면 워드 프로세스를 사용하는 것이 더 효율적일 것입니다. 엑셀을 사용하는 근본 이유는 매일매일 변화하는 수치 작업에 기본적으로 변화되는 값만 수정하면 이것과 연관된 수식 또는 계산 결과가 사용자가 하나하나 찾아가며 수동으로 처리하는 것이 아니라 자동으로 처리되어 일의 효율성과 정확성을 만들어내기 위해서입니다.

🌑 수식의 수정

셀 내의 데이터를 수정할 때 2가지 방법이 있음을 말했습니다. 하나는 해당 셀을 더블 클릭하여 수정할 수 있고, 또 하나는 수식 입력줄에서 수정할 수 있습니다. 수식도 마찬가지입니다. 수식 입력줄에서 수정하는 것은 앞에서 다룬 내용이므로 여기서는 생략하겠습니다. 하지만 여러분들은 그냥 넘어가지 말고 직접 한 번 해보고 넘어가기 바랍니다. 그럼 수정을 해 봅시다.

	A	B	C	D	E	
IF			X ✓ f_x	=C3+D3		
1	번호	이름	국어	역사	총점	
2	1	김길동	87	90	177	①
3	2	김길동	87	90	=C3+D3	②

❶ 그림에서 수정할 수식이 있는 셀 [E2]를 더블 클릭합니다. 수식 「=87+90」이 보입니다. 숫자를 수정하든가 연산자를 수정하든가 원하는 수식으로 수정하고 Enter↵ 를 칩니다. 상수 값이 직접 들어간 수식은 데이터 수정과 동일합니다.

❷ 수정할 수식이 있는 셀 [E3]을 더블 클릭합니다. 「=C3+D3」이 나타납니다. 마찬가지로 원하는 형식의 수식으로 수정하면 됩니다. 그런데 ❶번과 다른 점은 수식이 셀 참조를 한 형식이므로 참조한 셀의 위치가 색깔이 있는 테두리 선으로 표시되는 것을 확인할 수 있습니다. 수식이 어느 셀을 참조하였는지를 보여줌으로써 수식이 셀을 잘못 참조한 경우에 대해서도 안내를 해 줌으로서 사용자들이 더 편리하고 정확하게 수식을 수정할 수 있도록 하는 것이죠.

🌐 실무 연습

그림에서 [H3] 셀에 총점을 계산하도록 해 봅시다. 계산식은 각 과목의 합이므로 「국어+영어+수학+역사」가 되겠지요.

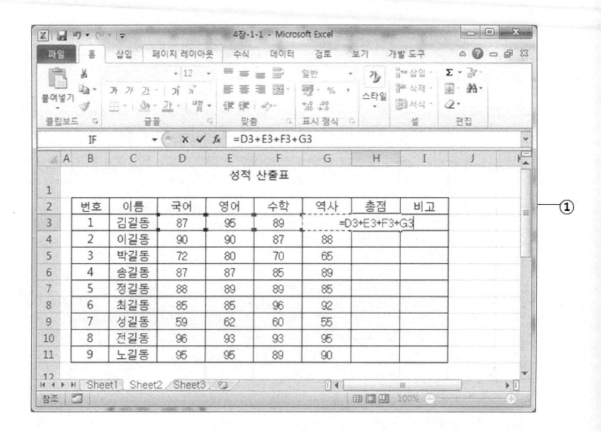

❶ [H3] 셀을 선택하고 「=D3+E3+F3+G3」입력하고 [Enter↵]를 칩니다. 입력할 때 셀은 마우스로 클릭하면 쉽게 입력이 된다고 하였습니다. 그런데 수식을 입력하다 보면 수식에 가려 셀이 클릭되지 않아 셀 선택이 곤란해지는 경우가 있습니다. 그림에서는 'G3' 셀을 선택하기가 안됩니다. 셀이 직접 마우스로 클릭이 안 될 경우에는 해당 셀의 이웃 셀을 선택한 후 키보드의 화살표를 눌러 원하는 셀을 선택하면 됩니다. 그림에서는 'G4' 셀을 선택한 후 위쪽 방향 화살표 [↑]를 눌러 'G3'을 선택해 줄 수 있습니다.

❷ 그림에서 [H4]~[H11]까지 동일한 계산법으로 수식을 입력해야 합니다. [H4]~[H11]까지 똑

같이 입력해야 할까요? 그렇게 해야 한다면 엑셀을 활용하는 장점을 크게 느끼지 못할 것입니다. 수식을 [H4]~[H11]까지 복사를 하면 되겠죠. 그것도 각 셀마다 하나하나씩 복사하는 것이 아니라 엑셀에서 데이터 입력의 강력한 무기인 채우기 핸들 기능을 이용하는 것입니다. [H3] 에서 수식을 완성시킨 후 [H3] 셀의 오른쪽 아래 모서리에서 클릭한 채 [E11]까지 쭉 끌어다 놓기만 하면 수식이 복사되는 것입니다.

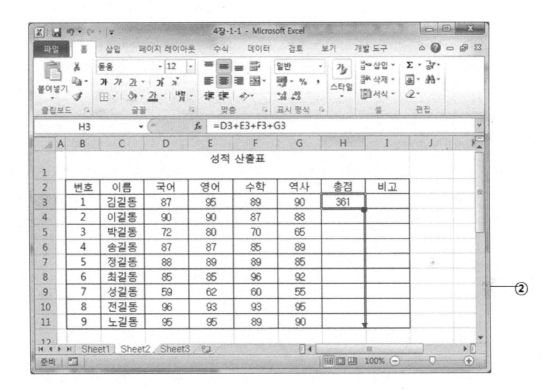

2 셀 참조 방식 이해하기

수식은 엑셀에서 가장 활용도가 높으며 수식을 기초로 함수까지 응용되어 사무실에서 엑셀이라는 프로그램이 활용도가 높은 프로그램으로 자리를 차지하는 원인입니다. 수식을 이해하는 것은 수식 자체를 이해하는 것이 아닙니다. 수식 자체의 이해는 수학적 능력이지요. 엑셀에서의 수식은 수식 내의 계산되는 대상인 피연산자들이 참조 셀이라는 것을 앞에서 보았습니다. 엑셀에서 셀을 참조하는 방식은 3가지입니다. 그래서 수식을 이해한다는 것은 셀 참조하는 방식을 이해한다는 것이나 다름 없습니다. 컴퓨터를 전공하지 않은 사용자가 어려워하는 부분일 수 있습니다. 셀 참조하는 방식만 이해하면 수식을 확실하게 이해하게 되고 수식을 사용하는 것이 재미있어 지고 나중에 함수를 배울 때 좀 더 쉽게 받아들일 수 있습니다. 지금부터 소개되는 셀 참조 방식을 꼭 이해하기 바랍니다.

🔘 상대 참조

수식에서 일반적으로 셀을 참조하는 형식입니다. 사용자가 별 다른 조치를 하지 않고 셀 참조를 할 경우의 대부분이 상대 참조입니다. 참조된 셀 주소가 「A1」처럼 일반적으로 사용하는 셀 주소 표시형식입니다. 이것은 다른 참조 방식과 비교되므로 그 때 가서 다시 보도록 합시다. 어쨌든 일반적으로 사용하는 셀 주소 표시형식은 '상대 참조이다' 라고 기억합시다.

그림에서 [F3]에서 적용된 총점의 수식은 「=D3+E3」입니다. 이것은 무슨 참조 방식? 상대 참조 방식입니다. [F3]에 적용된 수식은 채우기 핸들을 사용하여 [F11]까지 복사를 하면 수식이 복사가 된다고 했습니다. 즉, 「=D3+E3」수식이 복사가 됩니다. 그런데 「=D3+E3」수식이 그대로 복사가 되면 될까요? 가령 [F4]에 복사된 수식이 [F3]에 적용된 수식 「=D3+E3」이라면 잘못된 것이잖아요. 그러면 [F4]에 복사된 수식은 무엇이 되어야 합니까? 네, 「=D3+E3」이 아니라 「=D4+E4」가 되어야 맞겠죠? 그림 오른편의 [F4]에 적용된 수식이 「=D4+E4」라는 것을 수식 입력줄에서 확인할 수 있습니다. [F11]에 복사된 수식은 무엇일까요? 눈으로 봐도 알 수 있지요. 11행의 셀을 참조해야하므로 「=D11+E11」입니다. 채우기 기능으로 수식을 복사하면 적용된 참조 셀의 주소도 자동으로 변하도록 하여 정확한 수식이 입력되도록 하였습니다. 이와 같이 상대 참조를 하면 셀 주소 값이 자동으로 변화합니다.

셀을 위, 아래로 이동을 하면서 셀 주소를 확인해 보세요. 행 번호가 바뀌지요? 셀을 [B2]를 선택하고 키보드의 아랫방향 키 ↓을 눌러 보면서 셀 주소란을 확인해 보세요. [B3], [B4], [B5], ... 같은 B열에서 세로로 이동하니까 B열은 변하지 않고 행이 변하는 것이잖아요? 그러니 셀 주소는 당연히 셀의 행 번호가 변화하는 것입니다.

다음 그림을 봅시다.

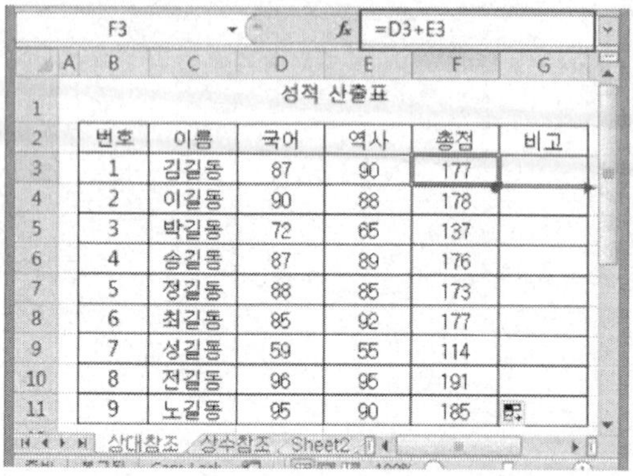
F3
=D3+E3
성적 산출표
번호 이름 국어 역사 총점 비고
1 김길동 87 90 177
2 이길동 90 88 178
3 박길동 72 65 137
4 송길동 87 89 176
5 정길동 88 85 173
6 최길동 85 92 177
7 성길동 59 55 114
8 전길동 96 95 191
9 노길동 95 90 185
상대참조 상수참조 Sheet2

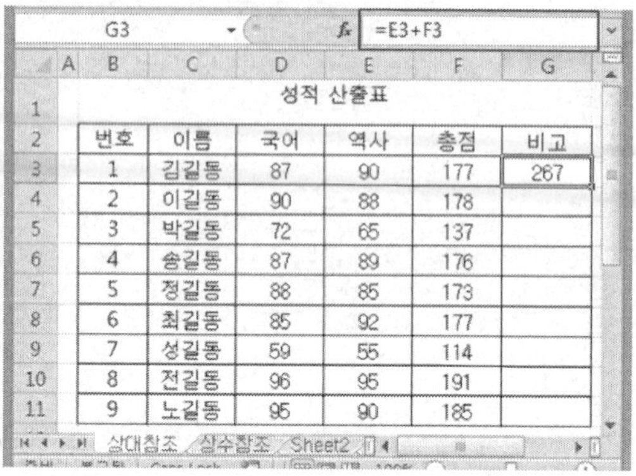
G3
=E3+F3
성적 산출표
번호 이름 국어 역사 총점 비고
1 김길동 87 90 177 267
2 이길동 90 88 178
3 박길동 72 65 137
4 송길동 87 89 176
5 정길동 88 85 173
6 최길동 85 92 177
7 성길동 59 55 114
8 전길동 96 95 191
9 노길동 95 90 185
상대참조 상수참조 Sheet2

[F3]의 셀을 이번에는 오른쪽으로 끌어서 [G3] 셀에 복사를 합니다. 오른편 그림에서 [G3]에 복사된 값은 '267'입니다. [G3] 셀을 선택하고 수식입력줄을 확인해 봅니다. 결국 복사된 수식이 「=E3+F3」입니다. 즉, 「=D3+E3」→「=E3+F3」으로 복사가 된 것입니다. 행 번호는 그대로이고 열 번호가 바뀌었습니다. 이것은 무엇을 말하는 것일까요? 조금 전에는 셀 복사를 세로로 하였습니다. 자동으로 행 번호가 바뀌었죠. 이번에는 가로로 복사를 하였으니 열 번호가 바뀌었습니다. 같은 행에서 발생한 일이니 행 번호는 같고 열 번호가 바뀌는 것입니다. [B2] 셀에서 키보드의 방향 키 →을 오른쪽으로 이동하면서 셀 주소란을 확인해 보세요. [C2], [D2], [E2], [F2], ... 같은 행이니 행 번호 2는 그대로이고 열 번호 알파벳만 변화합니다.

꼭 알고 넘어가야 하는 것

상대 참조를 하여 수식을 복사를 하면
- 세로로 복사를 하면 행 번호가 변화하며 복사됩니다.
- 가로로 복사를 하면 열 번호가 변화하며 복사됩니다.
상대 참조로 수식을 복사하면 행 번호 또는 열 번호가 변화합니다.

A1+B1	B1+C1	C1+D1	D1+E1	E1+F1	.....
A2+B2					
A3+B3					
A4+B4					
A5+B5					
.....					

상대 참조에 대해 좀 더 설명을 하면

앞에서 설명한 것을 이해하였다면 충분합니다. 상대 참조에 대해 좀 더 확실한 개념을 얻기 위해 추가로 설명을 하는데 이것이 오히려 더 헷갈린다면 읽어 보고 그냥 넘어 가세요.

상대 참조라고 하면 상대적인 참조방식이라는 것입니다. 상대적이라는 말은 비교되는 기준이 있어야 합니다. "내가 너보다 상대적으로 달리기를 잘 해" 상대적으로 달리기를 잘 한다는 것은 너라는 기준이 있는 것입니다. 이것을 엑셀 수식의 상대 참조에 적용하면

	F3		f_x	=D3+E3		
A	B	C	D	E	F	G
			성적 산출표			
1						
2	번호	이름	국어	역사	총점	비고
3	1	김길동	87	90	177	267
4	2	이길동	90	88	178	
5	3	박길동	72	65	137	

	F4		f_x	=D4+E4		
A	B	C	D	E	F	G
			성적 산출표			
1						
2	번호	이름	국어	역사	총점	비고
3	1	김길동	87	90	177	267
4	2	이길동	90	88	178	
5	3	박길동	72	65	137	

[F3] 셀에서 적용된 수식 「=D3+E3」에서 'D3'은 'F3' 셀을 기준으로 상대적으로 왼쪽으로 두 칸 옆에 위치한 셀이고, 'E3'은 'F3' 셀을 기준으로 상대적으로 왼쪽으로 한 칸 옆에 위치한 셀입니다. 즉, 수식 「=D3+E3」이 실제 컴퓨터에서 처리되는 과정을 보면 기준이 되는 셀은 'F3'으로 『기준 셀에서 상대적으로 왼쪽으로 두 칸 옆에 위치한 셀(D3)의 값과 기준 셀에서 상대적으로 왼쪽으로 한 칸 옆에 위치한 셀(E3)의 값을 더하라』는 것입니다. 이 수식을 아래 셀 [F4]로 복사하면 기준이 되는 셀은 'F4'가 되고 『기준 셀에서 상대적으로 왼쪽으로 두 칸 옆에 위치한 셀의 값과 기준 셀에서 상대적으로 왼쪽으로 한 칸 옆에 위치한 셀의 값을 더하라』하는 처리되는 과정은 똑같지요. 그러니 [F4]를 기준으로 처리하면 「=D4+E4」가 되는 것입니다.

즉, 상대 참조는 기준이 되는 셀의 위치가 바뀌면 처리되는 피연산자의 위치도 바뀌게 되는 것입니다. 곧 상대 참조는 셀의 위치가 변화하는 것입니다.

🌑 절대 참조

절대 참조는 절대 값처럼 변하지 않는 참조 방식으로 값이 변하지 않는다는 것이 아니라 셀의
위치가 변하지 않는 참조 방식입니다. 다음 예를 봅시다.

그림에서 총점에 가산점을 더해준다고 가정해 봅시다. [F3]의 총점의 수식에 「+20」을 추가하
였습니다. 그리고는 [F11]까지 수식을 복사하고 [F11]의 셀에 적용된 수식을 확인해보니 가산
점 20이 더해져 있습니다. 만약에 가산점을 10점으로 변경하여야 하면 다시 [F3] 셀에서 수식
을 10점이 가산되도록 수정하여야 하고 수정된 수식을 [F11]까지 복사를 해야합니다. 또는 가
산점과 관련된 수식이 다른 셀이나 다른 시트에 있으면 가산점이 적용된 수식을 찾으며 수정
해주어야 합니다. 찾는 과정에서 빠뜨릴 수 있으며 수식을 수정하며 오류를 범할 수 있는 것입
니다. 그렇게 되면 가장 중요한 데이터의 정확도 또는 신뢰성에 문제가 생기는 것입니다. 이
런 문제 때문에 앞에서도 강조하였듯이 수식에는 상수값(절대값)이 들어가면 문제가 발생할
수 있으니 특별한 경우 외에는 사용하지 말라고 하였습니다. 하지만 위의 가산점처럼 셀의 위
치가 변하더라도 상수 값처럼 변하지 않는 값이 필요합니다. 이와 같은 경우에 활용될 수 있는
것이 절대 참조입니다.

다음 그림을 봅시다.

	F3			f_x	=D3+E3+G3	
A	B	C	D	E	F	G

성적 산출표

번호	이름	국어	역사	총점	비고
1	김길동	87	90	197	20
2	이길동	90	88		
3	박길동	72	65		
4	송길동	87	89		
5	정길동	88	85		
6	최길동	85	92		
7	성길동	59	55		
8	전길동	96	95		
9	노길동	95	90		

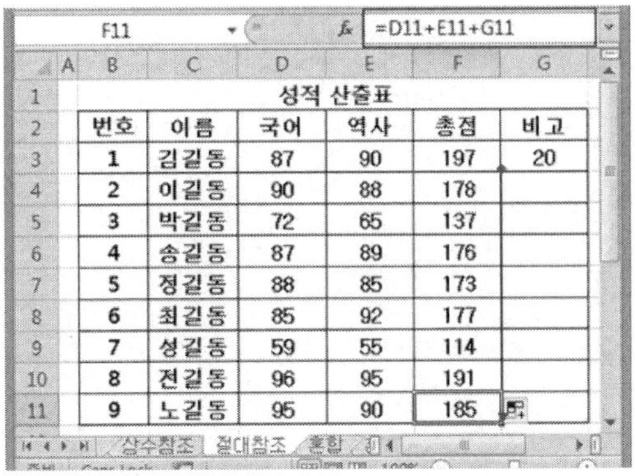

	F11			f_x	=D11+E11+G11	
A	B	C	D	E	F	G

성적 산출표

번호	이름	국어	역사	총점	비고
1	김길동	87	90	197	20
2	이길동	90	88	178	
3	박길동	72	65	137	
4	송길동	87	89	176	
5	정길동	88	85	173	
6	최길동	85	92	177	
7	성길동	59	55	114	
8	전길동	96	95	191	
9	노길동	95	90	185	

상수참조 절대참조 홍합

그림에서 [F3] 셀의 수식에 가산점에 해당하는 [G3] 셀의 값 '20'을 더했습니다. [F3] 셀의 수식을 [F11] 셀까지 복사하고 [F11] 셀에 적용된 수식을 수식입력줄에서 확인해보니 가산점으로 [G11] 셀 값을 참조하고 있습니다. 상대참조를 한 것입니다. [G11] 셀의 값은 아무것도 없습니다. 결국 가산점 '20'이 반영되지 않은 것이죠. [F3] 셀에 적용된 가산점 [G3]이 복사한 모든 셀에 반영되도록 하려면 [G3] 셀을 절대 참조로 변경해 주어야 합니다. 상대 참조에서 절대 참조로 변경하는 것은 키보드의 F4 키를 한 번 눌러 주어야 합니다. 'G3'이 '$G$3'으로 변합니다 (F4 키를 누르지 않고 직접 '$G$3'을 입력하여도 됩니다). '$G$3'은 'G3'과 똑같은 셀 주소를 말합니다. 참조 방식에서는 'G3'은 상대 참조를 의미합니다. 상대 참조는 참조하는 기준 셀이 변하면 'G3'의 값도 변한다고 했습니다. 열 번호 알파벳이 변하든가 행 번호 숫자가 변하든가 하지요. 절대 참조 '$G$3'에서 '$'는 변하지 말라는 명령기호입니다. 따라서 '$G$3'은 열 번호 'G'와 행 번호 '3'은 참조하는 셀이 변하더라도 변하지 말라는 것으로 처리됩니다.

• [F3] 셀 「=D3+E3+$G$3」 입력하는 과정

'=' → 'D3' 클릭 → '+' → 'E3' 클릭 → '+' → 'G3' 클릭 → F4 누름 → Enter↵

| F3 | | f_x | =D3+E3+$G$3 |

성적 산출표

번호	이름	국어	역사	총점	비고
1	김길동	87	90	197	20
2	이길동	90	88		
3	박길동	72	65		
4	송길동	87	89		
5	정길동	88	85		
6	최길동	85	92		
7	성길동	59	55		
8	전길동	96	95		
9	노길동	95	90		

| F11 | | f_x | =D11+E11+$G$3 |

성적 산출표

번호	이름	국어	역사	총점	비고
1	김길동	87	90	197	20
2	이길동	90	88	198	
3	박길동	72	65	157	
4	송길동	87	89	196	
5	정길동	88	85	193	
6	최길동	85	92	197	
7	성길동	59	55	134	
8	전길동	96	95	211	
9	노길동	95	90	205	

그림에서 [F3]에 「=D3+E3+$G$3」을 입력하고 Enter↵를 칩니다. 'G3' 셀의 '20'을 참조하여 결과를 나타내었습니다. 이 수식을 [F11] 셀까지 복사합니다. [F4]~[F11]까지 수식을 확인해 보면 '$G$3'가 모두 반영되었습니다. 이것은 결국 [F4]~[F11]까지 상대 참조한 'D3+E3'은 행 번호가 바뀌면서 계산되고 절대 참조한 'G3'의 값 '20'은 셀 위치가 변하지 않으면서 모두 반영되어 정확하게 계산되었음을 알 수 있습니다.

절대 참조의 또 다른 표현 - 이름 정의하기

하나의 셀이나 여러 셀의 범위를 특정 이름으로 정의해 놓으면 이름을 정의해 놓은 영역의 셀을 참조할
때는 참조 주체인 셀이 변경되더라도 참조하는 셀, 즉 이름으로 정의된 영역의 셀은 절대 참조 방식으로
수식에서 활용될 수 있습니다. 이름을 정의하여 사용하는 경우는 주로 함수에서 활용되는 경우가 많으므로
여기서는 셀 범위를 이름 정의하는 방법과 이름 정의된 범위의 셀은 절대 참조 형식으로 활용된다는 사실
만 알고 넘어 갑시다. 이름을 정의하는 방법은 2개의 절차가 있습니다.

• 첫 번째 절차

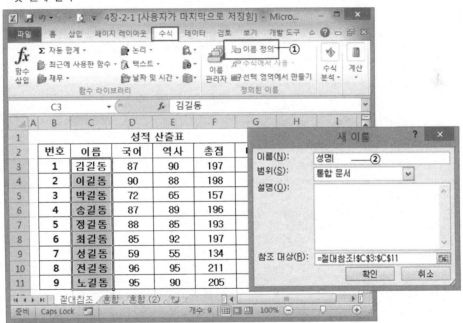

❶ 셀 범위를 먼저 선택합니다. 그림에서는 [C3]~[C11]까지 선택하였습니다. 다음은 메뉴바에 [수식] 메뉴
를 클릭합니다. 관련 메뉴 도구들이 펼쳐집니다. 펼쳐진 메뉴 중에 [이름 정의]을 클릭합니다.

❷ [새 이름] 창이 나타납니다. [새 이름] 창에서 먼저 [이름] 입력란이 있습니다. 선택된 셀 영역에 대한
이름을 지어주는 것입니다. 그림에서는 [C3]~[C11]까지 셀 영역의 이름을 '성명'으로 정의하였습니다. 정의
할 이름을 입력하고 확인을 클릭합니다. [참조 대상]에 지정된 셀 영역이 절대 참조 형식으로 지정되었음을
보여줍니다. 「=Sheet2!$C$3:$C$11」

- 「=Sheet2!」: 'Sheet2' 시트를 의미함. 'Sheet2' 시트에 데이터가 있음을 의미함
- 「$C$3:$C$11」: 절대 참조형식의 C3에서 C11까지를 셀 범위를 의미함

해석하면 "참조 대상 데이터는 Sheet2 시트에 있는 C3에서 C11까지의 셀"

• 두 번째 절차

그림에서 [D3]:[E11] 영역을 먼저 지정하고 [이름상자]란에 정의할 이름을 직접 입력합니다. 그림에서는 'D3'이 표시되어 있는 이름상자에 '점수'라고 입력하였습니다. Enter↵를 치면 완료됩니다. [이름상자]에 '점수'라고 표시되지요. 다시 앞에서 이름을 정의한 영역 [C3]:[C11] 영역을 선택하여 봅니다. [이름상자]에 무엇이 나타나는가요? '성명'이 보이지요. 이것이 조금 전 정의한 [C3]:[C11] 영역의 정의된 이름입니다.

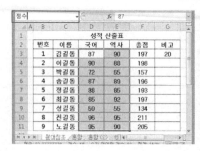 

이름으로 정의된 영역은 절대참조 영역으로 참조됩니다.

• 정의된 이름 수정 및 삭제

- 메뉴바에서 [수식] 탭을 클릭합니다. [이름관리자] 메뉴가 있지요? 클릭합니다.
- [이름 관리자] 창이 나타납니다. 삭제 또는 수정하고자 하는 것을 클릭하여 선택합니다. [삭제]를 클릭하면 정의된 이름이 삭제되고, [편집]을 클릭하면 정의된 이름을 변경할 수 있습니다.

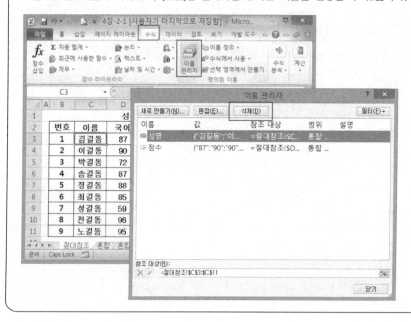

● 혼합 참조

상대참조는 연산이 일어나는 셀 위치가 변경이 되면 셀에서 적용된 참조 셀의 위치도 상대적으로 변경되는 참조 방식이고, 절대참조는 연산이 일어나는 셀이 어떠한 위치로 변경되어도 참조 셀의 위치는 변경되지 않고 고정되는 방식이었습니다. 혼합참조는 이런 상대참조와 절대참조를 혼합한 방식입니다. 연산이 일어나는 셀 위치가 변경되면 상대적으로 변하는 부분도 있고 변하지 않는 부분도 있다는 것입니다. 즉, 열의 위치가 변경되고 행의 위치는 고정되거나 열의 위치가 고정되고 행의 위치는 변경되는 참조 방식입니다. 혼합참조로 설정되면 설정된 셀의 주소는 다음과 같이 표현됩니다.

● 「$A5」: 열 번호 [A]는 절대 값으로 변경되지 않고 행 번호가 상대적으로 변경됩니다.
● 「A$5」: 열 번호 [A]는 상대적으로 변경되고 행 번호가 절대 값으로 변경되지 않습니다.

그림에서 [A2]~[A7]까지의 수를 [B1]~[F1]까지의 백분율을 적용하여 값을 나타내려고 합니다. 먼저 [B2] 셀에 적용된 수식을 보면 「=A2*B1」입니다. [A2]의 수와 [B1]의 백분율을 곱한 수식입니다. 이 수식을 [F7] 셀까지 적용한 수식을 그림에서 보여주고 있습니다.

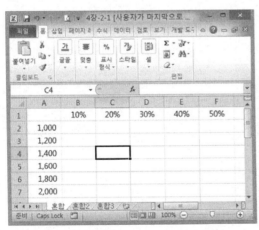
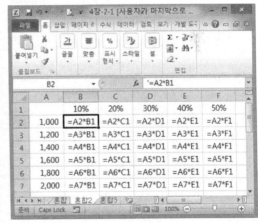

적용된 수식을 보면 열 번호는 변하지 않고 행 번호만 변하는 항(피연산자)이 있고 열 번호는 변하면서 행 번호는 변하지 않는 항이 있습니다. [B2] 셀에 적용된 수식 「=A2*B1」에서 첫 번째 연산항은 숫자이고 두 번째 연산항은 백분율 값입니다. 첫 번째 연산항 숫자는 [A] 열에 있는 값으로 열 번호 [A]는 변하지 않고 행 번호만 바뀝니다. 두 번째 연산항 백분율은 1행에 있는 값으로 행 번호는 바뀌지 않고 열 번호만 [A]에서 [F]까지 변화합니다. 연산항을 참조하는데 바뀌는 것과 안 바뀌는 것을 적용하려면 혼합참조를 해야 합니다. 이런 경우의 연산을 자주 접하게 되면 당연히 혼합참조를 적용하는 것을 알게 되겠지만 수식이 적용되는 것을 이처럼 하나하나 따지며 하는 것도 쉬운 것은 아닙니다. 그래서 혼합참조는 가로세로의 값을 동시에 적용하는 경우가 대부분이므로 그림의 경우와 같이 가로와 세로로 셀을 참조하여 연산을 하여야 하는 경우에는 혼합참조를 적용하면 된다고 알면 되겠지요.

수식에서 셀을 선택하여 참조하면 상대참조 형식으로 셀 주소가 표시됩니다. 그 상태에서 절대참조로 변경하려면 F4 키를 누른다고 했습니다. F4를 한 번 더 누르면 「열 상대참조 행 절대참조」형태로 변경되고 한 번 더 F4를 누르면 「열 절대참조 행 상대참조」형태로 변경됩니다. 다시 한 번 더 F4를 처음 상태인 행과 열 모두 상대참조 행태로 되돌아 갑니다.

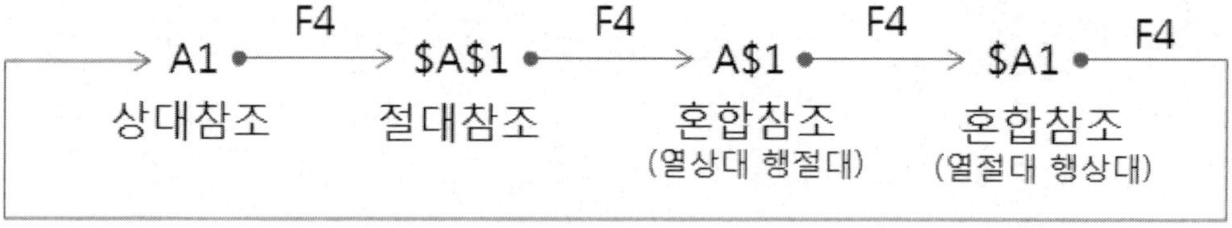

다음 그림에서 혼합참조를 하여 표를 완성하는 것을 해 봅시다.

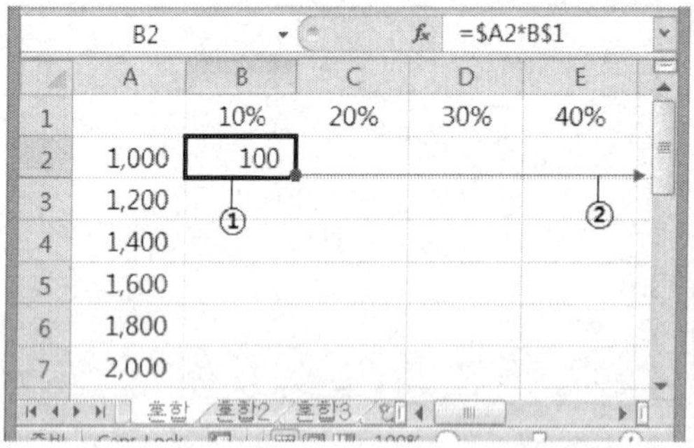

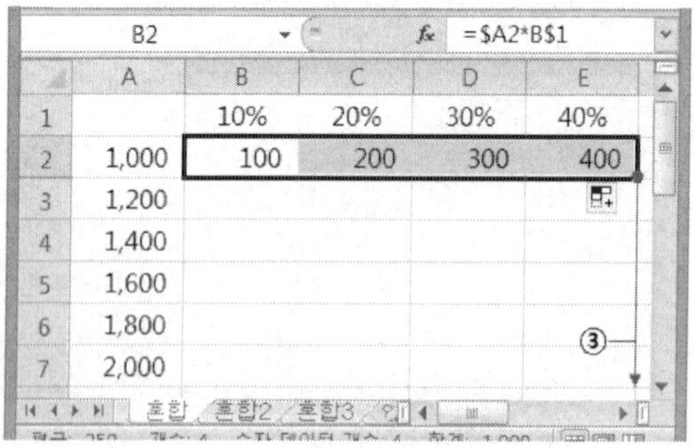

[B2] 셀에 '$A2*B$1'을 입력하기 위해 [B2] 셀을 선택한 후 다음과 같이 따라해 봅니다.

❶ 「= → [A2] 셀 클릭 → F4(절대참조로 변경, $A$2) → F4(열상대 행절대 혼합참조로 변경, A$1) → F4(열절대 행상대 혼합참조로 변경, $A1) → * → [B1] 셀 클릭 → F4(절대참조로 변

경, $B$1) → F4(열상대 행절대 혼합참조로 변경, B$1) → Enter↵⌟

❷ [B2] 셀에 수식 입력을 완료한 후 [B2] 셀을 [E2] 셀까지 채우기를 하여 복사합니다.

❸ [B2]~[E2]까지의 셀을 [E7]까지 채우기를 하여 수식을 복사합니다.

 ### 혼합참조 적용 대신 배열 수식 적용하기

혼합참조는 대부분 가로와 세로의 값을 동시에 적용할 때 활용한다고 하였습니다. 혼합참조를 적용하는 대신 적용방법이 쉬운 2차원 배열에 적용하는 수식을 사용해 보겠습니다.

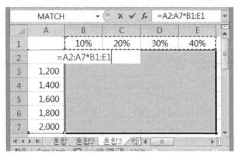 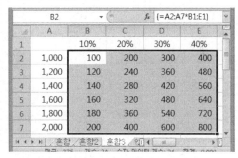

❶ 수식을 적용할 셀 범위를 먼저 지정합니다. 그림에서는 [B2]~[E7] 적용할 연산을 넣습니다.

❷ 수식을 적용하기 위해 '=' 입력

❸ 첫 번째 연산항 범위 지정, 마우스로 [A2]~[A7]까지 범위 지정

❹ 연산자 "*" 입력

❺ 두 번째 연산항 범위 지정, 마우스로 [B1]~[E1]까지 범위 지정

❻ Ctrl+Shift+Enter↵ : Ctrl 키와 Shift 키를 동시에 누른 상태에서 Enter↵ 키를 칩니다.

3 수식 도구 활용하기

지금까지 수식을 적용하는 기본적인 방법은 알게 되었습니다. 사무실에서 일을 수행하면서 수식 자체를 만들어 내는 것은 엑셀 활용의 범위를 벗어납니다. 계산하는 방법에 대한 수식을 만들어 내는 것은 수학적 능력과 관련이 있는 것이죠. 물론 일을 하면서 수학적 계산식을 구할 수 있으면 더욱 좋겠지요. 하지만 지금 이 책에서 우리가 해야 할 것은 주어진 수식 또는 계산방법에 대해 엑셀이라는 프로그램에서 구현해 낼 수 있느냐가 더 중요할 것입니다.

엑셀에서 수식을 적용하는 방법은 알고 있습니다. 이제 좀 더 편리하게 수식을 적용하는 것을 공부하도록 하겠습니다. 더 편리하게 수식을 적용하는 방법은 함수를 활용하는 것인데 함수에 대한 활용기법은 조금 더 뒤에서 자세히 다루도록 하고 여기서는 함수 중에서 가장 간단한 형식이며 엑셀에서 가장 기본적인 산술에 대한 것을 하려고 합니다. 여기에 함수라고 하는 수식의 절차를 거치지 않고 간단하게 도구(아이콘)을 활용하여 더 쉽게 산술연산을 하는 것을 공부하겠습니다. 도구를 활용하여 할 수 있는 연산은 합계, 평균, 개수 구하기, 최대값, 최소값 구하기입니다.

🔵 자동 합계

합계는 일상에서 가장 많이 사용되는 산술연산입니다. 우리가 산술연산을 못해서 엑셀을 활용하는 것이 아니라 더 쉽고 편리하게 계산하기 위해서입니다. 가령 합계를 내어야 할 항목의 개수가 100개라고 합시다. 앞에서 배운 수식적용 방법대로 항목 100개를 모두 더하는 수식을 입력한다고 하면 더하기 100번을 하는 수식을 입력하는 것이 정말 귀찮은 작업이 될 것입니다. 이와 같이 동일한 반복연산 등을 함수로 쉽게 풀어내고 가장 기본연산에 해당하는 함수를 아이콘 도구로 나타내어 활용할 수 있도록 하였습니다.

자동합계는 그림에서 처럼 [홈] 탭에서 맨 오른편에 있는 [편집] 그룹에서 [Σ 자동 합계] 아이콘을 클릭하면 됩니다. 예제를 통해서 실행해 봅시다.

도구(아이콘)를 이용한 연산은 기본 3단계로 실행됩니다. 2단계로 실행되는 경우도 있지만 3단계로 실행되는 것을 기본으로 하여 적용하는 절차를 익히도록 하겠습니다.

❶ 단계 : 연산결과를 나타낼 셀을 먼저 선택합니다. 그림에서는 과목별 총점에 해당하는 [H5] 셀을 선택하였습니다.

❷ 단계 : 적용할 연산 도구를 클릭합니다. 여기서는 합계를 구하려고 하니 [Σ 자동 합계]를 클릭합니다.

❸ 단계 : 자동 합계를 할 데이터의 범위를 지정합니다. 기본으로는 [Σ 자동 합계]를 클릭하면 합계 결과가 들어가는 셀의 이웃 셀이 자동으로 선택이 되어 선택된 셀들이 점선으로 깜박거립니다. 합계를 낼 데이터 범위가 정확하게 자동으로 선택이 될 때도 있고 잘못된 선택이 될 수 있는데 새롭게 지정하는 것을 원칙으로 하고 합계를 내고자 하는 셀들을 선택하여 지정해 줍

니다. 그림에서 처럼 [D5]~[G5]를 지정하고 Enter↵ 키를 칩니다. 자동 합계가 완료됩니다.

[H5] 셀을 클릭하여 어떤 수식이 들어갔는지 확인해 볼까요? 수식 입력줄을 확인해 보면 알 수 있습니다. 「=SUM(D5:G5)」가 입력되어 있습니다. 앞에 「=」이 있는 것으로 봐서는 수식이 틀림없습니다. 「SUM(D5:G5)」이라는 처음 보는 수식입니다. 이 형식은 함수입니다. 「자동 합계」라는 도구를 사용하였는데 결국은 「=SUM(D5:G5)」라는 함수가 입력된 거죠. 「=SUM(D5:G5)」에서 「SUM」은 함수명인데요 연산을 어떻게 하라는 명령어에 해당합니다. 「SUM」은 더하기 하라는 뜻입니다. 「(D5:G5)」은 데이터의 범위입니다. [D5]~[G5]까지 라는 뜻입니다. 결국 「=SUM(D5:G5)」을 다시 해석하면 '[D5]~[G5]까지 범위의 데이터를 더하기 하라는 수식'입니다. 머리 아프면 그냥 넘어 갑시다. 뒤에 함수할 때 자세히 다루기로 하고 대충 이렇다 하는 정도로 이해하고 넘어 갑시다.

입력된 수식을 [H13]까지 채우기하여 복사해 넣습니다. 수식이 입력된 해당 셀을 더블 클릭을 해보면 적용된 수식이 나타나고 적용된 데이터의 범위까지 표시되어 나타납니다.

● 연속적이지 않은 데이터 영역의 자동 합계 구하기

그림에서 영어를 빼고 국어, 수학, 역사의 합계를 구하려고 합니다. 자동 합계를 활용하여 합계를 구하는데 데이터를 지정할 때 영어를 빼고 지정하려다 보니 국어 그리고 수학/역사 영역을 따로 지정해 주어야 합니다. 우리가 앞에서 연속적이지 않은 데이터 영역을 동시에 지정할 때 어떻게 한다고 했지요? 기억이 안 나세요? 데이터를 지정할 때 여기저기 떨어진 불연속적인 영역의 데이터를 지정하는 경우가 많으므로 이건 꼭 기억을 합시다. Ctrl 키를 누른 상태에서 마우스로 데이터가 있는 영역을 클릭하면 됩니다.

앞에서 공부한 자동 합계를 실행하는 절차와 동일합니다. 다만 데이터를 지정할 때 두 영역을 동시에 지정하는 것만 적용하면 됩니다. 자, 그대로 따라해 봅니다.

	I5				f_x	=SUM(D5,F5:G5)	

	A	B	C	D	E	F	G	H	I
1									
2				성적 산출표					
3		번호	이름	과목명					점수
4				국어	영어	수학	역사	총점	국+수+역
5		1	김길동	87	95	89	90	361	266
6		2	이길동	90	90	87	88	355	
7		3	박길동	72			65	137	
8		4	송길동		87	85	89	261	
9		5	정길동	88		89	85	262	
10		6	최길동		85	96	92	273	
11		7	성길동	59	62	60	55	236	
12		8	전길동	96	93	93	95	377	
13		9	노길동	95	95	89	90	369	

Sheet1 / Sheet2 / Sheet3

❶ 합계를 내고자 하는 셀을 먼저 선택합니다. 그림에서는 [I5] 셀입니다.

❷ [홈] 탭에서 [편집] 그룹 도구모음에서 [Σ 자동 합계]를 클릭합니다.

❸ 데이터 영역을 지정해야죠. 국어 점수에 해당하는 [D5]를 클릭하여 지정합니다. 그런 다음 Ctrl 키를 누릅니다. Ctrl 키를 누른 상태에서 수학과 역사 과목에 해당하는 [F5:G5] 셀 영역을 클릭하여 지정합니다. 적용된 수식을 보면 「=SUM(D5, F5:G5)」로 나타나 보입니다. 즉, D5와 F5에서 G5까지 더하기 하라는 의미입니다.

❹ Enter↵를 치면 수식적용이 완료됩니다. 이 수식을 원하는 영역까지 채우기를 하여 복사를 합니다.

영역을 지정한 후 자동합계 계산하기

❶ 그림처럼 자동 합계할 데이터가 연속으로 있고 자동 합계를 적용할 셀이 바로 이웃에 있을 경우에는 계산할 영역과 결과가 들어갈 영역을 한꺼번에 지정한 후 [Σ 자동 합계]를 클릭하면 한 번에 실행이 완료됩니다. 데이터 영역 [D5]-[G5]와 결과를 표시할 [H5]를 같이 선택한 후 Σ 자동 합계 를 클릭합니다.

성적 산출표

번호	이름	과목명				점수
		국어	영어	수학	역사	총점
1	김길동	87	95	89	90	
2	이길동	90	90	87	88	
3	박길동	72	80	70	65	
4	송길동	87	87	85	89	
5	정길동	88	89	89	85	
6	최길동	85	85	96	92	
7	성길동	59	62	60	55	
8	전길동	96	93	93	95	
9	노길동	95	95	89	90	
합계						

❷ 자동 계산을 가로와 세로로 동시에 하고자 할 경우에도 한꺼번에 영역을 지정한 후 [Σ 자동 합계]를 클릭하면 한 번에 실행이 완료됩니다.

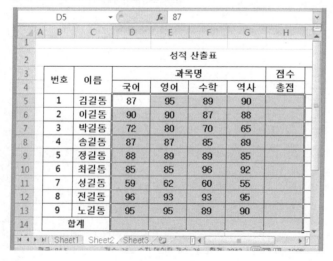

🌑 평균 구하기

실행되는 절차는 자동 합계를 구하는 것과 동일합니다. 계산하는 함수만 다르게 지정해주면
됩니다.

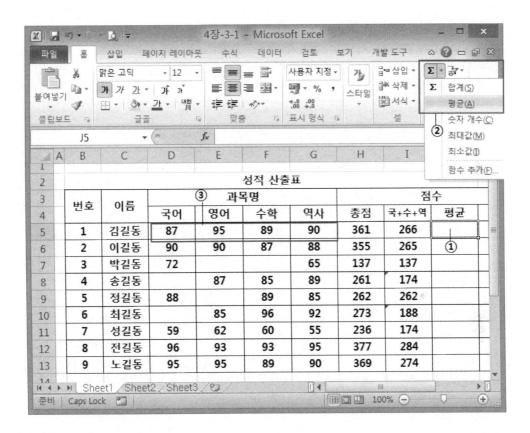

❶ 평균을 계산할 셀을 선택합니다.

❷ [홈] 탭의 [편집] 그룹 도구모음에서 [Σ 자동 합계] 단추의 「▼」를 클릭합니다. 그림 처럼 메뉴
가 펼쳐지는데 첫 번째 항목이 [합계]입니다. 이것을 클릭하면 [Σ 자동 합계]을 클릭한 것과 같습
니다. 자동 합계를 구하는 것입니다. 바로 밑에 [평균]이 있죠? 클릭합니다.

❸ 평균을 구할 데이터의 영역을 선택합니다. [Enter↵]를 합니다.

평균에 대한 수식을 적용하고 보면 수식이 무엇으로 나타나지요? 「=AVERAGE(D5:G5)」가 있습니다. [D5:G5] 영역의 데이터를 평균을 하라는 것입니다.

구해진 평균 수식을 원하는 영역까지 복사를 하면 됩니다.

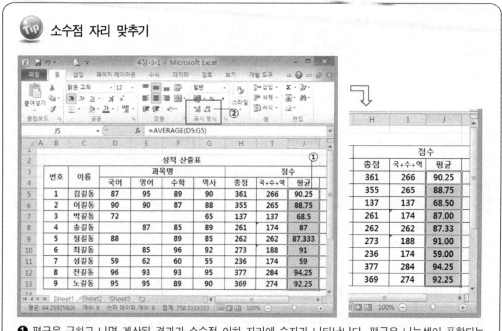

소수점 자리 맞추기

❶ 평균을 구하고 나면 계산된 결과가 소수점 이하 자리에 숫자가 나타납니다. 평균은 나눗셈이 포함되는데 수식에서 나눗셈이 들어가면 소수점 이하의 숫자가 나타나지요. 그림처럼 어떤 수는 소수점 첫째, 어떤 수는 소수점 둘째, 어떤 수는 그 이상의 자리에 숫자가 나타납니다. 이것을 일률적으로 일정한 자리의 숫자까지만 나타나도록 해 줄 수 있습니다.

❷ 소수점 이하 자리의 수를 정리할 수를 지정합니다. 그림에서는 [J5:J13]입니다 셀 범위를 지정한 후 [홈] 탭의 [표시 형식] 도구 그룹에 「 ⁺⁰ ⁺⁰⁰ 」모양의 아이콘 보이시죠? 「 ⁺⁰⁰ 」는 [자리 수 늘림] 단추이고 「 ⁺⁰ 」은 [자리 수 줄임] 단추입니다. 원하는 자리 수 만큼 늘리거나 줄일 수 있습니다. 자리 수가 정리가 되면서 지정된 셀의 모든 값들이 똑같이 정해집니다.

🔵 최대값 및 최소값 구하기

최대값 구하기는 지정한 영역에서 값이 가장 큰 값을 구하는 함수입니다. 그림에서 각 과목별로 최고 점수는 몇점인지 알아 볼 필요가 있겠지요. 이럴 때 활용하는 함수입니다. 또는 이를 조금 더 응용하면 최고 점수를 받은 사람의 이름을 알고 싶은 경우도 있겠지요. 이 때도 최대값 구하기를 활용할 수 있습니다. 구하는 절차는 앞의 합계나 평균 구하기와 동일합니다. 최소값을 구하는 이유도 같겠지요? 그럼 앞에서 활용한 표를 수정하여 구해 봅시다.

번호	이름	국어	영어	수학	역사
1	김길동	87	95	89	90
2	이길동	90	90	87	88
3	박길동	72			65
4	송길동		87	85	89
5	정길동	88		89	85
6	최길동		85	96	92
7	성길동	59	62	60	55
8	전길동	96	93	93	95
9	노길동	95	95	89	90

과목별 최고점: 96 / 과목별 최저점: 59

❶ 최대값을 계산할 셀을 선택합니다. 그림에서는 [D15]입니다. [홈] 탭의 [편집] 그룹 도구모음에서 [Σ 자동 합계] 단추의 「▼」를 클릭합니다. 펼쳐진 메뉴에서 [최대값]을 클릭한 후 최대값을 구할 영역(그림에서는 [D5:D13])을 지정하고 Enter↲를 합니다. 최대값을 구하는 수식 「=MAX(D5:D13)」을 확인할 수 있습니다.

❷ 최소값을 계산할 셀을 선택합니다. 그림에서는 [D16]입니다. [홈] 탭의 [편집] 그룹 도구모음에서 [Σ 자동 합계] 단추의 「▼」를 클릭합니다. 펼쳐진 메뉴에서 [최소값]을 클릭한 후 최소값을 구할 영역(그림에서는 [D5:D13])을 지정하고 Enter↲를 합니다. 최소값을 구하는 수식 「=MIN(D5:D13)」을 확인할 수 있습니다.

❸ 최대값과 최소값을 원하는 영역까지 복사를 합니다. 그림처럼 복사할 두 개의 셀 [D15]와 [D16]을 한꺼번에 선택한 후 채우기 핸들을 실행하면 한 번에 복사가 가능합니다.

개수 구하기

개수 구하기는 숫자가 들어있는 개수를 구하거나 문자가 들어있는 셀의 개수를 구하거나 사용자가 원하는 값이 들어있는 셀의 개수를 구하는 수식입니다. 앞에서 사용한 표를 조금 수정하였습니다. 데이터 몇 개를 삭제를 하였습니다. 표에서 과목별로 시험을 친 응시생의 수를 계산하거나 시험을 안 친 미응시생이 몇 명인지 계산해 낼 수 있겠지요. 각각에 대한 계산 수식이 달라 함수를 다룰 때 다시 자세히 하도록 하고 여기서 활용할 수 있는 개수 구하기는 숫자가 들어있는 셀의 개수를 구하는 수식입니다. 그림에서 과목별로 응시한 학생이 몇 명인지 계산해 보도록 하겠습니다.

D17			fx	=COUNT(D5:D13)		

성적 산출표

번호	이름	과목명			
		국어	영어	수학	역사
1	김길동	87	95	89	90
2	이길동	90	90	87	88
3	박길동	72			65
4	송길동		87	85	89
5	정길동	88		89	85
6	최길동		85	96	92
7	성길동	59	62	60	55
8	전길동	96	93	93	95
9	노길동	95	95	89	90
과목별 최고점		96	95	96	95
과목별 최저점		59	62	60	55
과목별 응시자 수	7				

❶ 개수를 계산할 셀을 선택합니다. 그림에서는 [D17]입니다. [홈] 탭의 [편집] 그룹 도구모음에서 [Σ 자동 합계] 단추의 「▼」를 클릭합니다. 펼쳐진 메뉴에서 [숫자 개수]를 클릭한 후 개수를 구할 영역(그림에서는 [D5:D13])을 지정하고 [Enter↵]를 합니다.

❷ 개수를 구하는 수식 「=COUNT(D5:D13)」을 수식입력줄에서 확인할 수 있습니다. 숫자가 들어있는 셀을 계산하면 시험을 친 응시자의 수를 계산하게 되는 것입니다. 원하는 영역까지 수식을 복사합니다.

Chapter 5

셀 서식 설정하기

1 셀 서식 설정하기

셀 서식은 셀에 입력된 데이터의 형식을 변경하거나 셀 자체의 서식을 사용자가 원하는 형태로 설정하는 것을 말합니다. 앞에서 기본적인 셀 서식에 대해서 공부한 바 있지요. 그래서 지금까지 배운 기본적인 서식 설정 기법으로 기본적인 문서작성은 할 수 있게 되었습니다. 이번 장에서 배워야 할 내용은 물론 앞에서 공부하지 못한 것이지만 중요한 것은 셀 서식을 설정하는 절차입니다. 즉 앞에서 배운 것은 서식 설정의 기본적인 절차에 대한 것이었으며 여기서는 추가로 다른 설정 절차를 알아보는 것입니다. 우리가 공부를 하다 보면 결국 기능을 수행하는 방법은 비슷합니다. 다만 적용하는 절차가 조금씩 다를 수 있는데 그것도 몇 번의 연습을 통해 쉽게 인지할 수 있는 내용입니다.

셀 설정뿐만 아니라 엑셀에서 어떤 기능을 적용하는 방법은 3가지입니다. 첫 번째가 화면 위쪽에 배치되어 있는 도구모음을 이용하는 것이고, 두 번째가 마우스 버튼 오른쪽 버튼을 누르면 펼쳐지는 기능을 실행하는 것이고, 세 번째가 대화상자를 호출하여 활용하는 것입니다.

🔵 도구 모음 서식 설정

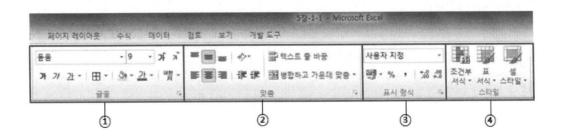

❶ [글꼴] 그룹
- 글자체
- 글씨 크기
- 글자 모양
- 글자 색
- 테두리 선 모양과 셀 면의 색상 - 이것은 글꼴과 무관한 메뉴인데 [글꼴] 그룹에 포함되어 있음
- 윗주 설정하기

❷ [맞춤] 그룹
- 글자의 위치
- 셀 모양의 변경
- 텍스트 줄 바꾸기기
- 글자 방향과 들여쓰기 및 내어쓰기

❸ [표시 형식] 그룹
데이터의 종류에 따라 표시하는 형식을 다양하게 제공합니다. 다음 Section에서 자세히 다루겠습니다.

❹ [스타일] 그룹
표와 셀의 서식 스타일을 자동으로 설정해줄 수 있는 기능을 제공합니다. 다음 Section에서 자세히 다루겠습니다.

● 오른쪽 버튼을 눌러 서식 지정하기

선택된 셀에서 오른쪽 버튼을 누르면 그
림처럼 현재 선택된 셀에서 실행 가능한
기능에 대한 메뉴들이 펼쳐집니다. 그 중
에 셀 서식과 관련된 항목을 클릭하여 설
정을 해 나가면 됩니다. 그림에서 보듯이
펼쳐진 메뉴들은 도구모음에 있는 메뉴들
중에 자주 그리고 많이 활용되는 도구들
이 펼쳐집니다. 즉 미니 도구 모음이라고
할 수 있습니다. 활용절차는 앞에서와 동
일합니다.

● 셀 서식 대화상자 활용하기

셀 서식 대화상자를 불러서 셀 서식을 설
정하기 위해서는 먼저 셀 서식 대화상자를
불러와야 되겠죠? 셀 서식 대화상자를 불
러오는 방법은 두 가지를 사용합니다.

❶ 오른쪽 버튼을 눌렀을 때 펼쳐지는 도
구 중에서 [셀 서식] 항목을 클릭하면 [셀
서식] 대화상자가 나타납니다.

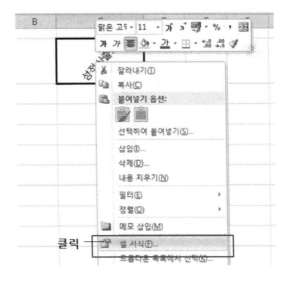

❷ [글꼴], [맞춤], [표시 형식] 그룹의 대화상자 표시 단추 「 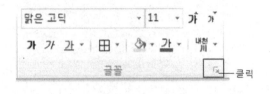 」를 클릭합니다. 나타나는 대화상자는 모두 동일한 다음과 같은 [셀 서식] 대화상자가 나타납니다.

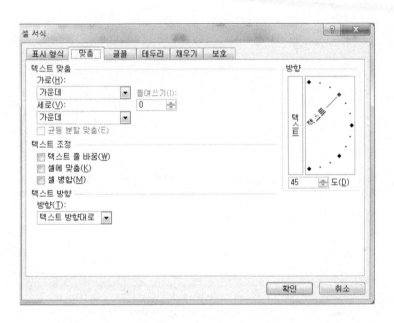

지금까지 셀 서식을 설정하는 방법에는 3가지가 있음을 알게 되었습니다.

- 도구모음 활용
- 마우스 오른쪽 버튼 활용
- 셀 서식 대화상자 활용

어떤 방법을 사용하는 것이 좋은가는 설정할 내용에 따라 다르고 접근성이 사용자의 성향에 따라서 다를 수 있으므로 어느 방법이 좋다라고 결정하는 것은 의미가 없습니다. 사용자의 성향에 따라 어떤 방법이든 편리한 대로 사용하면 되겠습니다.

🌐 도구모음 활용 셀 서식 설정하기

도구 모음에서 셀 서식을 적용하는 것은 몇 개의 기능을 제외하고는 이미 사용을 하고 있으므로 생략하고 지금까지 사용하지 않은 기능에 대해서만 추가로 설명을 하겠습니다.

• [글꼴] 도구 그룹

가 ▾	• 글자에 밑줄 넣기 • 「▾」클릭하면 밑줄 모양을 선택할 수 있음. 한줄 또는 두 줄	
가 가	• 글씨 크기 조정	
내천 川 ▾	• 글자에 윗주 넣기 • 왼쪽 그림에서 [C2] 셀에 입력된 값은 무엇입니까? 수식 입력줄에서 보이듯이 '성적 산출표'가 입력이 된 상태입니다. 그렇다면 '성적 산출표' 글자 위에 '2014'는 어떻게 나타난 것일까요? 그것은 윗주 기능을 사용했기 때문입니다. • 도구 모음에서 아이콘 내천 川 ▾ 의 「▾」클릭-[윗주 편집] 클릭-'2014' 입력-[윗주 필드 표시] 클릭-[윗주 설정] 클릭-윗주의 글자 위치를 선택하면 완료 • [윗주 필드 표시]는 클릭하면 화면에 표시되고 다시 한 번 더 클릭하면 화면에서 사라지는 토글 형식의 메뉴입니다. • [윗주 편집]은 입력하고자 하는 윗주의 내용을 넣거나 수정할 때 활용하는 메뉴입니다. • [윗주 설정]은 윗주의 위치, 글씨체, 글씨 크기, 글자색 등을 설정할 수 있는 메뉴입니다.	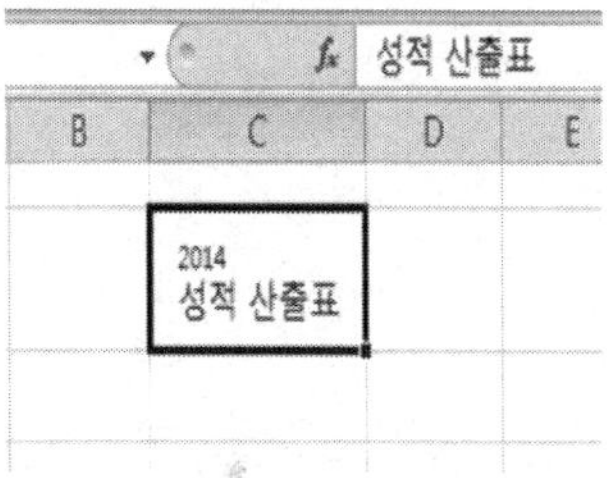 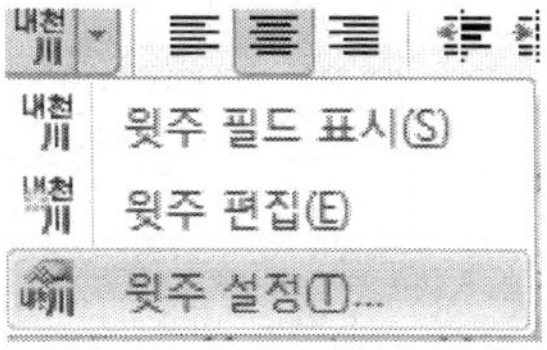

• **[맞춤] 도구 그룹**

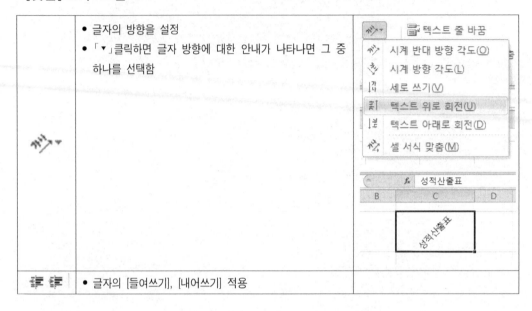

	• 글자의 방향을 설정 • 「▾」클릭하면 글자 방향에 대한 안내가 나타나면 그 중 하나를 선택함
	• 글자의 [들여쓰기], [내어쓰기] 적용

🌐 마우스 오른쪽 버튼 클릭한 후 셀 서식 설정하기

미니 도구모음 형태라서 더 추가로 활용할 것이 없네요. 그냥 넘어 가겠습니다. 다만 마우스 오른쪽 버튼을 이용하여 셀 서식을 설정할 수 있다는 것을 알고 갑시다.

🌐 셀 서식 대화 상자 활용하여 설정하기

[글꼴], [맞춤], [표시 형식] 그룹의 대화상자 표시 단추 「▫」를 클릭합니다. [셀 서식] 창에서는 [표시형식], [맞춤], [글꼴], [테두리], [채우기], [보호]와 관련된 설정을 할 수 있습니다. [표시 형식] 메뉴는 다음 Section에서 다루고 나머지 서식에 대해 알아 봅시다.

• **[맞춤]**

[맞춤]은 입력된 데이터의 셀 내에서의 위치와 관련된 정렬하는 기능과 관련된 메뉴입니다. 그림에서 앞에서 했던 도구모음의 아이콘들의 기능과 연관되도록 표현을 해 놓았습니다. 같은 번호의 기능이 동일한 기능을 나타냅니다.

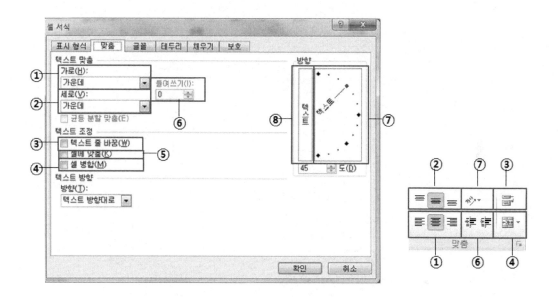

❶ 데이터의 위치를 가로를 기준으로 오른쪽, 중간, 왼쪽 중에 선택하도록 하는 기능

❷ 데이터의 위치를 세로를 기준으로 위, 중간, 아래 중에 선택하도록 하는 기능

❸ 텍스트의 자동 줄 바꿈 기능. 텍스트의 길이가 셀 크기 보다 클 경우 자동으로 줄을 바꾸어 주는 기능입니다.

❹ 두 개 이상의 셀을 병합하는 기능

❺ [셀에 맞춤] 기능은 도구모음에는 보이지 않는 기능으로, [자동 줄 바꿈] 기능과 비교되는 기능으로 입력된 텍스트의 길이가 셀의 크기보다 커지면 자동으로 셀 크기에 맞게 글자의 크기가 줄어들며 조절되는 기능입니다.

❻ [들여쓰기] 기능입니다. 텍스트가 입력될 때 자동으로 안쪽으로 들여쓰기를 하도록 설정할 수 있는 기능

❼ 텍스트의 방향을 설정하는 기능

❽ 텍스트의 방향을 세로로 입력되도록 하는 기능. 일반적으로 텍스트를 입력하면 가로 방향으로 텍스트가 입력됩니다. 세로 방향 입력 기능은 텍스트가 자동으로 세로로 입력되는 기능입니다. 다음 그림은 텍스트가 입력된 것을 보여주는데 ❼에서 텍스트의 방향을 90도 기울여 입력되는 것과 같이 세로로 입력되지만 입력되는 텍스트의 모양이 완전히 다르다는 것을 알수 있습니다.

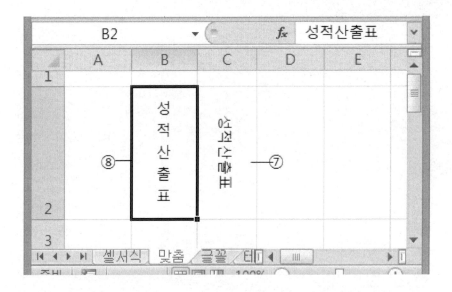

• [글꼴]

대화 상자에서 설정할 수 있는 [글꼴]의 서식은 도구모음의 아이콘에서 기본적으로 설정할 수 있는 글씨체, 글꼴 스타일, 크기, 글자 색을 설정하는 것 외에 도구모음에서 할 수 없는 추가로 적용할 수 있는 서식은 ❶효과 기능과 ❷밑줄 기능입니다.

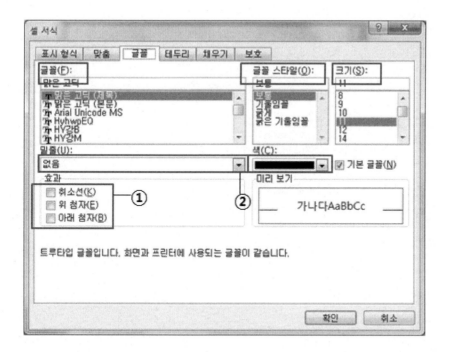

❶ 취소선, 위 첨자, 아래 첨자에 대한 서식 적용입
니다. 그림 오른편에 실제 적용된 것을 보여주고 있
습니다. 적용 절차는 '2의 5승(25)'를 입력하고 '5'만
다시 선택하여 도구모음의 [글꼴] 도구그룹의 「　」
을 클릭합니다. [셀 서식] 대화 상자 창이 뜨면 [글

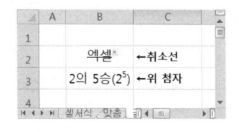

꼴] 탭에서 [위 첨자]를 선택하고 확인을 클릭합니다. 위 첨자의 경우에는 '25'와 같이 수를 표
현할 때 활용되는데 그림처럼 숫자가 문자들과 같이 섞여있는 경우에만 적용이 됩니다. 무슨
말인가 하면 셀 내의 데이터가 문자일 경우에만 위 첨자가 적용이 되고 숫자만 있을 때는 위
첨자로 들어가지 않고 그냥 숫자로 인식하게 됩니다. 제곱이라고 하는 것은 연산자입니다. 그
러니 엑셀에서 숫자에 제곱을 적용하면 숫자일 뿐입니다. 그리고 엑셀에서 사용되는 제곱 연
산자는 「^」입니다. 2의 5승을 적용하려면 수식으로 적용하여 「=2^5」로 입력해야 하고 결과는
「32」숫자로 나타납니다. 셀 내에서 '25'을 그대로 표현하고자 한다면 이것은 문자인 셈이지
요. 위 첨자와 아래 첨자는 결국 문자에 적용되는 것입니다. 이해가 되십니까? 별로 중요하지
않은 내용인데 설명이 길었네요. 엑셀을 사용하면서 실제 이런 문제에 부딪히면 쉽게 이해가
갈 것입니다.

❷ 밑줄을 넣는 유형입니다. 도구모음에서도 실선, 이중 실선을 적용할 수 있습니다. 대화 상자 창에서 적용하는 것과 다른 것은 다음과 같습니다.

[셀 서식] 대화 상자 창에서 [밑줄] 메뉴의 「▼」단추를 누르면 밑줄의 종류가 펼쳐집니다. 그 중에 아래쪽에 회계용이라고 있습니다. 이것이 다른 점인데 회계용을 적용하면 밑줄이 글자에만 있는 것이 아니라 셀 전체 크기 만큼 표시가 됩니다.

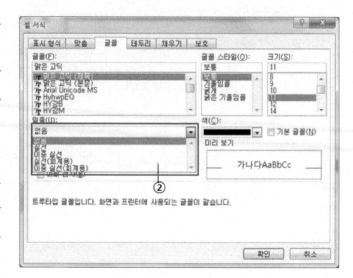

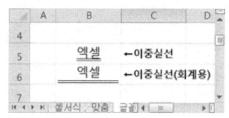

• [테두리]

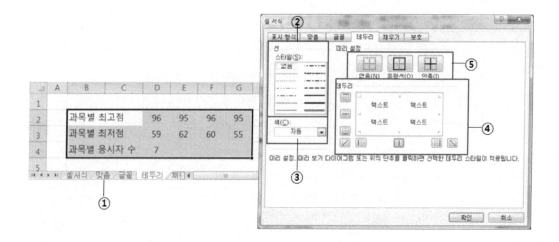

❶ 먼저 적용할 데이터를 지정하고 도구그룹의 「　」을 클릭하면 [셀 서식] 대화 상자 창이 나타납니다. [테두리] 탭을 선택하고 테두리 설정을 시작합니다.

❷ 여기서부터 순서가 중요합니다. 그렇지 않으면 두 번 일하게 됩니다. 먼저 선 스타일을 클릭하여 정하여야 합니다. 적용할 선 종류를 선택하는 것입니다.

❸ 선 색을 지정하는 단계입니다. 옵션으로 선 색을 특별히 정하여야 할 경우에만 지정하고 그렇지 않고 검은 색 그대로 적용할 때는 건너 뜁니다.

❹ 사각형 셀의 위, 아래, 왼쪽, 오른쪽 그리고 대각선에 대한 선 적용을 클릭하여 선택하면 화면으로 적용되는 것을 볼 수 있습니다.

❺ 한꺼번에 테두리 모양을 적용할 때 사용하는 구역입니다. [없음]을 클릭하면 선택된 셀 영역의 모든 테두리의 모양이 없어집니다. 선택한 영역 모두에 선택한 테두리 서식을 적용하고자 할 때는 [윤곽선]과 [안쪽]을 각각 한 번씩 클릭하면 적용됩니다. 적용을 완료하면 [확인]을 클릭합니다.

테두리 선을 적용하는 것에 대해 좀 더 살펴보면,

❶ 선택된 셀의 위쪽의 선을 선택하는 단자

❷ 선택된 셀이 두 개 이상일 경우 안쪽 가로경계선을 선택하는 단자

❸ 선택된 셀의 아래쪽의 선을 선택하는 단자

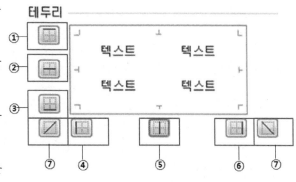

❹ 선택된 셀의 왼쪽의 선을 선택하는 단자

❺ 선택된 셀이 두 개 이상일 경우 안쪽 세로경계선을 선택하는 단자

❻ 선택된 셀의 오른쪽의 선을 선택하는 단자

❼ 선택된 셀의 대각선 방향으로 선을 선택하는 단자

예를 들어 다음 그림처럼 가장자리 윤곽선은 이중 실전, 안쪽 가로선은 실전, 세로선은 점선으로 적용하려고 한다면

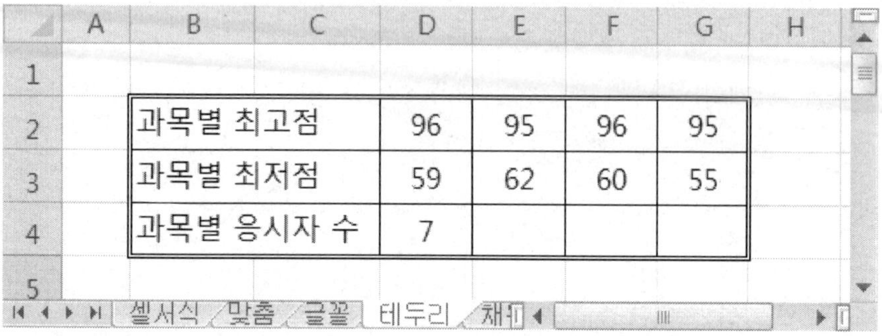

	A	B	C	D	E	F	G	H
1								
2		과목별 최고점		96	95	96	95	
3		과목별 최저점		59	62	60	55	
4		과목별 응시자 수		7				
5								

❶ [B2]~[G4]까지 셀을 선택합니다.

❷ 도구그룹의 「 」을 클릭하여 [셀 서식] 대화 상자 창을 나타나게 합니다.

❸ [선 스타일]에서 이중 실선을 선택합니다.

❹ [윤곽선]을 클릭합니다. 테두리 선이 이중 실선이 적용되는 것이 보이죠.

❺ 다시 [선 스타일]에서 실선을 선택합니다.

❻ 안쪽 가로 경계선 단자를 클릭합니다.

❼ 다시 [선 스타일]에서 점선을 선택합니다.

❽ 안쪽 세로 경계선 단자를 클릭합니다. [확인]을 클릭하면 완료됩니다.

선의 색을 넣고 싶으면 추가로 선의 색을 선택한 후 적용할 선의 위치 단자를 클릭하면 되며, 위 과정에서 적용하려면 적용할 선의 위치 단자를 클릭하기 이전에 먼저 선의 색을 지정한 후 적용할 선의 위치 단자를 클릭하면 됩니다.

• [채우기]

[채우기]는 셀의 면색을 채우는 것입니다. 면색을 채우는 것 외에 다른 문양으로 채울 수도 있습니다.

❶ 먼저 면색을 설정할 셀[B2:B4]을 선택하고 글꼴그룹의 🎨▼의 「▼」을 클릭하여 간단히 면색을 지정하거나, 「 ⧉ 」을 클릭하여 [셀 서식] 대화 상자 창을 나타나게 합니다.

❷ [셀 서식] 대화 상자 창에서 [채우기] 탭을 클릭하면 기본적으로 제공하는 색상이 나타납니다. 그 중에서 하나의 색을 선택하고 [확인]을 클릭하면 채우기가 완료됩니다. [색 없음]을 클릭하면 선택된 셀이 이전에 어떤 색으로 채워진 상태이었으면 이전에 설정된 색이 없어지게 됩니다.

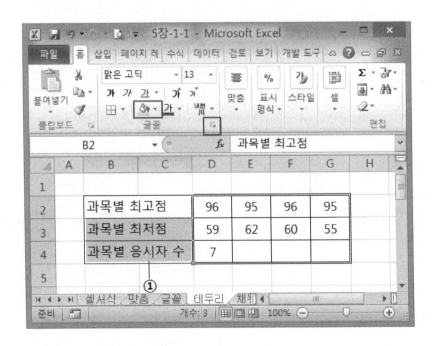

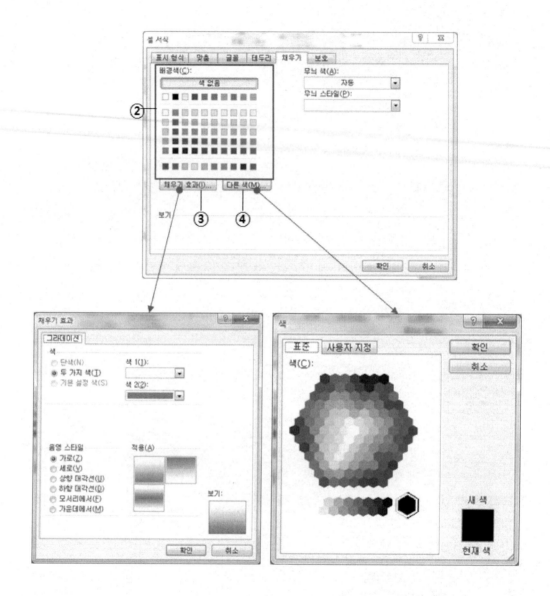

❸ 셀 면에 색을 채우는데 그라데이션 효과를 넣고자 할 경우에 [채우기 효과]를 클릭하면 됩니다. [채우기 효과]를 클릭하면 그림 아래에 보이는 것처럼 그라데이션 효과를 설정할 수 있는 새로운 창이 뜹니다. 창에서 그라데이션 스타일과 색을 선택하여 설정하면 됩니다.

❹ ❶ 영역에서 제공하는 기본 색상과 다른 색을 적용하고자 할 경우 더 많은 색상을 선택할 수 있도록 합니다. [다른 색] 버튼을 클릭하면 그림 아래와 같이 창 [색]이 나타나고 그 중에서 새로운 색을 선택하면 됩니다.

❺ 셀 면에 색으로 채우지 않고 무늬를 넣고자 할 때 활용할 수 있습니다. 무늬 스타일의 「▼」
을 클릭하면 여러 가지의 무늬가 제공됩니다. 하나를 선택하면 되겠지요.

❻ 무늬로 면 채우기를 하고 채워진 무늬의 색을 별도로 정할 때 클릭하여 선택할 수 있습니다.

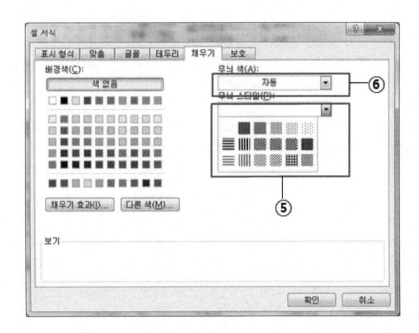

서식 복사

서식 복사는 어느 셀에 적용된 여러 가지의 셀 서식을 별도의 셀 서식에 대한 설정을 할 필요없이 서식을
그대로 복사하여 적용할 수 있는 기능입니다.

그림에서 [B2] 셀에 적용된 글꼴과 글자의 위치 등 적용된 셀 서식을 [B3]~[B4] 셀까지 적용하려고 합니다.

❶ 복사하려고 하는 서식이 적용된 셀을 먼저 클릭하여 선택합니다.

❷ 도구 모음의 클립보드 그룹의 붓 모양의 아이콘「 ✔ 」을 클릭합니다. 선택된 셀의 테두리는 점선으
로 깜박거립니다.

❸ 마우스 포인터가 붓 모양의 아이콘과 같이 표시되는 것을 볼 수 있습니다. 이 마우스 포인터를 새롭게
적용하고자 하는 셀을 클릭하여 원하는 영역 [B3:B4]에 드래그 하여 끌어 놓으면 됩니다.

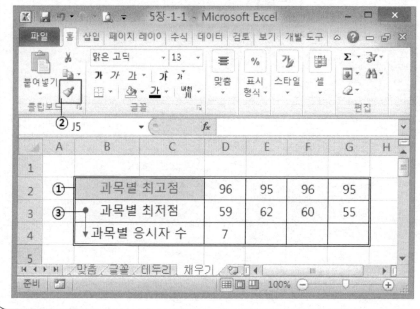

2 표시 형식 설정하기

표시 형식은 데이터의 형식을 데이터의 속성에 맞게 또는 사용자의 취향에 따라 화면에 표시되도록 하는 것입니다. 여기서 데이터는 숫자입니다. 같은 데이터이지만 일에 따라서 또는 사용자의 취향에 따라 다르게 표현하는 것입니다. 가령 숫자를 표시하는데 천단위에 콤마(,)를 넣을 수도 있고, 각 나라에 대한 통화 단위의 기호를 표시할 수도 있으며, 날짜를 표시하는데도 '년-월-일' 로 표시할 수도 있고 '월-일' 로도 표시할 수 있고, 등등 데이터를 사용자가 원하는 형식대로 표시하는 경우는 많이 다양합니다. 이런 다양한 형식의 데이터를 표시하는 방법을 공부하도록 하겠습니다. 표시 형식을 설정하는 방법 또는 적용하는 절차는 도구 모음과 셀 서식 창에서 할 수 있습니다. 물론 마우스 오른쪽 버튼을 눌러 펼쳐지는 미니 도구 모음에서도 적용이 가능합니다. 미니 도구 모음과 도구 모음을 활용하는 것은 동일하므로 마우스 오른쪽 버튼을 눌러 활용하는 방법은 생략합니다.

표시 형식의 적용을 도구 모음에서 활용하는 것이 편하며 사용자가 원하는 형식을 더 세밀하게 적용을 하려면 셀 서식 대화 상자를 활용하는 것이 더 효율적이므로 표시 형식에 따라 구분하여 활용하도록 하겠습니다.

● 도구 모음 아이콘 활용하기

도구 모음에서 [표시 형식] 그룹이 있습니다. 이 그룹에 있는 아이콘들을 활용하는 것을 해 봅
시다.

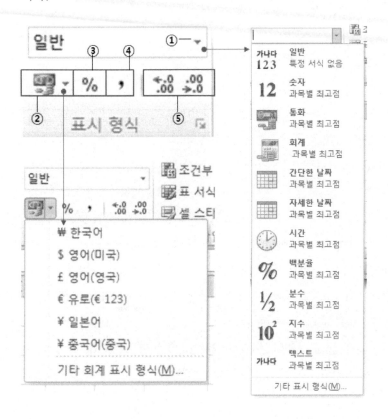

❶ 일반이라는 글자가 있는 영역이 있습니다. 이 영역의 화살표「▼」을 클릭하면 그림 오른
편과 같이 메뉴가 펼쳐집니다. 메뉴 중에 [일반]이 있죠? [일반]은 데이터의 특별한 표시 형식
이 아닌 일반적인 형식으로 표시되었다는 것을 말합니다. 펼쳐진 형식 중에 하나를 클릭하면
선택한 셀의 데이터를 클릭한 형식대로 표시가 됩니다. 여기서 형식이 어떻게 표시되는지는
조금 뒤에 셀 서식 대화 상자의 표시 형식을 공부할 때 알아보도록 하고 넘어 가겠습니다. 나
중에 다시 언급하겠지만 펼쳐진 형식은 기본적인 몇 가지 정도이다 보니 활용도가 떨어지며
결국 대화상자 창을 많이 활용하게 됩니다.

❷ 동전 모양이 보이죠? 돈과 관련된 형식입니다. 통화라고 합니다. 「▼」을 클릭하면 그림 아래쪽에 각 나라의 통화와 관련된 통화 단위의 기호가 표시되는 것들이 나타납니다. 데이터에 통화 단위의 기호를 자동으로 표시하고자 할 때 활용될 수 있습니다. 그런데 이 표시형식도 특별히 통화 단위의 기호를 표시하고자 할 때 유용하게 활용될 수 있지만 너무 많은 데이터에 적용하면 오히려 보기 싫은 경우가 발생할 수 있습니다. 적절히 활용할 수 있도록 합니다.

❸ 데이터를 백분율로 표시합니다.

❹ 데이터의 천 단위 마다 콤마를 자동으로 들어가도록 설정해 줍니다.

❺ 소수점 이하 자리의 유효 숫자 범위를 설정해주는 단추입니다.

셀 서식 대화 상자 활용하여 표시 형식 설정하기

셀에 표시 형식을 적용할 때 특정 셀을 선택하여 설정할 수 있지만 대부분 열 단위의 전체 셀에 적용하는 경우가 많습니다.

	B	C	D	E	F	G
1	판매 현황					
2	품목	품종	수량	단가	공급가	부가세
3	오피스 2000	소프트웨어	100	500,000.0	₩50,000,000	5000000
4	윈도우 98	소프트웨어	150	200,000.0	₩30,000,000	3000000
5	포토샵	소프트웨어	50	300,000.0	₩15,000,000	1500000
6	한글 815	소프트웨어	100	10,000.0	₩1,000,000	100000
7	소계				₩96,000,000	9600000
8	그래픽카드	하드웨어	100	200,000.0	₩20,000,000	2000000
9	램	하드웨어	200	150,000.0	₩30,000,000	3000000
10	마우스	하드웨어	300	7,000.0	₩2,100,000	210000
11	키보드	하드웨어	600	10,000.0	₩6,000,000	600000
12	프린터	하드웨어	40	235,000.0	₩9,400,000	940000
13	플로피디스크	하드웨어	100	23,500.0	₩2,350,000	235000
14	CPU	하드웨어	150	230,000.0	₩34,500,000	3450000
15	소계				#########	11685000
16	합계				#########	21285000

Sheet1 / Sheet2 / 숫자지정 / 숫자단위 /

그림에서 '품목', '품종', '수량', '단가', '공급가', '부가세' 항목의 열로 표가 구성되어 있습니다. 품목과 품종에 들어가는 데이터의 형식, 즉 데이터의 종류는 문자로서 같지만 더 엄격히 말해서 열 각각에 들어가는 데이터의 종류, 즉 데이터의 속성 값들은 다르다고 할 수 있지요. 품목과 품명은 문자라는 것은 같지만 성격이 다르다는 것입니다. 그렇다고 이 두열에 입력된 데이터가 다른 종류로 처리하지는 않습니다. 문자이면 같은 종류의 데이터 형식으로 인식합니다. 일단은 열과 열 간의 데이터는 다른 형식이라고 생각하자는 것입니다. '수량' 열에 입력된 데이터를 봅시다. 숫자입니다. 숫자와 문자는 완전히 다른 것이죠. 열 간의 데이터 형식이 같건 다르건 간에 사용자가 표현하고자 하는 형식대로 설정해주면 되는 것입니다. 예시된 표에서는 없지만 숫자도 정수가 있고 실수가 있습니다. 정수와 실수에 대한 표시도 원하는 형식으로 설정할 수 있습니다.

반면에 하나의 열에 들어가는 데이터의 속성은 모두 같습니다. 품목에 들어가는 데이터는 모두가 문자이고 단가에 들어가는 데이터는 숫자이고 등등. 같은 열에 문자와 숫자가 섞여서 들어가는 경우는 거의 없다는 말입니다. 같은 열의 셀 값이 어떤 셀은 숫자이고 어떤 셀은 문자이고 어떤 셀은 수식이고, 이런 식으로 표가 구성되지 않는다는 것입니다. 경우에 따라 표를 만들 때 혼용되는 경우도 있지만 극히 드물다는 말입니다. 만약에 숫자가 들어가면 어떻게 될까요? 별 문제는 안됩니다만 품목에 숫자가 들어가면 이것은 개수나 금액을 나타내는 숫자가 아니라 숫자 그 자체가 품목이 되는 것입니다. 무슨 말인지 이해가 되나요. 품목이라는 열에 숫자가 들어가면 이것은 숫자의 역할을 하는 것이 아니라 품목명을 의미하는 문자로 이해해야 된다는 것입니다. 즉, [품목] 열에 들어가는 값은 숫자든 문자든 같은 속성을 가지는 것입니다. 그런데 여기서 [단가] 열을 예를 들어 봅시다. [단가] 열에는 숫자가 들어갑니다. 문자를 넣을 수 있을까요? 당연히 없겠지요. 문자는 숫자 역할을 할 수 없습니다. 그러므로 숫자 속성을 가지는 열에는 숫자와 문자가 섞일 수 없는 것입니다.

표시 형식 대부분은 숫자에 대해 설정을 합니다. 형식 서식을 설정할 때는 데이터를 입력한 후에 영역을 지정하여 서식을 설정해도 되고, 영역을 지정한 후 서식을 설정하고 데이터를 입력하여도 됩니다. 자, 이제 표시 형식을 설정하는 것을 공부해 볼까요.

• 일반 표시

서식을 적용할 데이터를 지정한 후 도구 모음의 [표시 형식] 그룹에서 「　」을 클릭합니다.
셀 서식 대화 상자가 나타납니다. [표시 형식] 탭이 선택되어 있죠? 선택이 안되어 있으면 클릭
하여 선택합니다. [범주]에 '일반'에서 '사용자 지정'까지 항목을 볼 수 있습니다. [일반] 항목을
봅시다. 오른편에 [일반] 서식에 대한 설명이 있습니다. '일반 셀 서식에서는 특성 서식을 지정
하지 않습니다' 하는 안내문이 있습니다. 엑셀은 어떤 기능을 수행할 때 그 기능에 대한 설명
을 보여주고 있습니다. 이 설명문을 잘 읽으면 책을 참고하지 않아도 엑셀을 잘 활용할 수 있
지요. 어쨌든 [일반]은 아무 서식이 적용되지 않은 상태입니다.

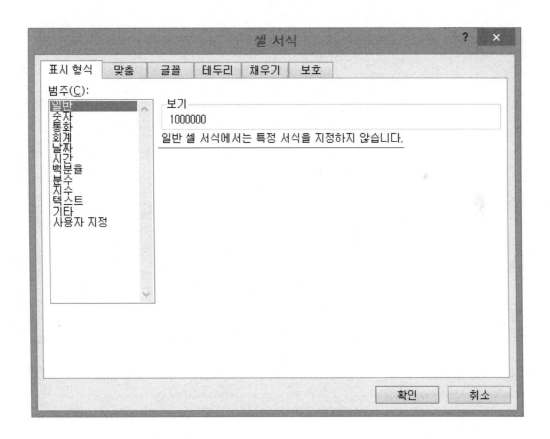

• 숫자 표시

셀 서식 대화 상자에서 [숫자]를 클릭합니다. [숫자]에서 적용할 수 있는 서식은 3가지입니다.

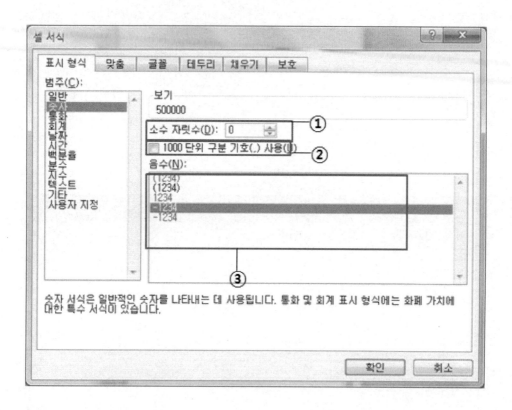

❶ 소수 자릿수. 선택된 영역의 숫자에 소수점 이하 유효자리수를 지정할 수 있습니다. 화살표 모양을 클릭하여 숫자를 정해주거나 직접 숫자를 입력합니다. '1'로 설정해 보세요.

❷ 천 단위에 콤마(,)를 넣도록 설정하는 것입니다. 체크 단추에 클릭합니다.

❸ 음수를 표현하는 방식을 설정하는 영역입니다. 일반적으로 마이너스(-) 기호를 사용하지요? 그대로 둡니다. 아니면 빨간색으로 괄호를 선택하면 음수를 입력했을 때 빨간색 괄호로 표시됩니다. [확인]을 클릭하고 그림 오른편과 같이 나타나는지를 확인해 보세요.

	D	E	공
1		판매 현황	
2	수량	단가	
3	100	500000	₩50,
4	150	200000	₩30,
5	50	300000	₩15,
6	100	10000	₩1,
7			**₩96,**
8	100	200000	₩20,
9	200	150000	₩30,
10	300	7000	₩2,
11	600	10000	₩6,
12	40	235000	₩9,

	D	E	공
1		판매 현황	
2	수량	단가	
3	100	500,000.0	₩50,
4	150	200,000.0	₩30,
5	50	300,000.0	₩15,
6	100	10,000.0	₩1,
7			**₩96,**
8	100	200,000.0	₩20,
9	200	150,000.0	₩30,
10	300	7,000.0	₩2,
11	600	10,000.0	₩6,
12	40	235,000.0	₩9,

• 통화 표시

[통화]를 선택하면

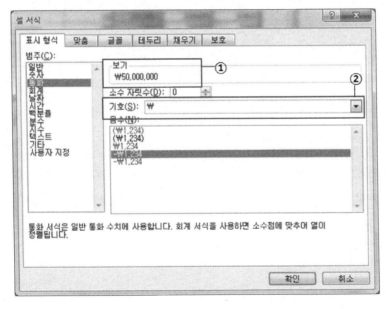

❶ [보기]에 보면 천 단위의 콤마는 자동으로 들어가 있습니다. 숫자와 다른 것은 숫자 앞에 통화 단위의 기호가 표시되는 것이죠.

❷ [기호]에「▼」를 클릭합니다. 각 나라별로 사용되는 통화 표시 기호가 펼쳐집니다. 기본은 '₩' 원단위의 기호인데 필요에 따라 기호를 선택하면 됩니다.

	D	E	F	G
1		판매 현황		
2	수량	단가	공급가	부가세
3	100	₩500,000	50,000,000	5000000
4	150	₩200,000	30,000,000	3000000
5	50	₩300,000	15,000,000	1500000
6	100	₩10,000	1,000,000	100000
7			**96,000,000**	**9600000**
8	100	₩200,000	20,000,000	2000000
9	200	₩150,000	30,000,000	3000000
10	300	₩7,000	2,100,000	210000
11	600	₩10,000	6,000,000	600000
12	40	₩235,000	9,400,000	940000
13	100	₩23,500	2,350,000	235000
14	150	₩230,000	34,500,000	3450000

Sheet1 / Sheet2 / 숫자지정

• 회계 표시

회계 표시는 통화 표시와 유사합니다. 다른 점은 통화의 단위의 기호가 셀의 맨 왼쪽에 정렬이 된다는 것입니다. 아래 그림에서 셀 [E3:E14]은 통화로 설정되어 있고, [F3:F14]는 회계로 설정되어 있습니다. 비슷한 표시 형식이지만 회계로 설정된 영역은 통화 단위의 기호가 왼쪽으로 일률적으로 정렬되어 있는 것이 차이입니다.

판매 현황

수량	단가	공급가	부가세
100	₩500,000	₩ 50,000,000	500000
150	₩200,000	₩ 30,000,000	300000
50	₩300,000	₩ 15,000,000	150000
100	₩10,000	₩ 1,000,000	10000
		₩ 96,000,000	**960000**
100	₩200,000	₩ 20,000,000	200000
200	₩150,000	₩ 30,000,000	300000
300	₩7,000	₩ 2,100,000	21000
600	₩10,000	₩ 6,000,000	60000
40	₩235,000	₩ 9,400,000	94000
100	₩23,500	₩ 2,350,000	23500
150	₩230,000	₩ 34,500,000	345000

• 날짜 표시

먼저 날짜의 입력은 '2015-1-5'와 같이 입력합니다. '2015'와 같이 당해연도는 입력하지 않아도 자동으로 입력이 됩니다. 그림처럼 [A3] 셀에 '2015-1-5'를 입력하고 [A4] 셀에 연도는 빼고 '1-5'를 입력한 후 비교해 보세요. 연도는 빼고 '1-5'를 입력했을 때 셀에 표시되는 값은 '01월 05일'로 표시됩니다. [A4] 셀을 선택 후 수식입력줄을 확인해 보세요. '2015-01-05'가 입력되어 있는 것을 확인할 수 있습니다. [A] 열에 입력되는 날짜의 표시 형태를 통일하는 것이 좋겠지요. 이럴 때 사용자가 원하는 표

	A	B
1		
2	판매일	품목
3	2015-01-05	오피스 2000
4	01월 05일	윈도우 98
5	2015년 1월 5일 월요일	포토샵
6	2015/01/05	한글 815
7	15-01-05	**소계**
8	01-05-15	그래픽카드
9	05-01-2015	램
10	05-Jan-2015	마우스
11	01-05(월)	키보드
12	2015-01-05(월)	프린터
13	01-05(월요일)	플로피디스크
14	2015년 01월 05일	CPU

시형태로 설정을 하는 것입니다.

서식을 적용할 셀을 선택한 후 [셀 서식] 대화상자를 띄웁니다. [날짜]를 클릭하면 날짜를 표시
하는 형식이 나타나죠. 오른쪽 스크롤 바를 내려 보면 형식이 다양하게 제공되고 있습니다.
그 중에 선택을 하세요. 일반적으로 '년 월 일' 한글이 들어간 형식은 셀 내에서 자리를 많이
차지하니 저는 많이 사용하지 않습니다.

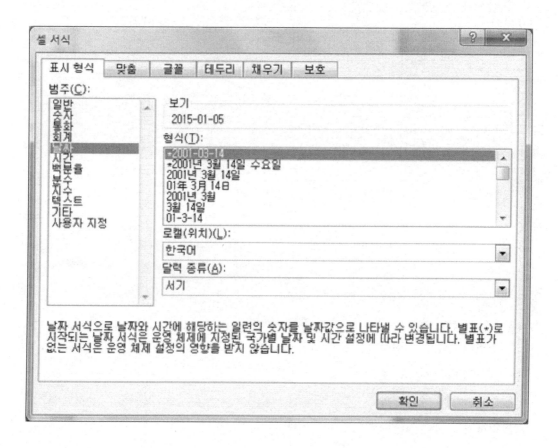

• **시간 표시**

시간 표시도 날짜 표시와 비슷하므로 직접 한 번 해보고 넘어 가겠습니다. 시간을 입력하는 방법만 보면 '15:15:15' 형태로 '시:분:초'로 입력하면 됩니다.

• **분수/지수/텍스트 표시**

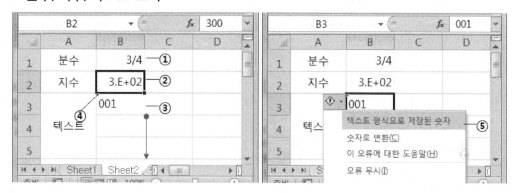

❶ 분수 표시

엑셀에서 수는 일반적으로 정수와 실수로 표현되는데 분수 또한 수입니다. 분수 「3/4」은 3을 4등분 하는 나눗셈인거죠. 나눗셈은 수식이므로 수식 형식으로 입력을 하여야 하며 결과는 실수로 표시됩니다. 「3/4」를 표시 형식을 분수로 설정하지 않고 그대로 입력하면 날짜형식으로 입력됩니다. 이를 분수 그 자체로 표시하고자 할 때 설정하는 기능이며 숫자로 인식하여 연산이 가능합니다.

❷ 지수 표시

수를 지수 형식으로 표시하는 기능입니다. '300'을 지수 형식으로 표시하면 '3.E+02'입니다. 이것은 '3x102'을 뜻합니다.

❸ 텍스트 표시

입력되는 수를 텍스트 형으로 인식되도록 처리하는 기능입니다. 일련 번호 등을 입력할 때 1, 2, 3, … 씩으로 입력하는 경우도 있겠지만 자리 수를 맞추기 위해 앞에 '0'을 붙이는 경우도 많지요. '001', '002', '003', … 형태로 말입니다. 엑셀에서 '001', '002'와 같은 수를 입력할 때 '0'은 표시하지 않고 생략합니다. 그래서 '001', '002', '003', … 형태로 입력하고 싶어도 셀에 표시되는 값은 '1', '2', '3', … 형태로 표시됩니다. 이럴 때 '001', '002'와 같은 형태의 데이터를 입력하고 싶으면 [표시 형식]에서 항목 중에 [텍스트]를 선택하면 숫자가 아닌 텍스트, 즉 문자 형식으로 표시하게 됩니다. 수를 입력하면 입력되는 수는 기본적으로 오른쪽 정렬이 이루어진다고 하였습니다. 텍스트 형식으로 설정하면 문자로 인식하여 왼쪽 정렬이 되는 것도 텍스트로 인식한다는 것을 보여줍니다. 입력을 끝내고 셀을 보면 왼쪽 위 모서리에 초록색의 표시가 생깁니다. 이것은 오류가 생길 수 있는 데이터라는 것을 말합니다. 입력된 값은 수인데 인식은 텍스트이므로 연산을 할 경우 연산이 이루어지지 않으며 연산을 할 경우 오류가 있음을 말해 줍니다.

❹ 텍스트로 지정한 후에 셀에 느낌표 모양의 표시 단추가 생깁니다. 이것을 클릭하면 관련 내용이 펼쳐집니다.

❺ 펼쳐진 내용을 보면 [숫자로 변환] 항목이 보이죠? 이것을 클릭하면 텍스트화 된 데이터가 숫자로 전환이 가능합니다. 즉, 앞서 숫자로 입력된 값들을 텍스트화 하여 활용되었던 데이터를 원래의 숫자로 전환하여 숫자 연산도 가능하도록 할 수 있습니다.

기타 서식 표시

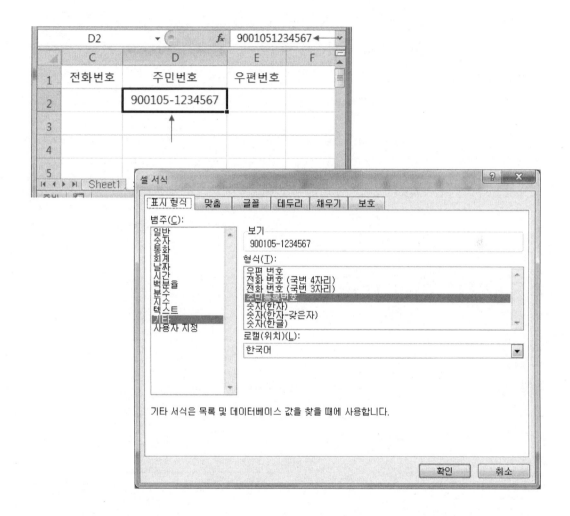

그림에서 셀 [D2]에 표시된 값과 수식 입력줄의 실제 입력된 값을 비교해 보세요. 실제 입력된
값은 수식 입력줄에서 보이듯이 '9501051234567'이고 이것이 [D2] 셀에서 표시되는 값은 주민등
록번호 형식의 '950105-1234567'로 나타나 있습니다. 엑셀을 사용하면서 많은 기초 데이터는
어쩔 수 없이 입력을 하여야 합니다. 그림처럼 주민등록번호나 전화번호, 우편번호는 마이너스
기호「-」이 들어갑니다. 데이터를 많이 입력하다 보면 문자 한 개이지만 매우 귀찮을 때가 많습
니다. 그래서 엑셀에서는 자동으로 마이너스 기호「-」가 들어가도록 설정할 수 있습니다.
설정할 셀 영역을 지정합니다. [D]열을 클릭하여 [D]열 전체가 적용되도록 하도어 되겠지요.

그런 다음 [셀 서식] 대화상자가 나타나도록 [표시 형식] 그룹에서 「 ⬚ 」을 클릭합니다. [범주] 항목 중에 [기타]를 클릭합니다. 형식 종류가 나타나죠. 주민등록번호, 전화번호, 우편번호 등이 보입니다. 주민등록번호를 선택하고 [확인]을 클릭합니다. 설정이 완료되었으면 [D] 열에 주민등록번호를 입력할 때 마이너스 기호 「-」을 생략하고 숫자만 13자리 입력하면 자동으로 마이너스 기호 「-」가 생성됩니다. 전화번호, 우편번호 등도 마찬가지입니다.

사용자 지정 서식 표시

엑셀에서 사용자 지정 서식은 매우 유용하게 활용될 수 있습니다. 사용자 지정 서식의 적용은 앞에서 배운 여러 서식 설정에 의해 표시되는 형식이 사용자 입장에서 요구되는 서식이 없을 때는 사용자가 직접 서식을 조합하여 원하는 형식의 데이터를 생성할 때 사용됩니다.

[표시 형식] 그룹에서 「 ⬚ 」을 클릭하여 [셀 서식] 대화상자를 띄우고 [사용자 지정] 항목을 클릭합니다.

❶ 적용된 서식이 나타나 사용자가 별도로 작업하지 않고 이미 지정된 서식을 선택하여 서식을 지정할 수 있는 영역입니다. 스크롤 바를 내리면 많은 서식이 제공됩니다. 그 중에 하나를 선택하면 됩니다.

❷ 사용자가 직접 서식의 형식을 입력하는 영역입니다. 여기에 클릭을 하고 원하는 형식을 넣으면 됩니다. 그런데 형식 자체를 잘 몰라 사용하지 못하는 경우가 더 많지요. 다 알지 못하는 형식적용을 책을 보며 적용하면 되는데 책에서도 많은 정보를 제공하지 못하고 있습니다. 일반적으로 ❶ 영역에서 제공되는 형식을 참고를 많이 합니다. 이 책에서는 자주 활용되는 형식에 대해서 지정하는 방법을 공부해 보도록 하겠습니다.

– 날짜 형식 지정하기 –

그림에서 '2015년 1월 5일'에 대한 여러 형태의 표현을 ❸에서 제시하였습니다. 이와 같이 날짜에 대한 표현을 적용하려면 ❷에서 어떻게 형식을 기술하면 되는지를 보겠습니다.

❸ 표시 형태	❷에 입력되는 형식	설명
2015-01-05	yyyy-mm-dd	yyyy는 4자리 연도를 의미
2015/01/05	yyyy/mm/dd	표시 : 4자리 연도-월-일
15-01-05	dd-mm-yy	yy는 두자리 연도
01-05-15	mm-dd-yy	월-일-년
05-01-2015	dd-mm-yyyy	
05-Jan-2015	dd-mmm-yyyy	mmm은 영문 월을 의미함
01-05(월)	mm-dd(aaa)	aaa는 요일을 의미함
2015-01-05(월)	yyyy-mm-dd(aaa)	
01-05(월요일)	mm-dd(aaaa)	aaa와 aaaa 비교
2015년 01월 05일	yyyy"년" mm"월" dd"일"	

❸에서 '년-월-일'로 표시되든 '일-월-년'으로 표시되든 표시되는 형태와 관계없이 날짜를 입력할 때는 '년-월-일' 순으로 입력하여야 합니다.

- 숫자 형식 지정하기

숫자에 대한 서식을 적용할 때도 ❶ 영역에서 해당 서식을 선택을 하든가 ❷ 영역에서 직접 형식을 입력을 하면 됩니다. ❷ 영역에서 직접 형식을 입력하는 것을 보도록 하겠습니다. 숫자에 대한 서식을 적용할 때는 '0'과 '#'을 사용하는 이유를 이해하면 됩니다. '#'은 일반적인 수 표시를 지정할 때 사용하고, '0'은 유효하지 않은 수에 대한 표현을 표시할 것인지를 결정할 때 사용합니다.

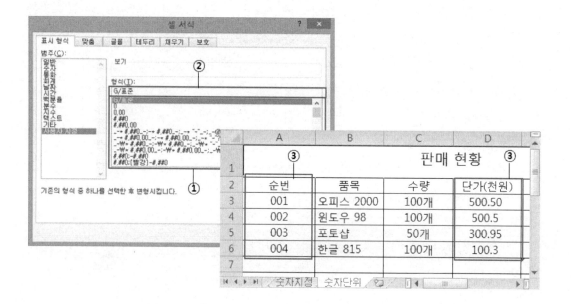

❸ 셀에 입력 값	❸ 셀에 표시 형태	❷에 입력 되는 형식	설명
1	001	000	일련 번호처럼 '001'을 입력하면 엑셀에서는 '0'은 유효하지 않은 수이므로 무시하고 '1'이 입력된다. 이런 형식의 데이터를 자리수도 맞추고 '0'도 셀 내에서 표현되도록 하는 서식 형태
0	0	#0	수를 입력할 때 유효하지 않은 '0'을 입력하였을 경우에는 셀 내에 나타나지 않는다. '0'이 셀에 표시가 되도록 하기 위해 설정하는 서식 형태.
10.50	10.50	#.00	
1000	1,000	#,##0	위의 경우와 같이 '0' 값도 셀에 표시가 되도록 하기 위해 설정하는 서식 형태인데 '0'이 아닌 다른 수일 때 천 단위에 콤마를 넣으라는 서식 형태
0		#,###	유효하지 않은 '0'을 입력하면 셀에서 표시되지 않음
10.50	10.5	#.##	

– 숫자 & 문자 혼용 표시하기

수치 작업을 하다보면 숫자에 단위와 같은 문자 값을 붙이는 경우도 발생합니다. 예를 들면 '100개'와 같이 숫자에 문자를 붙여 숫자에 대한 의미를 명확하게 하는 경우가 많이 있다는 거죠. 그런데 엑셀에서는 숫자에 문자를 붙이면 문자로 인식되고 문자는 연산이 되지 않는다는 건 잘 알 것입니다. 그러면 이 숫자와 연관된 수식이 존재할 수 있는데 숫자에 단위가 붙은 데이터는 더 이상 연산을 할 수 없게 됩니다. 이럴 경우 실제로는 숫자로서 모든 연산이 가능하고 화면에 표시되거나 또는 인쇄되었을 때는 단위가 붙은 숫자형태로 표시되도록 하는 설정 방법이 있습니다.

❶ 숫자에 단위(문자) 붙이기

그림에서 [C3]~[C6]까지의 데이터는 화면으로는 단위 '개'가 수와 같이 써여진 문자이지만 실제로는 숫자입니다. 수식 입력줄에 '100'이라고 숫자만 보입니다. 숫자이기 때문에 [공급가]를 계산할 때 [수량*단가] 수식이 가능합니다. 어떻게 설정되었는지 같이 따라해 봅시다.

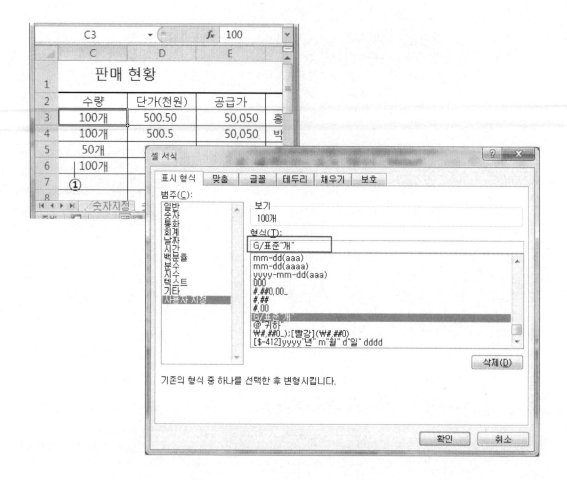

셀 서식을 지정할 셀 [C3]~[C6]을 지정하고 [셀 서식] 대화상자의 [사용자 지정] 메뉴를 선택합
니다. [형식] 란에 적용하고자 하는 서식 형식을 넣으면 되는데 그림처럼 'G/표준' 상태에서 붙
여 넣을 단위인 '개'를 따옴표와 같이 하여 「개」을 입력하기만 하면 됩니다. [확인]을 클릭합
니다. 즉, [형식] 란에 들어간 서식은 「G/표준"개"」입니다. 이와 같이 숫자에 단위와 같은 문자
를 붙일 때는 'G/표준' 상태에서 해당 단위 또는 문자만 추가로 붙여주기만 하면 됩니다. 쉽죠?
그리고 '개'를 수와 띄우기를 하고자 할 경우에는 따옴표 안에서 띄우면 됩니다. 「G/표준" 개"」.
쉽죠?
문자를 앞에 붙이고자 할 경우에는 「G/표준」앞에 문자를 붙이면 됩니다. 이렇게 「"개"G/표준」.
즉 「G/표준」을 기준으로 문자를 앞이나 뒤에 붙이면 숫자와 문자를 같이 사용하는 것이 완성
됩니다.

❷ 문자에 문자 붙이기

그림에서 처럼 셀 서식을 지정할 셀 [F3]~[F6]을 지정하고 [셀 서식] 대화상자의 [사용자 지정]
메뉴를 선택합니다. [형식] 란에 적용하고자 하는 서식 형식은 「@"귀하"」입니다. 이와 같이 문
자에 다른 문자를 추가해서 있는 것처럼 표시하려면 연산자 「@」을 활용하여 붙이고자 하는
문자만 추가하면 완성됩니다. 연산자 「@」은 엑셀공부를 시작하는 무렵에 연산자와 관련된 이
야기를 할 때 조금 언급하였는데요, 연산자 「@」은 문자와 문자를 연결해주는 문자 연결 연산
자입니다.

붙이고자 하는 문자가 앞에 있어야 할 경우에는 「"고객 "@」와 같이 하면 됩니다. 즉, 「@」을
기준으로 앞이나 뒤에 문자를 붙이면 됩니다.

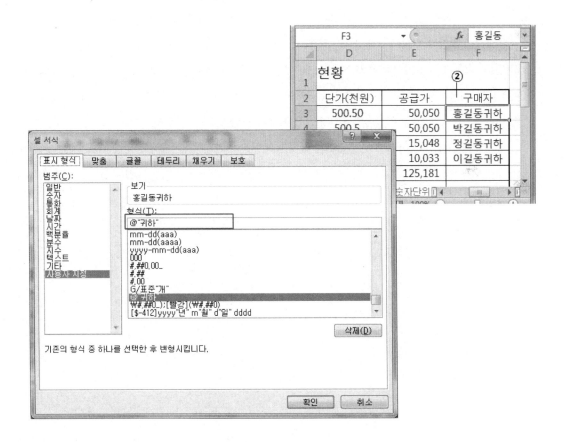

Section

3

조건부 서식

조건부 서식은 설정한 조건 또는 규칙에 의해 자동으로 서식을 적용할 수 있습니다. 앞에서 공부한 서식 적용은 특정 셀을 지정하거나 영역을 지정하여 선택된 셀에 대해서 사용자가 원하는 서식을 하나씩 하나씩 설정하여 적용하는 것이었으나 조건부 서식은 자동 서식 형태로 지정한 영역에 대해서 조건을 부여하여 부여된 조건에 부합되는 셀에 대해서 자동으로 지정한 서식이 적용되도록 하는 것입니다.

엑셀은 수치를 많이 다룬다고 하였습니다. 많은 수치가 시간에 따라 변화 또한 많이 일어납니다. 업데이트가 일어나는 거죠. 수정하거나 변경하거나 삭제하거나 등등, 이런 수치의 변화에 따라 적용되는 셀의 서식도 변화가 일어나게 됩니다. 그렇다고 변화가 일어날 때 마다 서식을 새로 적용하고 적용된 서식을 변경하고 하면 일이 귀찮을 뿐 아니라 변화된 것에 대한 서식 변경을 하지 못하고 빠뜨리는 경우도 생겨 서식적용에 대한 오류가 발생할 수도 있습니다. 이러한 오류를 없애고 편의성도 가질 수 있는 것이 조건부 서식 적용입니다.

🔵 조건부 서식 종류

도구 모음의 [스타일] 그룹에 [조건부 서식]이 있습니다. [조건부 서식]을 클릭하면 메뉴가 펼쳐집니다. 펼쳐진 메뉴가 적용가능한 조건부 서식 종류입니다. 그림에서 처럼 적용 가능한 조건부 서식의 형태는 크게 5가지 형태가 있습니다. [셀 강조 규칙], [상위/하위 규칙], [데이터 막대], [색조], [아이콘 집합] 입니다.

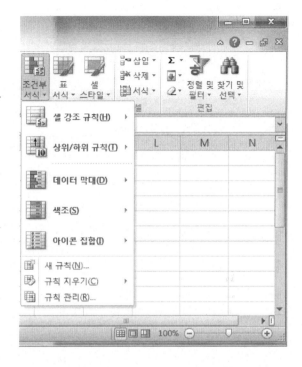

🔵 셀 강조 규칙

먼저 조건부 서식을 적용할 셀을 지정합니다. 아래 그림에서는 [H5]~[H9]까지 선택을 하였습니다. 셀 선택을 한 후 도구 모음의 [스타일] 그룹의 [조건부 서식]을 클릭하고 펼쳐진 메뉴 중에 [셀 강조 규칙] 항목 위에 마우스 포인터를 올려 봅니다.

성적 산출표

과목명				총점	비고
국어	영어	수학	역사		
87	95	89	90	361	
90	90	87	88	355	
72			65	137	
	87	85	89	261	
88		89	85	262	

❶ 조건 선택

[셀 강조 규칙] 항목 위에 마우스 포인터를 올리면 다시 메뉴가 펼쳐집니다. 펼쳐진 이 항목들이 [셀 강조 규칙]에서 적용하려는 조건들입니다. 조건은 [보다 큼], [보다 작음] 등 수에 대해 적용할 수 있는 조건과 [텍스트 포함]과 같이 문자에 대한 조건이 있습니다. 이 중에 적용하고자 하는 조건을 선택을 하면 됩니다. 그림에서는 [보다 작음]을 선택하였습니다.

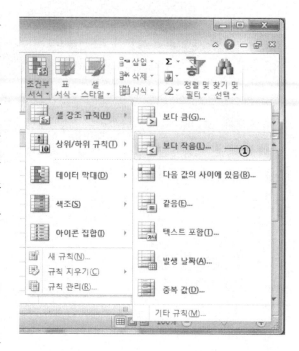

❷ 서식 조건 기준 입력

[보다 작음]을 선택하면 [보다 작음]에 대한 서식을 설정할 대화 상자가 생성됩니다. **❷** 란에 [보다 작음]을 적용할 숫자를 입력합니다. 그림에서는 '200'을 입력하였습니다. '200 보다 작음'이라는 조건을 설정한 것이 됩니다. 즉, 선택된 영역의 셀을 '200 보다 작음'의 조건 적용하여 이 조건에 해당되는 셀에 대해 서식을 적용합니다. 어떤 서식을 적용할까요? 어떤 서식을 적용할 것인지는 **❸**에서 선택합니다.

❸ 서식 적용

선택된 영역의 셀을 '200 보다 작음'의 조건이 적용되어 이 조건에 해당되는 셀은 셀 서식에 변화가 그림에서 처럼 바로 나타납니다. '진한 빨강 텍스트가 있는 연한 빨강 채우기' 서식이 적용되었습니다. 단추 「▼」을 클릭합니다. 그러면 이 외에 여러 가지의 서식이 펼쳐집니다. 이 중에 선택하면 되고요, 추가로 더 많은 서식을 적용하고자 한다면 서식 메뉴 중에 [사용자 지정 서식]을 클릭하면 우리가 앞에서 적용해 보았던 셀 서식 대화상자가 펼쳐집니다. 펴쳐진 대화상자에서 사용자가 원하는 서식을 적용하면 되겠습니다.

다른 조건에 대해서도 설정하는 절차는 동일하므로 조건을 달리하면서 연습해 보도록 하세요. 어쨌든 이렇게 조건부 서식을 설정해 두면 데이터가 수정되거나 변경되었을 경우 변경된 값이 '200 보다 작음'의 조건이 적용되어 자동으로 서식도 변경되어 적용됩니다.

🌑 상위/하위 규칙

적용할 셀 [G5]~[G9])을 지정합니다. 도구 모음에서 [조건부 서식]을 클릭하고 [상위/하위 규칙] 항목에 마우스 포인터를 가져갑니다.

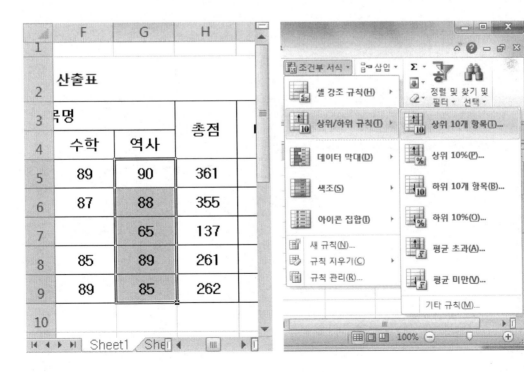

❶ 상위/하위 규칙과 관련된 조건이 펼쳐집니다. [상위 10개 항목], [상위 10%], [하위 10개 항목] 등. [상위 10개 항목]이라 하여 10개 항목이 선택되는 것이 아니고 사용자가 정하는 것이 따라 5개가 될 수도 있고 3개가 될 수도 있고 20개가 될 수도 있습니다. 또한 [상위 10%]라 하여 무조건 10%까지 조건이 적용되는 것이 아니라 20%, 30%, 5% 등 정하는 값에 따라 조건이 결정됩니다. 조건을 결정하는 것이 ❷에서 할 수 있습니다.

❷ [상위 10개 항목]을 클릭하면 [상위 10개 항목]에 대한 대화상자가 나타납니다. 나타난 대화상자에서 숫자를 입력합니다. 그림에서는 '3'을 입력하였습니다. 즉, 상위 3개의 값이 있는 셀에 대해서 서식을 적용하게 될 것입니다.

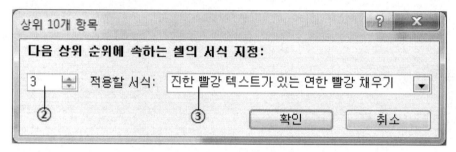

❸ 적용할 서식을 선택하는 과정입니다. 앞에서와 동일합니다.

❹ [상위/하위 규칙]을 클릭하였을 때 펼쳐진 조건 중에서 [상위 10%]을 클릭하였을 때 나타나는 대화상자입니다. 그림에서는 '30'을 입력하였습니다. 상위 30%에 해당하는 셀에 대해서 서식을 적용하는 것이겠지요.

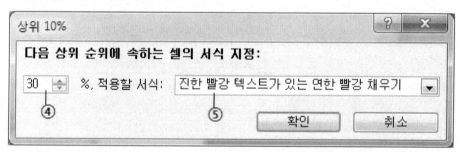

❺ 적용할 서식을 선택하면 됩니다.

데이터 막대/색조/아이콘 집합 규칙

• 데이터 막대 규칙

선택된 셀에서 가장 큰 값을 기준으로 가장 작은 값까지 상대적인 값의 비교로 셀 내에 막대 그래프 형태로 표시하는 서식 설정 형태입니다. 값이 큰 것은 막대 그래프가 크고 값이 작은 것은 그래프가 작게 표현됩니다.

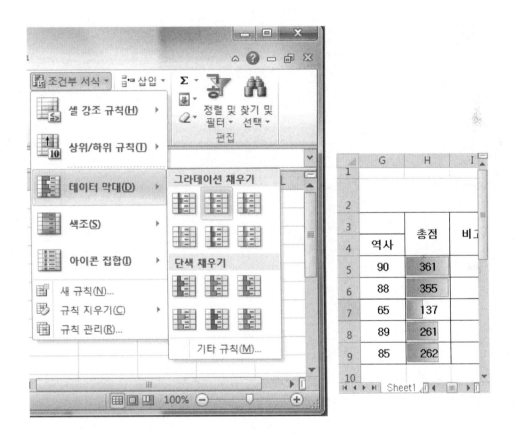

도구 모음에서 [조건부 서식]의 [데이터 막대] 항목에 마우스 포인터를 올리면 데이터 막대의 여러 형태가 나타납니다. 형태가 모두 비슷한데요 그림에서는 [그라데이션 채우기]의 녹색 데이터 막대를 클릭하여 선택하였습니다. 셀 [H5:H9] 영역에 녹색 데이터 막대가 적용된 것이 보입니다.

• 색조 규칙과 아이콘 집합 규칙

데이터 막대 규칙과 동일한 과정을 거쳐 서식을 적용합니다.

색조 규칙은 값의 크기를 몇 가지로 구분하여 셀 면의 색상을 적용합니다.

아이콘 집합 규칙은 값의 크기를 몇 가지로 구분하여 화살표와 같은 모양을 표시해 줍니다.

🌑 행 전체 서식 적용하기

지금까지의 셀 서식은 선택된 영역에서 조건에 맞는 셀에만 서식을 적용하는 것을 공부하였습니다. 이번에는 행 전체에 동일한 서식을 적용하는 것을 해 봅시다. 행 전체에 대한 서식 적용은 특정 셀에 적용된 조건이 일치할 경우 해당 셀에만 서식을 적용하는 것이 아니라 해당 셀이 포함되는 행 전체에 설정된 서식이 적용되도록 하는 기능입니다. 각 셀마다 데이터 형식이 다르므로 행 전체에 데이터의 글자 색이나 면색을 동일하게 적용하는 것이 일반적입니다. 행 전체 서식을 적용하기 위해서는 다음 절차를 실행하여야 한다는 것을 꼭 기억하기 바랍니다.

- 수식을 사용하여 조건부 서식을 적용한다.

- 제목이 있는 첫 행을 제외한 표 전체를 지정하여 조건부 서식을 적용한다.
- 수식을 참조하는 셀 참조 형식은 '열 절대참조 행 상대참조($A1)' 형식의 혼합참조 형식을 적용한다.

다음 예에서 행 전체에 서식을 적용하는 과정을 실행해 봅시다. 조건은 평균값이 70점 미만인 셀이 있는 행의 전체 데이터의 글자 색을 빨강색으로 나타나도록 하려는 것입니다. 엑셀에서 어떤 작업을 한 후에 특정 조건을 만족하는 행에 대해서 다른 행과 다르게 강조하여 표시하고자 하는 경우입니다. 아래 실습 예제도 70점 미만인 학생에 대한 정보를 특별히 강조하여 나타내고자 하는 것입니다.

❶ 적용하고자 하는 표 전체 영역을 먼저 지정합니다. 제목에 해당하는 행은 제외합니다. 그림에서 [B4]~[G8]까지입니다.

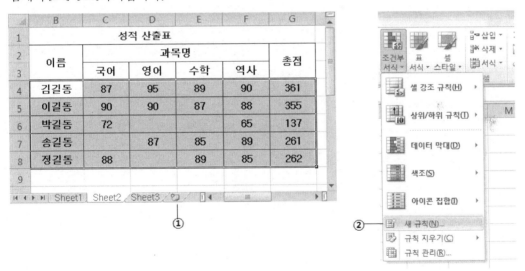

❷ [조건부 서식]의 [새 규칙] 항목을 클릭합니다. [새 서식 규칙] 대화상자가 나타납니다.

❸ [새 서식 규칙] 대화상자에서 [수식을 사용하여 서식을 지정할 셀 결정] 항목을 클릭합니다.

❹ 수식을 지정할 수 있는 대화상자로 변경되며 '다음 수식이 참인 값의 서식 지정' 란에 적용하고자 하는 수식을 입력합니다. 입력할 조건 수식은 총점이 200점 미만입니다. 다음과 같이 수식입력을 따라해 보세요.

- [G4] 셀을 클릭합니다. '=$G$5'가 입력됩니다. 이것을 혼합참조로 변경합니다.

- F4를 두 번 누릅니다. 한
  번 누르면 '=G$4', 한 번
  더 누르면 '=$G4'로 변경
  됩니다.

- '〈200'을 입력합니다.
  '=$G4〈200' 조건부 수
  식 입력이 완료 되었습
  니다.

❺ 서식을 적용하기 위하
여 [서식] 단추를 클릭합
니다.

❻ [셀 서식] 대화상자가
나타납니다. 이제 우리가

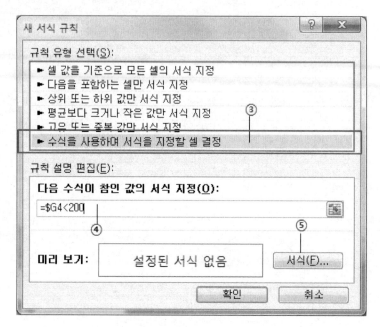

잘 알고 있는 대화상자입니다. 적용할 서식을 선택하여 설정하면 되는데 그림처럼 [글꼴]에서
글꼴 스타일을 [굵게], 글자 색을 빨강으로 선택하고 [확인] 단추를 누릅니다.

❼ 다시 [셀 서식 규칙] 대화상자로 돌아 옵니다. [확인]을 클릭합니다.

❽ 총점이 200미만인 학생의 행 전체의 데이터 글꼴이 바뀐 것을 확인할 수 있습니다.

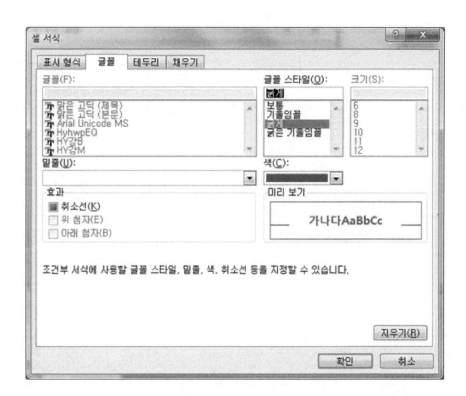

이름	과목명				총점
	국어	영어	수학	역사	
김길동	87	95	89	90	361
이길동	90	90	87	88	355
박길동	72			65	137
송길동		87	85	89	261
정길동	88		89	85	262

성적 산출표

🔵 규칙 수정 및 삭제

● 규칙 지우기

❶ [조건부 서식]에서 [규칙 지우기]에 마우스 포인터를 올려 놓습니다.

❷ '선택한 셀의 규칙 지우기'와 '시트 전체에서 규칙 지우기'가 있습니다. 이 중에 선택하여 클릭합니다.

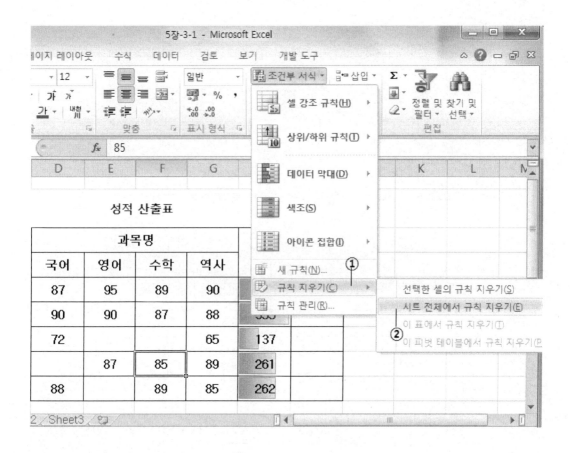

• 규칙 관리

규칙 관리에서는 일반적으로 서식 지우기를 하는데 위의 서식 지우기와 다르게 필요없는 조건부 서식만 선택하여 규칙을 지울 수 있습니다. 그리고 조건부 서식은 서식을 적용하면 이미 적용된 서식이 있더라도 중첩되어 서식이 적용됩니다. 이럴 경우에도 필요없는 서식을 선택하여 해당 서식만 표에서 제거할 수가 있습니다.

그림에서 [조건부 서식]의 [규칙 관리]를 클릭하면 오른편 그림처럼 [조건부 서식 규칙 관리자] 대화상자가 나타납니다. 이 대화상자에서 필요없는 규칙을 선택한 후 [규칙 삭제]를 클릭하면 됩니다. 그림에서는 '데이터 막대' 서식과 '다양한 색조' 서식이 같이 적용되어 있습니다. 이 중에 하나를 선택한 후 [규칙 삭제]를 클릭하면 완료됩니다.

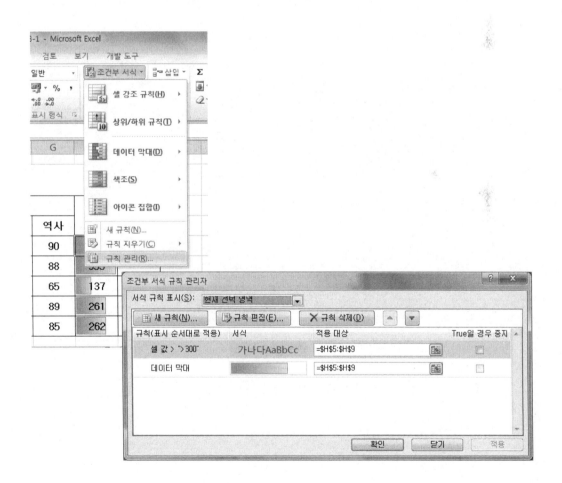

🌐 실무 연습– ITQ 자격증 기출문제 형식을 중심으로

- 아래 그림과 같이 데이터를 입력하고 형태와 색상을 그림과 같이 작성합니다. 제목, 결재란,
  기본 데이터 입력까지는 3장 마지막 부분에 ITQ 실무 연습의 제작과정을 참고하여 작성하세
  요.
- 모든 데이터의 서식에는 글꼴(맑은고딕, 11pt), 맞춤은 위 그림을 참조하여 적용하시오.
- 도형 그리기 개체 삽입
  제 목 ⇒ 모서리가 둥근 직사각형과 바깥쪽 그림자 스타일(오프셋 오른쪽)을 이용하여 작성
  하고 "신나는 신발 쇼핑몰 판매 현황"을 입력한 후 다음 서식을 적용하시오. (글꼴-맑은고딕,
  24pt, 검정, 굵게, 채우기-노랑).
- 임의의 셀에 결재란을 작성하여 카메라 또는 그림복사 기능을 이용하여 붙이기 하시오.

제품명	상품	분류	출시일	할인율	정상가	판매량 (단위:개)	매출 순위	비고
S6-KE63	스니커즈	공용	2011-07-11	15%	₩ 165,000	2,223	2	
S6-KE83	워커/부츠	남성	2012-01-04	10%	₩ 187,000	608	7	신상품
K3-KE75	수제화	남성	2011-07-24	17%	₩ 120,000	1,365	4	
S3-KE51	등산화	여성	2012-01-17	5%	₩ 230,000	1,018	5	신상품
K3-KE01	워커/부츠	여성	2011-01-31	30%	₩ 150,000	1,568	3	
S2-KE03	등산화	남성	2012-03-07	0%	₩ 210,000	2,519	1	신상품
S7-KE95	수제화	여성	2012-01-09	20%	₩ 130,000	869	6	신상품
K3-KE27	스니커즈	공용	2012-03-27	0%	₩ 120,000	473	8	신상품
공용상품의 판매량 평균				╳	판매금액 합계		제품명	정상가
가장 적게 팔린 상품의 모델명							S6-KE63	

상단 결재란: 결재 / 담당 / 팀장 / 부장
제목 도형: 신나는 신발 쇼핑몰 판매 현황

- 지금부터 이번 장에서 배운 것을 활용하여 다음 지시 사항에 대해 작성합니다.

- 「B4:J4, I13:J13」 영역은 '주황'으로 채우기
- 테두리 선 설정하기

- 「I5:I12」 영역에 셀 서식을 이용하여 숫자 뒤에 '위'를 표시하기 (예 : 7위)
- 「B5:B12」 영역에 대해 '제품명'으로 이름정의를 하기
- 조건부 서식을 이용하여 판매량 「H5:H12」 영역에서 하위 3개의 셀 영역의 서식을 '진한 빨강 텍스트가 있는 연한 빨강 채우기'로 설정하기
- 조건부 서식을 이용하여 정상가 「G5:G12」 영역에서 그라데이션 채우기로 녹색 데이터 막대 서식을 적용하기
- 조건부 서식의 수식을 이용하여 판매량이 2,000개 이상인 행 전체에 글꼴 스타일은 '진하게' 그리고 글자 색은 빨강색으로 서식을 적용하기
- 결과는 아래 그림과 같으니 참조하세요.

								담당	팀장	부장
		신나는 신발 쇼핑몰 판매 현황					결재			
제품명	상품	분류	출시일	할인율	정상가		판매량 (단위:개)	매출 순위	비고	
S6-KE63	스니커즈	공용	11년 07월 11일	15%	₩	165,000	2,223	2위		
S6-KE83	워커/부츠	남성	12년 01월 04일	10%	₩	187,000	608	7위	신상품	
K3-KE75	수제화	남성	11년 07월 24일	17%	₩	120,000	1,365	4위		
S3-KE51	등산화	여성	12년 01월 17일	5%	₩	230,000	1,018	5위	신상품	
K3-KE01	워커/부츠	여성	11년 01월 31일	30%	₩	150,000	1,568	3위		
S2-KE03	등산화	남성	12년 03월 07일	0%	₩	210,000	2,519	1위	신상품	
S7-KE95	수제화	여성	12년 01월 09일	20%	₩	130,000	869	6위	신상품	
K3-KE27	스니커즈	공용	12년 03월 27일	0%	₩	120,000	473	8위	신상품	
공용상품의 판매량 평균						판매금액 합계		제품명	정상가	
가장 적게 팔린 상품의 모델명								S6-KE63		

● 지시 사항 따라하기

- 「B4:J4, I13:J13」 영역은 '주황'으로 채우기

① [B4:J4] 셀 선택후 Shift 키를 누른 상태에서 [I13:J13] 셀을 드래그하여 선택합니다. 물론 Shift 키를 누른 상태에서 동시에 셀을 선택하지 않고 각각에 대해 서식을 적용하여도 됩니다.

② 도구 모음의 [글꼴] 그룹의 🖌 아이콘을 클릭하여 '주황' 색을 클릭합니다.

- 테두리 선 설정하기

① [B4:J14]까지 표 전체를 지정합니다.

② 도구 모음의 [글꼴] 그룹의 ⊞ ˇ 아이콘을 클릭하여 ⊞ 모든 테두리(A) 을 클릭합니다.

③ 도구 모음의 [글꼴] 그룹의 ⊞ ˇ 아이콘을 클릭하여 □ 굵은 상자 테두리(T) 을 클릭합니다.

④ [B4:J4] 셀 선택후 Shift 키를 누른 상태에서 [B13:J14] 셀을 드래그하여 선택합니다. 물론 Shift 키를 누른 상태에서 동시에 셀을 선택하지 않고 각각에 대해 서식을 적용하여도 됩니다.

⑤ 도구 모음의 [글꼴] 그룹의 ⊞ ˇ 아이콘을 클릭하여 □ 굵은 상자 테두리(T) 을 클릭합니다.

- 「I5:I12」 영역에 셀 서식을 이용하여 숫자 뒤에 '위'를 표시하기 (예 : 7위)

① [I5:I12]까지 셀을 지정합니다.

② 도구 모음의 [표시형식] 그룹의 🖾 단추를 클릭하여 [셀 서식] 대화상자를 나타나게 합니다.

③ [셀 서식] 대화상자에서 범주의 [사용자 지정] 항목을 클릭합니다.

④ 사용자 지정과 관련된 내용에서 형식 란에 'G/표준' 뒤에 「"위"」를 입력하고 확인을 클릭합니다.

- 「B5:B12」 영역에 대해 '제품명'으로 이름정의를 하기

① [B4:B12]까지 셀을 지정합니다.

② 수식입력줄 왼쪽에 [이름 상자] 란(일반적으로 셀의 주소가 표시되는 곳) 「제품명」을 입력합니다. 이름정의가 완료됩니다.

- 조건부 서식을 이용하여 판매량 「H5:H12」 영역에서 하위 3개의 셀 영역의 서식을 '진한 빨강 텍스트가 있는 연한 빨강 채우기'로 설정하기

① [H5:H12]까지 셀을 지정합니다.

② 도구 모음의 [스타일] 그룹에서 [조건부 서식]을 클릭합니다.

③ [상위/하위 규칙]에 마우스 포인터를 올리고 [하위 10개 항목]을 클릭합니다.

④ [하위 10개 항목] 설정 대화상자가 뜨면 숫자 '10'이 있는 곳에 '10' 대신에 '3'으로 변경합니다.

⑤ 적용할 서식은 '진한 빨강 텍스트가 있는 연한 빨강 채우기'로 선택하고 확인을 클릭합니다.

- 조건부 서식을 이용하여 정상가 「G5:G12」 영역에서 그라데이션 채우기로 녹색 데이터 막대 서식을 적용하기

> ① [G5:G12]까지 셀을 지정합니다.
> ② 도구 모음의 [스타일] 그룹에서 [조건부 서식]을 클릭합니다.
> ③ [데이터 막대]에 마우스 포인터를 올리고 그라데이션 채우기의 녹색 데이터 막대를 클릭합니다.

- 조건부 서식의 수식을 이용하여 판매량이 2,000개 이상인 행 전체에 글꼴 스타일은 '진하게' 그리고 글자 색은 빨강색으로 서식을 적용하기

> ① [B5:J12]까지 셀을 지정합니다.
> ② 도구 모음의 [스타일] 그룹에서 [조건부 서식]을 클릭합니다.
> ③ [새 규칙]을 클릭합니다. [새 서식 규칙] 대화상자가 뜹니다.
> ④ [새 서식 규칙] 대화상자에서 [규칙 유형 선택]에서 [수식을 사용하여 서식을 지정할 셀 결정] 항목을 클릭합니다.
> ⑤ [다음 수식이 참인 값의 서식 지정] 란에 다음과 같이 수식을 입력합니다.
>   • [H5] 셀을 클릭합니다. '=$H$5'가 입력됩니다. 이것을 혼합참조로 변경합니다.
>   • F4를 두 번 누릅니다. 한 번 누르면 '=H$5', 한 번 더 누르면 '=$H5'로 변경됩니다.
>   • 「〉2000」을 입력합니다. '=$H5〉2000' 조건부 수식 입력이 완료 되었습니다.
> ⑥ [서식] 단추를 클릭합니다. [셀 서식] 대화상자가 뜹니다.
> ⑦ [셀 서식] 대화상자에서 글꼴 스타일은 '굵게', 색은 '빨강색'을 선택하고 [확인]을 클릭합니다.
> ⑧ 다시 [새 서식 규칙] 대화상자로 돌아오면 [새 서식 규칙] 대화상자에서 [확인]을 클릭합니다.

Chapter

6

시트관리 및
인쇄하기

1 시트 관리하기

시트는 엑셀에서 작업하는 기본 단위의 작업 공간입니다. 시트는 셀로 구성되어 있고 행과 열로 구성되어 있습니다. 시트가 모여 하나의 파일을 구성하는데 처음 엑셀을 실행하였을 때 하나의 파일에 3개의 시트가 존재합니다. 필요에 따라 파일 내에 새로운 시트를 더 추가할 수도 있고 시트를 삭제할 수도 있습니다.

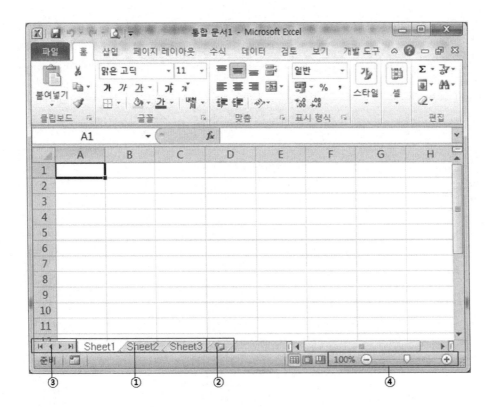

❶ 하나의 파일에 구성되는 3개의 시트입니다.

❷ 시트를 더 추가할 때 사용하는 단추입니다. 클릭하면 시트 하나가 더 추가가 됩니다.

❸ 시트를 이동할 때 사용하는 단추입니다. 일반적으로 시트를 이동할 때, 즉 작업할 시트를 선택할 때는 ❶ 영역의 시트를 직접 클릭함으로써 시트를 선택할 수 있고 해당 시트로의 이동을 할 수 있습니다. 버튼「◄◄」은 파일 내에 시트가 많이 있을 때 첫 번째 위치의 시트로 이동하기 위한 것이고, 버튼「►►」은 파일 내의 마지막 시트로 이동하기 위한 것입니다.

❹ 화면에 보이는 시트의 크기를 조절하는 버튼입니다.「+」「-」버튼을 누르면 화면상의 셀 크기가 조절되며 숫자가 변경됩니다. 시트의 크기를 조절한다는 것은 시트내의 셀의 크기를 조절한다는 것인데 이 말은 셀 자체의 크기가 조절된다는 것이 아니라 모니터 화면상에서 크기가 조절된다는 말입니다.

🌑 시트 이름 변경하기

작업을 하면서 'Sheet1', 'Sheet2', 'Sheet3'과 같이 원래의 이름을 그대로 사용하면 각 시트별로 어떤 내용이 들어 있는지를 아는데 불편함이 있습니다. 시트 하나하나를 클릭하면서 확인을 해야 되니까요. 그래서 시트 안의 내용에 따라 이름을 지어주는 것이 시트관리에 편리함을 줍니다. 이름 변경은 2가지 방법이 있습니다.

❶ 마우스 포인터를 이름을 변경하고자 하는 시트 이름에 올려서 더블 클릭을 합니다. 그러면 'Sheet1'이 바탕이 검은 색인 'Sheet1'로 변경됩니다. 이 상태에서 새로운 이름을 입력하면 됩니다. (예 : 엑셀 성적)

❷ 마우스 포인터를 이름을 변경하고자 하는 시트 이름에 올려서 마우스 오른쪽 버튼을 클릭합니다. 시트관리와 관련된 메뉴가 펼쳐지는데 그 중에 「이름 바꾸기」를 클릭하면 앞의 ❶과 같이 'Sheet1'로 변경됩니다. 새로운 이름을 입력하면 됩니다.

🌑 시트 삽입 및 삭제하기

• 삽입하기

시트 삽입은 버튼 「⬚」을 클릭하면 새로운 시트가 추가됩니다.

• 삭제하기

시트 삭제는 삭제할 때 한 번 더 생각을 하여야 합니다. 복구가 되지 않기 때문입니다. 시트 내의 어떤 데이터도 잘못하여 삭제를 하더라도 실행 취소 버튼 「⬚」을 이용하면 이전 상태로 돌아가지 때문에 복구가 가능하지만 시트의 삭제는 복구가 불가능하므로 실행할 때 항상 신중하여야 합니다.

시트의 삭제는 삭제하고자 하는 시트 이름 위에 마우스 포인터를 올려 놓고 오른쪽 버튼을 클릭합니다. 펼쳐진 항목 중에 [삭제]를 클릭합니다.

🔵 시트 이동 및 복사하기

• 시트 이동

시트 이동은 파일 내에서 시트간의 순서를 변경한다던가 다른 파일로 옮기는 것을 말합니다. 첫 번째 방법으로 동일 파일 내에서 시트를 이동하는 것으로 옮기려고 하는 시트 이름에 마우스 포인터를 놓고 클릭한 후 클릭한 채로 원하는 위치로 드래그 하여 놓으면 됩니다.

두 번째 방법으로 이동 대상의 시트 이름 위에 마우스 포인터를 놓고 마우스 오른쪽 버튼을 클릭합니다. ❶ 펼쳐진 항목 중 [이동/복사]를 클릭하면 [이동/복사] 대화상자가 뜹니다. ❷ [다음 시트의 앞에] 항목은 동일 파일 내의 시트 중에서 선택하여 이동시키는 기능을 지공하고, ❸ [대상 통합 문서]는 다른 파일로의 시트이동이 가능하도록 제공하는 기능입니다. 「▼」단추를 클릭하면 이동시킬 수 있는 통합 문서 파일 목록이 나타납니다. 선택하고 [확인]을 클릭하면 됩니다. 여기서 이동되는 대상 통합 문서는 먼저 실행을 시켜 놓아야 합니다. 그렇게 해야 대상 통합 문서에 나타나고 선택될 수 있습니다.

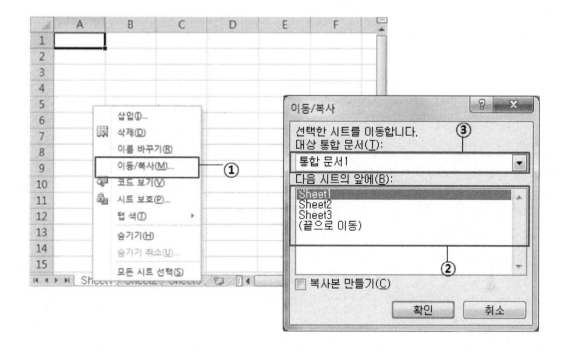

• 시트 복사

복사는 이동과 똑같은 절차를 통해서 이루어집니다. 먼저 마우스로 클릭하여 옮겨 놓는 것으로 시트를 선택하여 그냥 드래그 하여 옮겨 놓으면 '이동'과 같은 것이죠. 앞에서도 이런 실행의 경우가 많았는데 시트를 클릭하여 드래그 하여 놓을 때 「Ctrl」 키를 누른 상태에서 마우스 클릭하여 옮기면 복사가 되는 것입니다.

두 번째 방법은 앞에서 시트 이동과 똑같이 실행하는데 시트 이름 위에 마우스 포인터를 놓고 마우스 오른쪽 버튼을 클릭하여 펼쳐진 항목 중 [이동/복사]를 클릭하면 [이동/복사] 대화상자가 뜨지요. 대화상자에서 [복사본 만들기] 항목이 있습니다. 이 항목의 체크 단자에 체크를 하고 실행하면 복사가 이루어지게 됩니다.

🌑 시트 보호하기

시트 보호는 문서 접근에 대한 접근 권한이 없는
사용자가 데이터를 수정하거나 삭제를 하지 못하
도록 보호 기능을 부여한 것입니다.
시트 이름 위에 마우스 포인터를 놓고 마우스 오
른쪽 버튼을 클릭하여 펼쳐진 항목 중 [시트 보호]
를 클릭합니다. [시트 보호] 대화상자가 뜨는데 대
화상자 내용 중 [시트 보호 해제 암호] 란에 암호를
입력합니다. 암호를 잊으면 안되겠죠.

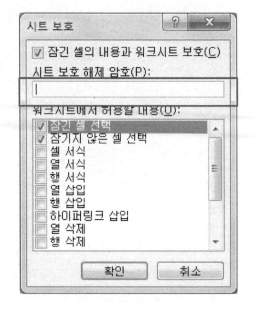

2 틀 고정과 화면보기 설정

 틀 고정

엑셀에서 데이터의 양이 많아질 경우 데이터 입력의 기준이 되는 제목에 해당하는 첫 번째 행이나 첫 번째 열의 내용을 항상 화면상에 나타나도록 하여 작업을 할 수 있습니다. 이 기능이 「틀 고정」기능인데 이 기능을 적용함으로써 데이터 입력할 때 정확한 위치에 입력할 수 있는 장점이 있습니다. 즉, 작업량이 길어 아래쪽으로 또는 오른쪽으로 많이 가게 되면 데이터 입력의 기준이 되는 제목이 화면에서 없어지게 됩니다. 이렇게 되면 데이터를 입력할 때 사용자가 데이터를 입력하는 위치가 정확한지 항상 확인하게 되는데 이런 확인 작업에 대한 불편함을 해소시킬 수 있습니다.

	D	E	F	G	H	
7	부장	2000000	400000	2	50000	010-123
8	과장	1700000	200000	3	25000	010-123
9	차장	1800000	300000	2	12000	010-123
10	사원	1500000	0	3	0	010-123
11	부장	2000000	400000	2	0	010-123
12	과장	1500000	200000	1	0	010-123
13	대리	1600000	100000	0	35000	010-123
14	대리	1600000	100000	3	12000	010-123
15	과장	1700000	200000	2	54000	010-123
16	사원	1500000	0	2	12000	010-123
17	차장	1800000	300000	0	32000	010-123
18	대리	1600000	100000	1	54000	010-123
19	과장	1700000	200000	0	0	010-123
20	부장	2000000	400000	2	0	010-123
21	부장	2000000	400000	2	0	010-123
22	과장	1700000	200000	1	25000	

▲ 틀고정 하지 않을 경우

사원 명부

	A	B	E	F	G	H
2	사번	성명	기본급	직급수당	부양가족	시간외수당
9	10007	홍길동7	1800000	300000	2	12000
10	10008	홍길동8	1500000	0	3	0
11	10009	홍길동9	2000000	400000	2	0
12	10010	홍길동10	1500000	200000	1	0
13	10011	홍길동11	1600000	100000	0	35000
14	10012	홍길동12	1600000	100000	3	12000
15	10013	홍길동13	1700000	200000	2	54000
16	10014	홍길동14	1500000	0	2	12000
17	10015	홍길동15	1800000	300000	0	32000
18	10016	홍길동16	1600000	100000	1	54000
19	10017	홍길동17	1700000	200000	0	0
20	10018	홍길동18	2000000	400000	2	0
21	10019	홍길동19	2000000	400000	2	0

▲ 틀고정 하였을 경우

그림에서 「틀 고정」을 적용하지 않았을 경우 셀 위치 [F15]에 데이터를 입력하려고 하는데 현재 셀의 위치가 누구의 어떤 데이터를 입력하여야 할지 명확하게 알 수 없습니다. 반면에 「틀 고정」을 적용하였을 경우를 보면 똑같은 셀 위치 [F15]에서 누구의 어떤 데이터를 입력할지를 확인 할 수 있습니다. 즉, 데이터 입력의 기준이 되는 제목 행과 열을 화면상에 항상 고정시켜 놓고 어떤 위치에서도 제목을 확인할 수 있도록 할 수 있는 것이죠.

「틀 고정」을 하는 과정은 다음과 같습니다.

❶ 틀 고정을 설정할 위치를 먼저 선정합니다. 그림에서는 [C4] 셀을 선택하였습니다. 틀 고정은 선택된 셀의 위의 행과 왼쪽 열이 고정이 됩니다. 따라서 고정시킬 제목 행의 바로 아래 , 고정시킬 열의 바로 오른쪽 셀을 선택하여야 합니다.

❷ 도구 모음의 [보기] 탭을 클릭합니다.

❸ [틀 고정] 메뉴를 클릭하면 [틀 고정], [첫 행 고정], [첫 열 고정] 항목 중 [틀 고정]을 클릭합니다. [첫 행 고정]과 [첫 열 고정]은 어떤 의미인지 짐작이 되겠지요.

[틀 고정]을 취소할 경우에는 도구 모음의 [틀 고정] 메뉴를 클릭하면 [틀 고정 취소]가 나타납니다. 이것을 클릭하면 됩니다.

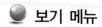 보기 메뉴

[보기] 탭의 메뉴에서 유용하게 활용될 수 있는 기능에 대해서 간략히 설명하겠습니다.

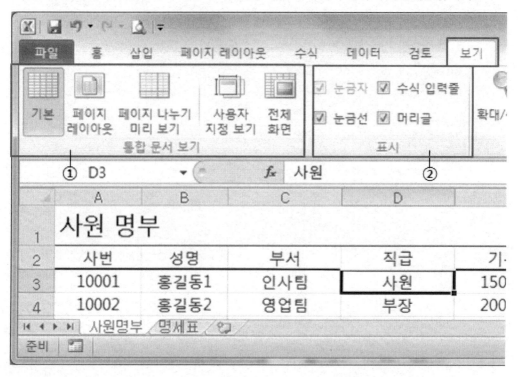

❶ 기본과 페이지 레이아웃

● 기본 보기는 일반적으로 엑셀을 실행하였을 때 나타나는 화면보기입니다.

● 페이지 레이아웃 보기는 인쇄되는 페이지 모양으로 나타내며 머리글, 바닥글, 페이지 번호 등이 표시되어 나타나도록 합니다.

● 페이지 나누기 미리보기는 나누어지는 페이지 별로 표시하여 나타냅니다.

● 사용자 지정보기는 시트 내의 선택된 위치를 기억시켜 작업 중에 기억된 위치를 바로 보여
줍니다.

❷ 수식 입력줄, 눈금선, 머리글 표시

● 수식 입력줄이 체크되어 있습니다. 체크된 것을 클릭하여 해제를 하면 화면상에서 수식 입
력줄이 사라집니다. 다시 체크하면 나타나겠지요.

● 눈금선은 셀 테두리에 옅게 선이 있습니다. 체크된 것을 해제를 하면 셀 테두리의 선이 사라
집니다.

● 머리글은 체크된 것을 해제를 하면 열 번호와 행 번호가 화면에서 사라집니다.

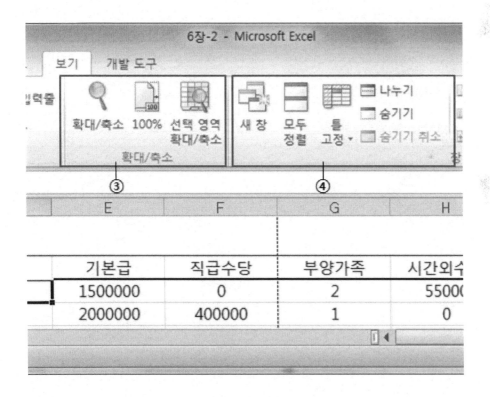

❸ 화면에서 보이는 셀의 크기를 조절하는 영역입니다. 화면의 크기를 조절하는 것으로 생각
할 수 있습니다.

❹ 창 관리 하기

• 모두 정렬은 실행되고 있는 문서, 즉 파일을 한꺼번에 화면상에 나타나도록 정렬합니다. 여러 문서를 한꺼번에 띄워 놓고 작업할 때 활용할 수 있습니다.

• 나누기는 문서의 길이가 길 경우에 위쪽과 아래쪽을 이동을 하며 작업을 할 때 창 나누기를 하여 쉽게 이동이 일어나도록 해 줍니다. 나누기를 원하는 위치에 셀을 두고 [나누기] 메뉴를 클릭하면 됩니다. 창 나누기를 다시 해제를 하고자 할 경우에는 [나누기]를 클릭하거나 창 분할 경계선을 더블 클릭을 하면 됩니다.

3 페이지 레이아웃 설정하기

문서를 출력할 때 출력되는 문서의 페이지 모양에 대한 설정을 하고자 합니다. 화면상의 문서는 실제 출력하였을 때 문서의 모양과 생각했던 것과 다른 경우가 많습니다. 항상 미리보기나 페이지 레이아웃을 통해 출력상태를 확인하고 출력을 하여야 합니다. 그렇지 않으면 종이의 낭비가 생깁니다.

🔵 미리 보기

출력할 때 항상 먼저 실행해 보아야 하는 과정입니다. 미리 보기를 통해 출력물에 대한 설정을 결정하게 됩니다. 미리 보기는 아래 그림에서 처럼 화면 왼쪽 맨 위에 '빠른 실행 도구 모음'에서 돋보기 모양을 한 아이콘「 🔍 」을 클릭하면 됩니다.

▼ 미리보기 화면

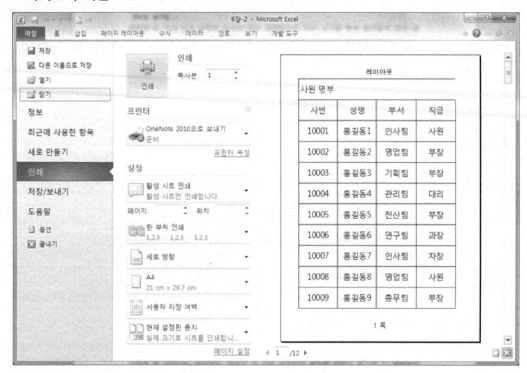

[미리 보기] 화면은 나중에 「인쇄」에 대해 공부할 때 보게 되겠지만 그림에서도 보이듯이 인쇄할 때 나타나는 창입니다. 따라서 더 이상 수정하고 설정할 내용이 없으면 이 상태에서 인쇄를 하면 됩니다. 그리고 미리 보기에서 원 문서를 수정하여야 할 사항이 생기면 다시 원래 문서 상태로 돌아가야 하겠죠. [홈] 탭을 클릭하면 됩니다.

🌑 페이지 레이아웃 설정하기

페이지 레이아웃은 앞에서도 언급하였듯이 문서를 인쇄할 때 인쇄할 문서의 페이지를 설정하는 것입니다.

[페이지 레이아웃] 탭을 클릭합니다. [페이지 설정] 그룹의 도구 모음에서 페이지에 대한 각각의 설정 메뉴들이 있는데 전반적인 설정에 대한 것은 단추 「 📷 」을 클릭합니다. [페이지 설

정] 대화상자가 뜹니다. [페이지], [여백], [머리글/바닥글], [시트] 탭이 있으며 여기에 대한 설정
을 알아봅시다.

● **페이지 설정**

- 용지 방향 설정
- 배율 설정

　일반적으로 [확대/축소 배율
　100%]로 체크된 상태로 인쇄
　하지만 출력할 내용이 한 페
　이지를 넘을 경우 한 페이지
　를 넘는 것을 한 페이지에 출
　력하도록 자동으로 데이터
　의 크기를 조정해 주는 것이
　[자동 맞춤]입니다.
- [인쇄], [인쇄 미리 보기]는 앞
　에서 본 인쇄하기 대화상자
　를 띄워 관련 기능을 실행하
　도록 합니다.
- [페이지] 탭에서 하는 주 설정 기능은 용지 방향을 결정하는 것입니다.

● 여백 설정하기

여백은 문서가 인쇄될 때 인쇄
용지에 차지하는 위치를 조정
하여 줍니다. 여백은 인쇄 용
지의 가장자리에서 문서 내용
이 있는 위치까지의 거리입니
다. 여백의 값을 크게 하면 문
서의 내용이 용지 가장자리에
서 안쪽으로 들어가서 차지하
게 되며 인쇄되는 문서의 양이
줄어들겠지요. 여백의 값을 줄
이면 용지의 바깥쪽으로 더 차
지하게 되므로 문서의 양이 늘
어나게 됩니다.

- 위쪽, 아래쪽, 왼쪽, 오른쪽 각각 설정할 수 있으며 숫자를 조정하여 여백을 설정합니다. 숫
  자는 가장자리에서 떨어진 거리(cm)입니다. 화살표 단추를 클릭하여 조정할 수 있고 숫자를
  직접 입력하여 조정할 수도 있습니다.
- [페이지 가운데 맞춤] 기능이 있는데 일반적으로 [가로]에 체크를 하여 출력하는 것이 좋습니
  다. 엑셀의 문서는 모두가 표 형태입니다. 표를 출력할 때는 일반적으로 용지의 가로를 기준
  으로 가운데로 정렬하여 출력하는 것이 보기가 좋습니다. 하지만 세로를 기준으로 가운데로
  출력을 하면 용지의 정중앙을 기준으로 출력되므로 표가 작을 경우에는 보기가 좋지 않습니
  다. 따라서 표를 출력할 때는 가로를 기준으로는 가운데로 세로를 기준으로는 위로 하여 출
  력하는 것이 좋으므로 [가로]는 체크하고 세로는 체크하지 않고 출력을 합니다.

● 머리글/바닥글 설정하기

머리글과 바닥글은 문서가 여러 페이지일 경우 각 페이지 마다 페이지 번호를 넣거나 문서제
목을 넣거나 출력날짜를 넣거나 작성자 이름을 넣거나 할 때 일률적으로 자동으로 페이지에

들어가도록 하는 기능입니다. 머리글과 바닥글의 기능은 똑같으며 위치만 문서의 위쪽이냐 아래쪽이냐의 차이만 있으므로 바닥글에 대한 설명은 생략합니다.

먼저 머리글을 넣기 위해 [머리글 편집] 버튼을 클릭합니다. 그림의 오른편의 것처럼 머리글 설정의 위한 대화상자가 뜹니다.

왼쪽 구역, 가운데 구역, 오른쪽 구역은 머리글이 위치하는

것으로 넣고 싶은 위치에서 머리글에 해당하는 문자를 입력하면 됩니다. 번호로 지정한 아이콘들은 머리글에 들어가는 데이터의 형태별로 자동으로 입력되도록 하는 아이콘입니다.

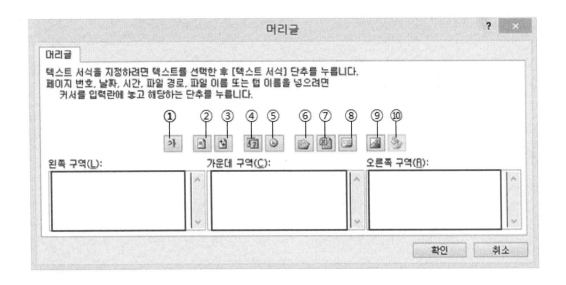

❶ 머리글을 넣고 난 후에 글꼴을 변경하고자 할 경우에 사용합니다. 클릭하면 글꼴 서식 대화상자가 뜹니다.

❷ 페이지 번호가 자동으로 들어가도록 합니다. 페이지 번호는 문서 아래쪽에 넣는 것이 일반적이므로 바닥글에서 설정해주면 되겠지요.

❸ 전체 페이지 번호 넣기

❹ 날짜 넣기 (출력 시점의 날짜)

❺ 시간 넣기 (출력 시점의 시간)

❻ 문서가 저장되어 있는 경로 넣기

❼ 파일 이름 넣기

❽ 시트 이름 넣기

❾ 그림 파일 넣기 (회사 로그 등)

❿ 그림을 넣은 후 그림에 대한 서식 설정하기

다음은 머리글을 넣는 다른 방법입니다.

그림에서 [머리글을 넣는 곳에서 화살표 모양의 「v」을 클릭하면 여러 형식의 머리글들이 펼쳐집니다. 그 중에 선택하여 입력하면 되고 [머리글 편집]에서 다시 수정할 수 있습니다.

● 시트 설정하기

- 인쇄 영역

인쇄 영역은 문서 전체를 출력하지 않고 필요한 일부분만 출력할 경우에 사용됩니다. 인쇄 영역 란에 클릭한 후 시트 내에서 마우스로 영역을 지정하여 주고 인쇄를 하면 됩니다.

- 인쇄 제목

이 기능은 아주 유용하게 활용될 수 있는 것으로 제목에 해당하는 행이나 열을 매 페이지 마다

자동으로 출력되도록 하는 기
능입니다. 엑셀에서의 문서는
표라고 하였습니다. 문서 내용
이 긴 문서를 인쇄할 때, 즉 내
용이 긴 표를 인쇄할 때 출력되
는 각 페이지마다 표의 제목에
해당하는 줄이 같이 출력이 되
도록 하여야 합니다. 물론 제목
이 필요 없을 수도 있겠지만 제
목이 있는 것이 일반적인 출력
형태입니다. 따라서 인쇄할 때
자동으로 제목에 해당하는 줄
이 인쇄되도록 하는 설정이 필
요합니다.

인쇄 제목의 [반복할 행]에 마우스로 클릭한 후 반복해서 출력할 행 번호를 클릭하면 됩니다.
그림에서는 2행을 선택하여 설정하였으므로 모든 페이지에 2행에 해당하는 레코드가 출력됩
니다. 반복할 열이 있으면 [반복할 열]에 열 번호를 클릭하면 됩니다.

- 인쇄
[눈금선]을 체크하면 셀의 테두리 선이 자동으로 출력이 됩니다. 이 경우 표의 테두리 선에 대
한 별도의 설정을 할 필요가 없겠지요.
[행/열 머리글]을 체크하면 문서가 인쇄될 때 행 번호와 열 번호가 함께 인쇄됩니다.

- 페이지 순서
[행 우선]은 여러 페이지를 인쇄할 때 세로로, 즉 밑으로 먼저 순서대로 인쇄하고 가로로, 즉
옆으로 넘어가서 계속해서 인쇄를 합니다.
[열 우선]은 여러 페이지를 인쇄할 때 가로로, 즉 옆으로 먼저 인쇄를 하고 아래쪽으로 넘어가
서 계속해서 인쇄를 합니다.

페이지 나누기

엑셀에서의 페이지는 앞에서 공부한 '여백 설정하기'에서 기본적인 페이지가 결정이 됩니다.
하지만 어떤 경우에는 사용자가 강제로 페이지를 나눌 필요성이 발생하기도 합니다. 가령 제
품별로 나누어 인쇄를 한다든가 생산 일자별로 또는 생산 월별로 등의 이유로 페이지를 나누
어 인쇄를 할 경우 사용자가 조건에 맞게 강제로 페이지를 나누어야 합니다. 이럴 경우에 적용
하는 것이 「페이지 나누기」입니다.

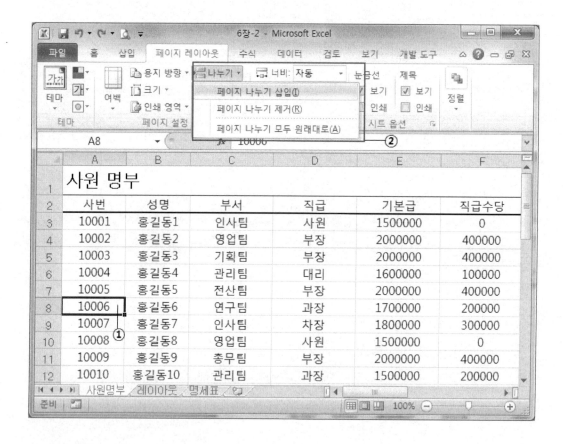

❶ 먼저 페이지를 나눌 위치를 결정합니다. 다음 페이지로 넘길 첫 번째 셀을 선택하거나 해
당 셀의 행 번호를 선택합니다. 그림에서는 사원 명부를 인쇄하는데 5명 단위로 인쇄하고자
하여 사번이 '10006'부터는 다음 페이지로 넘기는 것으로 가정하여 셀 [A8]을 선택하였습니다.

해당 행 번호 '8'번 행을 선택하여도 됩니다.

❷ [페이지 레이아웃] 탭의 도구 모음에서 [나누기]를 클릭합니다. [페이지 나누기 삽입]과 [페이지 나누기 제거] 항목이 펼쳐집니다. [페이지 나누기 삽입] 항목을 클릭하면 페이지가 나누어지고 나누어진 페이지 경계선이 점선으로 표시되는 것을 볼 수 있습니다.

[페이지 나누기 제거]는 페이지를 나눈 것을 취소하려고 할 때 클릭하면 됩니다.

페이지 나누기를 할 때 먼저 페이지를 나눌 셀을 선택한다고 하였는데 선택할 때 행 번호를 선택하든가 또는 [A] 열의 셀을 선택하여야 합니다. 앞에서 '10006' 사번이 있는 셀이 [A] 열에 해당합니다. 같은 행이라 하여 다른 열의 셀을 선택하면 선택된 셀을 기준으로 왼쪽 영역도 페이지로 나누어지게 되는 것을 기억하기 바랍니다. 아래 그림은 사번 '10006' 셀을 선택하지 않고 같은 행의 직급 열의 셀 [D8]을 선택하였을 경우에 4개의 페이지로 나누어지는 것을 보여주고 있습니다. 점선이 나누어진 페이지 경계선입니다.

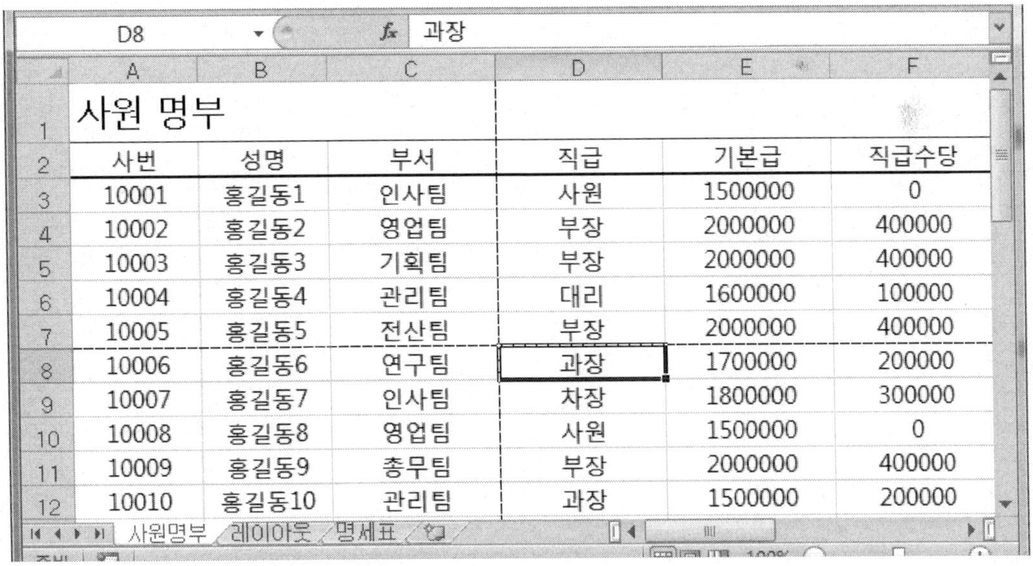

	A	B	C	D	E	F
1	사원 명부					
2	사번	성명	부서	직급	기본급	직급수당
3	10001	홍길동1	인사팀	사원	1500000	0
4	10002	홍길동2	영업팀	부장	2000000	400000
5	10003	홍길동3	기획팀	부장	2000000	400000
6	10004	홍길동4	관리팀	대리	1600000	100000
7	10005	홍길동5	전산팀	부장	2000000	400000
8	10006	홍길동6	연구팀	과장	1700000	200000
9	10007	홍길동7	인사팀	차장	1800000	300000
10	10008	홍길동8	영업팀	사원	1500000	0
11	10009	홍길동9	총무팀	부장	2000000	400000
12	10010	홍길동10	관리팀	과장	1500000	200000

사원명부 / 레이아웃 / 명세표

Section

4 인쇄 하기

작업한 문서를 인쇄하기에 앞서 페이지 레이아웃 등의 설정을 통해 인쇄할 준비가 완료되면 인쇄를 실행하게 됩니다. 인쇄를 실행하기 위한 절차는 여러 과정을 통해 이루어질 수 있는데 최종 단계의 인쇄를 위한 대화상자는 아래 그림과 같이 창이 뜨게 됩니다.

인쇄를 위한 가장 일반적인 절차로 '빠른 실행 도구 모음'에서 돋보기 모양을 한 아이콘「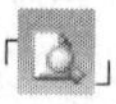」을 클릭하면 됩니다. 또는 [파일] 탭에서 [인쇄] 항목을 클릭하면 됩니다. 그리고 앞에서 페이지 레이아웃을 설정할 때 활용되었던 [페이지 설정] 대화상자에서 [인쇄] 또는 [인쇄 미리 보기] 버튼이 있습니다. 그것을 클릭하면 됩니다.

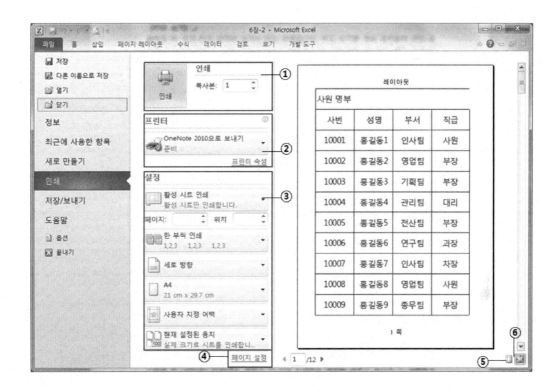

❶ 인쇄를 위한 최종 실행 버튼입니다. [인쇄] 버튼을
클릭하면 인쇄가 실행됩니다. 옆에 [복사본]은 인쇄 매
수를 결정합니다. 화살표 모양의 단추를 클릭하거나 인
쇄 매수 숫자를 직접 입력하면 됩니다.

❷ 인쇄할 프린터를 선택합니다. 사용 중인 컴퓨터와
연결된 프린터를 검색하여 선택함으로써 프린터를 연
결합니다. [프린터 속성]은 연결된 프린터에 대한 속정을 설정할 수 있습니다. 클릭하면 프린
터 속성 대화상자가 뜹니다.

❸ 인쇄를 위한 몇 가지 설정 영역입니다.

● 활성 시트 인쇄

일반적으로 「활성 시트 인쇄」상태를 그대로 두고 인쇄를 합니다. 「활성 시트 인쇄」라는 말은

활성화된 시트, 즉 현재 작업 중이던 시트를 인쇄
하라는 뜻입니다. 이 단자를 클릭하면 「활성 시트
인쇄」, 「전체 통합 문서 인쇄」, 「선택 영역 인쇄」,
「인쇄 영역 무시」 4개의 선택 항목이 펼쳐집니다.

- 「전체 통합 문서 인쇄」: 현재 작업 중인 파일의
  모든 시트를 인쇄하라는 것입니다. 이것을 선택
  하지 않고 「활성 시트 인쇄」상태에서 인쇄할 경
  우 각 시트 별로 하나씩 선택을 한 후 인쇄를 해
  야 하는 것이지요.
- 「선택 영역 인쇄」: 시트 내에 일부 영역을 선택한
  후 선택된 영역만 인쇄할 때 지정하는 항목입니
  다.
- 「인쇄 영역 무시」: 선택된 영역을 무시하고 인쇄
  하는 것입니다.

설정

활성 시트 인쇄 활성 시트만 인쇄합니다.	▼
페이지: [⬍] 위치 [⬍]	
한 부씩 인쇄 1,2,3 1,2,3 1,2,3	▼
세로 방향	▼
A4 21 cm x 29.7 cm	▼
사용자 지정 여백	▼
현재 설정된 용지 실제 크기로 시트를 인쇄합니…	▼

페이지 설정

● 페이지/위치

인쇄하는 범위를 직접 지정할 수 있습니다.

- [페이지] 란은 인쇄 시작 페이지 번호 입력
- [위치] 란은 인쇄 마지막 페이지 번호 입력

● 한 부씩 인쇄

- 한 부씩 인쇄 : 인쇄 매수만큼 전체 문서를 한 부씩 인쇄
- 한 부씩 인쇄 안함 : 한 페이지씩 인쇄 매수만큼 인쇄
- 세로 방향 : 인쇄 용지의 방향을 결정
- A4 : 인쇄 용지의 종류를 결정

● 사용자 지정 여백 : 용지 여백 지정

● 현재 설정된 용지

인쇄 배율에 대한 설정 항목입니다. [페이지 설정] 대화상자에서 [페이지] 탭의 배율을 설정하는 것과 같습니다.

- 현재 설정된 용지 : 글자 크기, 페이지 수 등 현재 시트에 나타난 형태 그대로 인쇄하고자 할 때 지정. 단추 모양에 '100'이라고 있죠. 100%를 의미합니다.
- 한 페이지에 시트 맞추기 : 시트 전체를 한 페이지에 인쇄하고자 할 경우에 시트의 데이터 량이 많아 한 페이지 내에 인쇄가 어려울 경우 자동으로 글자의 크기와 셀의 크기를 조정하여 한 페이지에 한 시트의 내용을 모두 인쇄하고자 할 때 지정
- 한 페이지에 모든 열 맞추기 : 한 시트의 전체 너비가 인쇄 용지 한 페이지에 들어가도록 자동으로 배율을 축소하고자 할 때 지정
- 한 페이지에 모든 행 맞추기 : 한 시트의 전체 길이가 인쇄 용지 한 페이지에 들어가도록 자동으로 배율을 축소하고자 할 때 지정

❹ [페이지 설정]을 클릭하면 앞에서 했던 페이지 레이아웃에 대한 「페이지 설정」대화상자를 떠우게 합니다.

❺ 여백 표시 단자

미리 보기 화면에 여백 상태를 표시하여 미리 보기에서 여백을 조정할 수 있습니다. 앞에서 여백을 설정할 때는 [페이지 설정] 대화상자에서 숫자를 조정하여 여백을 조정하였습니다. 이것이 물론 더 정확하게 여백을 설정할 수 있는 수단이지만 「여백 표시」를 활용하면 미리 보기에서 눈으로 직접 보며 마우스를 이용하여 여백을 조정할 수 있습니다.

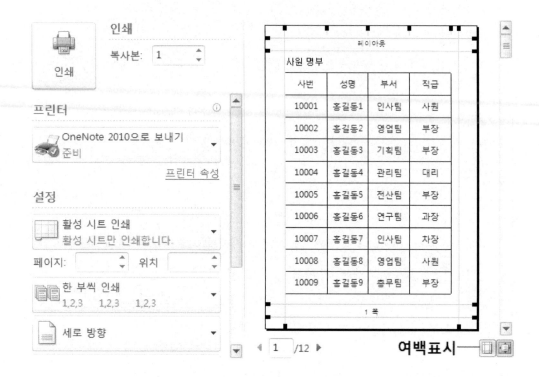

미리 보기 화면이 조금 달라졌지요? 위, 아래, 왼쪽, 오른쪽, 머리글, 바닥글에 대한 여백 선이
보입니다. 이 선에 마우스 포인터를 가져가서 직접 선을 움직여 여백을 조정하는 것입니다.

❻ 미리 보기 화면을 확대하는 단추입니다.

빠른 실행 도구모음 관리하기

빠른 실행 도구모음은 엑셀 화면 왼쪽 최상단에 있는 도구 모음을 말합니다.

엑셀 작업을 하면서 가장 많이 사용하는 아이콘을 별도로 모아두고 활용함으로써 빠른 실행이 가능하게
되는 거죠. 그래서 「빠른 실행 도구모음」이라고 합니다. 이 빠른 실행 도구모음을 필요에 따라 사용자가
아이콘의 내용을 변경하여 설정할 수 있습니다.

빠른 실행 도구모음에서 화살표 모양의 단추 「▼」를 클릭합니다. 다음과 같이 「빠른 실행 도구 모음 사
용자 지정」내용이 펼쳐집니다.

빠른 실행 도구 모음 사용자 지정
새로 만들기
열기
√ 저장
전자 메일
빠른 인쇄
√ 인쇄 미리 보기 및 인쇄
맞춤법 검사
√ 실행 취소
√ 다시 실행
오름차순 정렬
내림차순 정렬
최근 파일 열기

현재 체크된 내용이 빠른 실행 도구모음에 등록되어 있으며 클릭하여 선택하거나 선택된 것을 해제하여
도구 모음의 내용을 변경할 수 있습니다.

Chapter

7

함수

1

함수에 대하여

함수는 연산에서 사용되는 '+', '*', '/' 등 연산자를 사용하지 않고 이미 약속된 형식에 의해 지정한 인수(데이터)를 연산하는 것을 말합니다. 앞에서 약간 언급이 되었지만 'sum'이라는 이름의 함수는 합계, 즉 덧셈을 하는 함수이고, 'average'라고 하는 함수는 평균을 계산하는 함수입니다. 이와 같이 함수는 엑셀에서 이미 정해 놓은 연산을 수행하는 명령어처럼 사용자가 별도의 수식을 사용하지 않고 어떤 결과를 얻기 위해 함수명과 연산을 할 데이터, 함수에서는 인수라고 부르는데 인수 값만 정해 주면 자동으로 연산이 이루어집니다. 예를 들면 합계를 내기 위해 덧셈 연산자를 사용하는 것이 아니라 덧셈을 하라는 명령어에 해당하는 함수 'sum'에 덧셈을 수행할 인수를 지정해 주면 합계가 이루어지게 되는 것이죠.

🌑 함수의 형식

엑셀에서 수식으로 인식하기 위해서는 수식 앞에 반드시 '='을 사용해야 합니다. 약속입니다. 함수도 엑셀에서 함수라고 인식하려면 정해 놓은 형식을 반드시 지켜야 합니다.

= 함수명 (인수1, 인수2, 인수3, ... , 인수n)
① ② ③ ④ ③

❶ 「=」: 함수도 수식이므로 수식이라는 것을 선언하는 등호입니다.

❷ 함수명 : '합계를 구하라', '평균을 구하라'와 같이 연산을 수행하는 연산식의 이름

❸ 괄호 : 함수명과 인수를 구분하며 인수는 반드시 괄호 안에 들어가야 합니다.

❹ 인수 : 함수 계산에 사용되는 데이터입니다. 인수와 인수의 구분은 콤마를 사용합니다. 인

수는 함수에 따라 인수가 없는 경우도 있고 한 개인 경우, 2개 이상인 경우, 숫자인 경우, 문자인 경우, 수식인 경우 등 다양하게 적용이 됩니다. 특히 인수가 또 다른 함수인 경우도 많습니다. 즉, 함수 속에 함수가 사용되는 경우로 인수로 적용할 값을 또 다른 함수를 사용하여 만들어 내는 경우입니다.

함수는 형식대로 직접 입력하여 사용할 수도 있고 함수마법사라는 대화상자에서 함수 형식대로 적용할 수도 있습니다. 직접 입력하는 경우는 아주 간단한 형식의 함수이거나 함수 사용이 익숙한 전문가일 경우에 사용하지만 일반적으로는 함수마법사 대화상자를 활용하여 적용합니다.

엑셀이 데이터 처리에 유용한 프로그램이지만 함수 사용이 어려워 엑셀을 어렵게 생각하는 사용자들이 많습니다. 익숙하지 않은 것이지 결코 어려운 것은 아닙니다. 위의 함수 형식을 보면 무엇을 연산 하겠다고 하는 함수명을 결정하는 것은 어렵지 않습니다. 함수는 인수 값을 어떻게 적절하게 넣을 것인가 하는 것이 대부분입니다. 함수에 따라 인수를 넣는 방법이 다양합니다. 하지만 인수 넣는 방법도 크게 보면 몇 가지 안 됩니다. 이 책에서 늘 강조하는 것이지만 책을 보고 따라할 수 있을 정도면 충분하다고 하였습니다. 따라서 인수 넣는 방법도 책을 보면서 적용할 수 있으려면 함수에 대한 연산을 이해하고 인수를 넣는 이유를 조금만 생각하면서 적용하면 함수 사용에 대한 이해를 넓게 할 수 있으며 함수 적용을 재미있게 할 수 있을 것입니다.

🌐 함수 입력하기

우리는 이미 앞에서 함수를 경험하였습니다. 무슨 말인고 하니 수식과 관련하여 공부할 때 자동합계 또는 평균구하기 등의 실행이 함수를 적용한 경우이기 때문입니다. 그림에서 [G4] 셀에서 과목별 점수 합계를 구하려고 한다면 먼저 [G4] 셀을 선택하고 ❶의 자동합계 아이콘을 클릭하면 합계를 구할 수 있습니다. ❷와 ❸에서 보이듯이 자동합계 아이콘을 클릭하였는데 적용된 수식은 「=SUM(C4:F4)」으로 함수입니다. 합계구하기, 평균구하기, 개수구하기 등은 인수 지정이 간단하고 해서 도구모음의 아이콘을 이용하면 간단히 계산됩니다. 말하고자 하는 요점은 엑셀에서 정해진 연산은 함수가 적용된다는 것입니다.

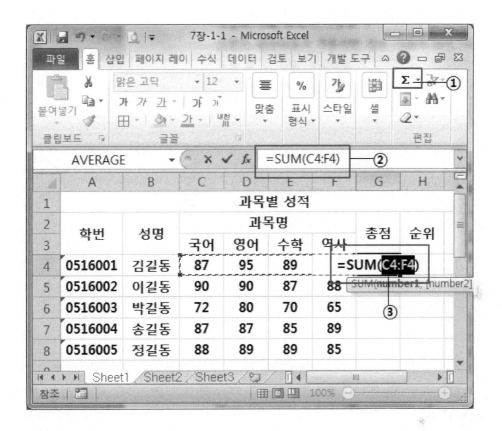

간편한 아이콘을 이용하여 합계를 구할 수 있지만 합계구하기를 활용하여 함수를 입력하는
방법을 공부하도록 하겠습니다. 함수를 입력하는 방법은 크게 3가지입니다.

• 함수 마법사 활용하기

가장 일반적으로 함수를 적용하는 방법으로 함수 마법사를 활용하여 함수를 적용할 경우 함
수 마법사에서 두 과정을 거쳐 함수를 입력하게 됩니다. 함수 마법사의 첫 번째 과정은 적용할
함수를 선택하는 과정입니다. 엑셀에서 사용되는 함수는 많습니다. 많은 함수 중에서 적용할
함수 하나를 찾아 선택하는 것입니다. 두 번째 과정은 선택한 함수에 들어가는 인수(데이터)
를 지정하는 과정입니다.

- 함수 선택

❶ 함수를 입력할 때는 먼저 함수를 적용할 셀을 먼저 선택합니다.

❷ 수식입력줄 왼쪽 바로 옆의 *ƒx* 를 클릭합니다. *ƒx* 는 함수를 뜻합니다. [함수 마법사] 대화
상자가 나타납니다. 함수 마법사가 나타나면 먼저 적용할 함수를 찾아야 하는데 함수 마법사
에서 함수를 찾는 방법은 두 가지입니다. [함수 검색] 란에 함수명을 직접 입력하여 찾는 방법
과 [범주 선택]에서 원하는 함수를 찾는 방법입니다.

❸ 함수 검색란에 적용하고자 하는 함수 이름을 직접 입력한 후 [검색] 단자를 클릭합니다. 찾
고자 하는 함수가 검색되어 [함수 선택] 영역 ❻에 나타납니다.

❹ [함수 마법사] 대화상자가 나타나면 적용할 함수를 찾는 방법을 선택하는 곳입니다. 범주
선택에 '최근에 사용한 함수'가 선택되어 있는데 이 경우 아래 ❻ 영역에 최근에 사용한 함수
들이 나열됩니다. 최근에 사용한 함수는 계속해서 사용할 확률이 높기 때문에 이 항목을 많이
활용하는 편입니다. 최근에 사용된 함수 중에 선택하면 되겠지요. 그리고 범주 선택에서 화살
표 단추「▼」를 클릭하면 선택할 함수의 종류에 대한 항목이 펼쳐집니다.

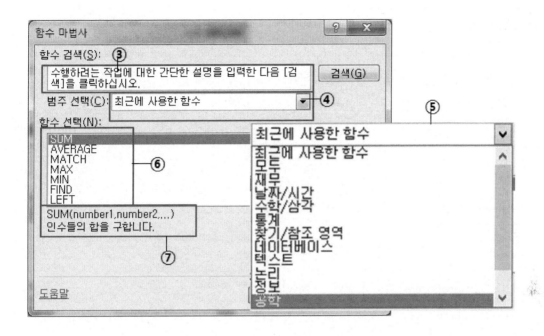

❺ 화살표 단추「▼」를 클릭하였을 때 나타나는 범주의 대한 항목들입니다.

- 최근에 사용한 함수 : 최근에 사용한 함수를 나열합니다.

- 모두 : 엑셀에서 제공되는 함수 모두를 나열합니다.

- 재무 : 재무와 관련된 함수를 나열합니다.

- 날짜/시간 : 날짜/시간 관련 함수를 나열합니다.

- 나머지 항목에 대한 것도 관련 항목에 대한 함수를 나열합니다. 사용자의 성향에 따라 다르겠지만 일반적으로 '최근에 사용한 함수' 또는 '모두' 항목을 선택하여 원하는 함수를 찾는 경우가 많습니다. 찾고자 하는 함수가 어느 범주에 포함되는지를 알아야 하므로 '모두'를 선택하면 많은 생각없이 쉽게 접근이 가능하기 때문입니다.

- '모두'를 선택하면 ❻ 영역에 알파벳 순으로 함수가 나열됩니다. 스크롤 바를 움직이며 찾고자 하는 함수를 알파벳 순으로 찾으면 되겠습니다.

❻ 적용하고자 하는 함수를 선택하기 위하여 함수가 나열되는 영역입니다. 선택 후 [확인] 단추를 클릭하면 됩니다.

❼ 선택된 함수에 대한 간단한 설명입니다. 이것을 잘 읽으면 함수 활용에 많은 도움을 얻을 수 있습니다.

• 함수 인수 지정하기

엑셀에서 함수의 입력은 함수 인수를 지정하는 것이 전부입니다. 실제로 앞에서 함수명을 찾는 과정은 모든 함수에 대해 동일하고 절차에 따라 해당 함수를 찾아 선택만 하면 됩니다. 하지만 함수의 인수 지정은 모든 함수마다 다 다른 것이지요. 물론 인수를 지정하는 유형은 비슷할 수 있지만 다 다릅니다. 모두 다른 인수 지정 방법을 어떻게 적용해야 할까요. 모든 함수에 대한 것은 아니지만 많이 활용되는 함수에 대해서는 결국 책을 활용할 수 밖에 없습니다. 함수에 인수를 적용할 때 지정되는 인수의 특성을 이해하며 인수를 적용합시다. 책에서 지시하는데로 따라 할 수 있으면 되지만 인수 지정에 대해 이해를 하고 있으면 책에 쉽게 다가 갈 수 있을 것이고 지속적으로 함수를 적용하는데 재미와 흥미를 가질 수 있으며 엑셀 활용 실력이 빨리 높아질 것입니다.

계속해서 함수를 입력하는 방법을 소개합니다. 다음은 함수의 인수를 지정하는 절차로 함수 마법사 대화상자에서 함수명을 찾은 후 [확인] 단추를 클릭하면 [함수 인수] 대화상자가 나타납니다. 그림에서는 합계를 구하기 위하여 「SUM」을 선택한 경우입니다.

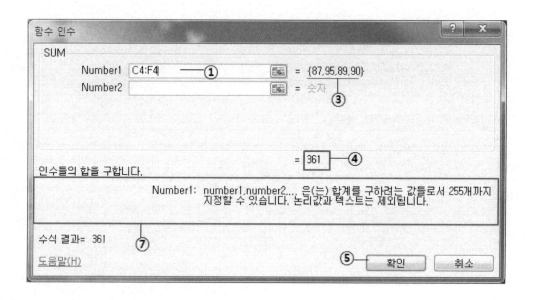

❶ 합계를 구하고자 하는 데이터 영역을 지정하는 곳입니다. [C4]에서 [F4]까지의 데이터 영역을 직접 「C4:F4」입력하여도 되고 데이터가 있는 시트에서 ❷처럼 데이터를 지정하여도 됩니다.

❷ 마우스로 [C4:F4] 셀 영역을 지정해 줍니다. 지정된 셀은 점선으로 표시됩니다.

❸ 지정된 영역의 데이터 값이 표시됩니다. 표시된 값을 합계를 하겠다 그런 의미입니다.

❹ 지정된 데이터에 대한 합계결과를 미리 보여 주고 있습니다.

❺ [확인]을 클릭하면 함수 입력이 완료됩니다. 수식입력줄에 적용된 함수가 보입니다.

❻ [G4]에 적용된 합계 함수를 [G8]까지 채우기하여 복사합니다.

❼ 이 영역은 인수에 대해 설명하는 영역입니다.

그림에서 인수를 지정하는 곳에서 'Number2'는 무엇일까요. 'Number1'은 합계를 할 데이터가 있는 첫 번째 영역이고 'Number2'는 'Number1' 데이터와 같이 합계를 할 다른 영역의 데이터입니다. 합계를 하고자 하는 데이터가 여기저기에 떨어져 있다면 떨어진 영역을 다 같이 지정을 해야 되겠지요. 앞에서 여러 영역의 셀을 동시에 선택할 때 Ctrl 키를 누른 상태에서 셀을 지정한다고 하였지요. 똑같은 셀 선택 형태입니다. 세 군데의 데이터를 합계하려면 'Number3' 영역이 필요하겠지요. 'Number2' 영역에 클릭하면 'Number3' 영역이 자동으로 생성됩니다. 다음 예를 봅시다. 점수의 합계를 구하는데 국어, 수학, 역사 3과목의 합계를 구한다고 가정하면 '국어'와 '수학 역사'의 데이터 영역이 떨어져 있습니다.

함수를 선택하기까지는 절차가 동일합니다.

[H4] 선택 - *fx* 클릭 - [함수 마법사] 대화상자에서 함수 「SUM」 선택 - [확인] 클릭 - [함수 인수] 대화상자

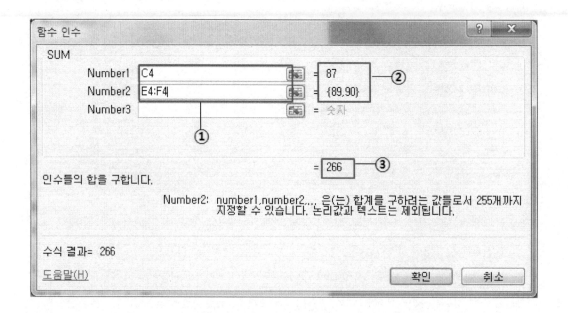

❶ 'Number1' 란에서 [C4] 셀 클릭합니다. 'Number2' 란에 클릭하면 'Number3' 영역이 자동 생성됩니다. 'Number2' 란에서 [E4] 셀에서 [F4] 셀까지 마우스로 지정합니다. 'Number2' 란에 「E4:F4」이 입력되는 것을 확인할 수 있습니다.

❷ 지정된 셀의 값이 표시됩니다.

❸ 합계 결과를 미리 보여 줍니다. [확인]을 클릭하면 함수 입력이 완료됩니다.

함수 인수 유형

❶ Number1, Number2, Number3와 같이 적용할 데이터만 지정하면 되는 형식입니다. 합계, 평균, 개수 구하기 등 가장 간단하고 기본적인 형식의 인수 지정 방식입니다.

❷ 조건 또는 수식, 문자를 같이 사용되는 인수 지정 방식

❸ 절대참조로 지정하여 활용하는 인수 지정 방식

❹ 인수 값이 또 다른 함수가 적용되는 인수 지정 방식. 함수의 중첩이라고 하는데 가장 어렵게 생각할 수 있는 방식으로 적용하는 절차가 몇 단계가 더 필요한 것이지 왜 함수를 인수로 사용하여야 하느냐를 이해하면 결코 어렵지 않으며 엑셀의 고급기능을 적용하는 단계로 유용한 데이터 생성 기능을 경험하게 될 것입니다.

• 직접 입력하기

셀을 선택한 수 적용할 함수를 직접 입력하는 경우입니다. 앞에서 적용한 함수「=SUM (C4,E4:F4)」경우 적용된 함수의 수식을 셀에서 직접 입력을 합니다. 가장 간단한 방법이지만 함수의 형식에 대해 잘 알고 있어야 하는 경우입니다.

• 함수 라이브러리 활용하기

도구 모음의 [수식] 탭을 클릭합니다. 함수 입력과 관련된 아이콘이 나타납니다.

❶ [함수 삽입]을 클릭하면 [함수 마법사] 대화상자가 나타납니다. 이 후의 과정은 앞에서 한 것과 동일합니다.

❷ [함수 마법사] 대화상자에서 함수 찾기 과정과 같습니다. 각 범주에 해당하는 아이콘을 클릭하면 범주에 포함되어 있는 함수들이 펼쳐집니다. 펼쳐진 함수 중에서 선택하여 클릭하면 [함수 인수] 대화상자가 나타납니다. 이 후의 과정은 앞에서 한 것과 동일합니다.

함수 입력 - 직접 입력과 함수 마법사 혼용 방법

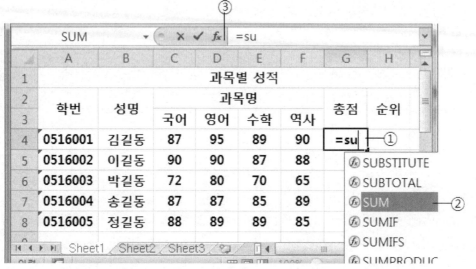

❶ 함수를 적용할 셀을 선택한 후 함수를 직접 입력합니다. 그림에서 합계를 구하기 위해 「SUM」을 적용하려고 합니다. 「=S」을 입력하든가 「=SU」를 입력하면, 「=S」을 입력하면 함수 중에서 'S'로 시작하는 함수가 펼쳐집니다. 「=SU」을 입력하면 'SU'로 시작하는 함수가 펼쳐집니다. 대문자와 소문자는 구분하지 않으므로 꼭 대문자로 입력하지 않아도 됩니다.

❷ 입력된 영문자로 시작하는 함수가 펼쳐지는데 펼쳐진 함수에서 선택할 함수를 더블 클릭을 하면 됩니다. 「=SU」을 입력한 후 「=SUM」을 더블 클릭 하였습니다.

❸ 수식 입력줄 옆의 *fx* 를 클릭합니다.

❹ [함수 인수] 대화상자가 뜹니다. 이 후의 과정은 동일합니다.

2

산술 연산 함수

🔵 기본 산술 연산 함수

합계, 평균, 개수, 최대값, 최소값 구하기는 함수를 적용하여 구하는 것 보다 도구 모음의 자동 합계 구하기 아이콘 Σ 와 「▼」을 활용하는 것이 더 편리하며 이들의 활용방법에 대한 것은 이미 4장에서 취급하였으므로 생략합니다. 다만 '개수 구하기' 함수 중 활용도가 높은 함수를 추가로 살펴보도록 하겠습니다.

함수 형식		=COUNTBLANK(Range) =COUNTA(Range)
인수	Range	개수를 구하려는 셀 참조 범위

● COUNTBLANK( )

값이 없는 빈 셀의 개수를 구합니다. 그림에서 과목별 미 응시자의 수를 구하려고 합니다. [C3]에서 [C7]까지 셀에서 값이 없는 빈 셀의 개수를 구함으로써 미 응시자의 수를 산출하려고 하는 것입니다.

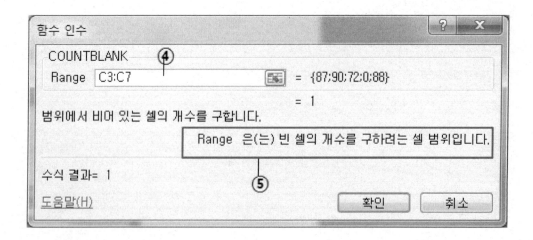

❶ 미응시자의 수를 구하려는 셀 [C10]을 선택한 후 'COUNTBLANK( )' 함수를 찾기 위하여
「=cou」를 입력하면 'COU'로 시작하는 함수가 펼쳐집니다.

❷ 'COUNTBLANK'를 더블 클릭합니다.

❸ f_x 를 클릭합니다. 'COUNTBLANK'에 적용할 인수 설정에 대한 대화상자가 뜹니다.

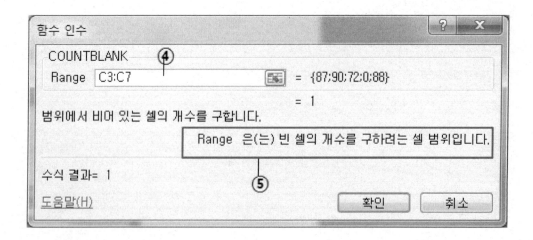

❹ [Range] 인수 란에 빈 셀이 몇 개인지를 산출할 셀의 범위를 지정합니다. 작업 시트에서 마우스로 [C3]에서 [C7]까지 드래그하여 범위를 지정합니다. [확인]을 클릭하면 완료됩니다.

❺ 적용하는 함수에 대한 간략한 설명(범위에서 비어 있는 셀의 개수를 구합니다.)과 적용할 인수(Range는 빈 셀의 개수를 구하려는 셀 범위입니다)에 대한 설명문입니다. 함수에 대해 이해를 하고 있으면 책이 없어도 함수 인수를 입력할 수 있는 도움글이 됩니다.

• COUNTA( )

COUNT( ) 함수는 셀의 데이터가 숫자인 경우에 대한 셀의 개수를 구하는 함수인데 COUNTA( )는 셀에 들어 있는 값의 형태가 숫자와 문자 모두에 대해 개수를 구하는 함수입니다. 그림에서 성적산출의 대상 학생의 수를 구하려면 데이터가 모두 들어 있는 셀을 선택하여 하는데 이를 만족하는 셀이 문자가 들어있는 [이름] 열입니다.

번호	이름	국어	영어	수학	역사	총점
0516001	김길동	87	95	89	90	361
0516002	이길동	90	90	87	88	355
0516003	박길동	72			65	137
0516004	송길동		87	85	89	261
0516005	정길동	88		89	85	262

과목별 응시자 수 =cou
과목별 미응시자 수
성적산출 대상자 수
과목별 최고점

❶ 성적산출 대상자 수를 구하려는 셀 [C9]를 선택한 후 「=cou」를 입력하면 'COU'로 시작하는 함수가 옆에 펼쳐집니다.

❷ 'COUNTA'를 더블 클릭합니다.

❸ _fx_ 를 클릭합니다. 'COUNTA'에 적용할 인수 설정에 대한 대화상자가 뜹니다.

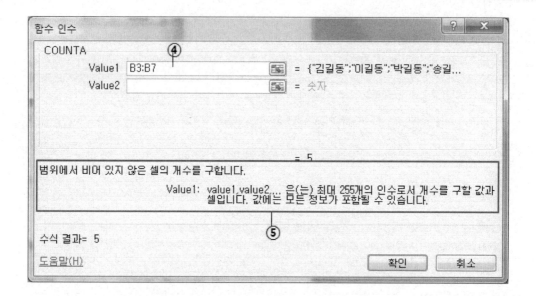

❹ [Value1] 란에 값이 들어 있는 셀이 몇 개인지를 산출할 셀의 범위를 지정합니다. 작업 시트에서 마우스로 [B3]에서 [B7]까지 드래그하여 범위를 지정하고 [확인]을 클릭하면 완료됩니다.

❺ 적용하는 함수에 대한 간략한 설명문입니다.

🔴 순위 구하기– RANK.EQ( )

순위를 구하는 함수입니다.

함수 형식		=RANK.EQ(Number, Ref, Order)
인수	Number	순위를 구하려는 값
	Ref	순위를 구할 데이터 참조 범위. 이 범위에서 순위를 구함 절대 참조로 지정함
	Order	순위를 정하는 방식. 숫자를 입력 0 또는 생략 : 내림차순으로 순위를 정함. 큰 값이 1위 1 또는 다른 수 : 오름차순으로 순위를 정함. 작은 값이 1위

함수에서 데이터를 참조할 때 일반적으로는 상대 참조를 하지만 절대 참조를 하여야 하는 경우가 있습니다. 순위 구하기 함수가 절대 참조의 대표적인 예입니다.

총점에 대한 순위를 구하려고 합니다. 총점에 해당하는 각 셀의 값이 비교 대상 값 중에서 순위가 얼마인가를 구하는 함수입니다. 즉, [G3] 셀에서 [G7] 셀까지의 범위에서 각 셀의 총점이 순위가 몇 위인가 하는 것입니다.

이름	과목명				점수		순위	비고
	국어	영어	수학	역사	총점	평균		
김길동	87	95	89	90	361	90.3	=r	
이길동	90	90	87	88	355	88.8		
박길동	72			65	137	68.5		
송길동		87	85	89	261	87.0		
정길동	88		89	85	262	87.3		

RADIANS RAND RANDBETWEEN RANK.AVG RANK.EQ

❶ [I3] 셀에서 「=r」을 입력하면 'R'로 시작하는 함수가 펼쳐집니다.

❷ 'RANK.EQ'를 더블 클릭합니다.

❸ *fx* 를 클릭합니다. 'RANK.EQ'에 적용할 인수 설정에 대한 대화상자가 뜹니다.

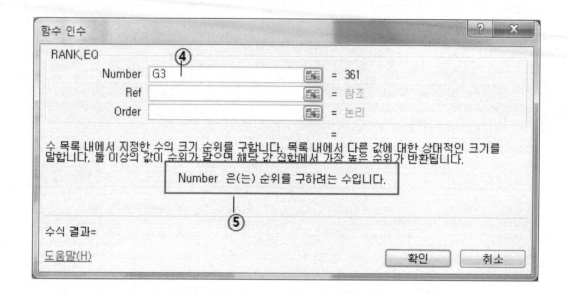

❹ [함수 인수] 대화상자에서 3개의 인수 [Number], [Ref], [Order]에 대한 인수를 설정합니다. 먼저 [Number]는 순위를 구하려고 하는 값입니다. 순위를 구하려는 값인 [G3]를 마우스로 클릭하여 선택합니다.

❺ [Number] 인수에 대한 설명문입니다.

❻ [Ref]는 설명문에도 명시되어 있는데 순위을 적용할 데이터의 범위입니다. 마우스로 해당 범위인 [G3] 셀에서 [G7] 셀까지 지정을 합니다. 지정을 한 후 키 F4를 눌러 참조 형태를 절대 참조로 변경해야 합니다. 이유는 [I3]에서 순위를 구한 후 적용한 함수를 [I7]까지 채우기 핸들을 사용하여 복사할 것입니다. 함수가 적용되는 셀 위치는 [I3]에서 [I7]까지 변화하지만 순위를 참조할 데이터 범위, [G3]에서 [G7]까지의 영역은 변경되면 안 되겠지요. [G3]에서 [G7]까지의 데이터 참조 범위는 절대참조를 적용하여야 하는 것입니다.

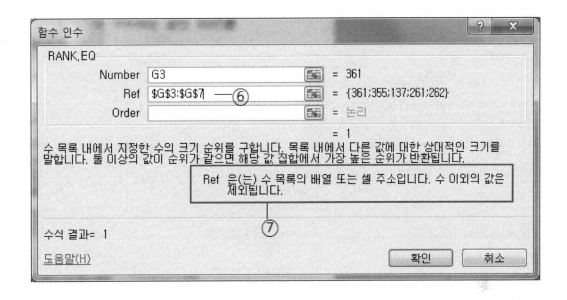

❼ 설명문이며 여기서 배열이란 데이터 범위를 말합니다.

❽ [Order]는 설명문에서 말하는 것처럼 오름차순으로 순위를 정할 것인지 내림차순으로 순위를 정할 것인지를 설정하는 곳입니다. 내림차순 순위란 값이 큰 것부터 1순위로 하는 것이고 오름차순은 값이 작은 것이 1순위인 것입니다. 일반적으로 큰 값이 순위 1인 경우가 많으므로 내림차순으로 정할 때는 생략하고 [확인]을 클릭합니다. 만약에 오름차순, 즉 작은 값을 1위로 하여야 할 경우에는 [Order] 란에 「1」을 입력하고 [확인]을 클릭합니다.

❾ [Order]에서 대한 인수 지정 설명문입니다.

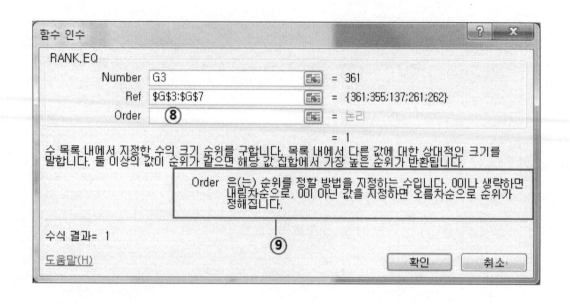

 순위 함수 'RANK.EQ( )'와 'RANK.AVG( )'의 비교

두 함수 모두 적용하는 절차는 동일합니다. 결과도 동일하게 순위를 정하는 것인데 동점이 생겼을 때 동점에 대한 순위를 정하는 방법이 다릅니다.

• RANK.EQ( )

동점을 처리하는 일반적인 경우입니다. 가령 3위가 셋인 경우 셋 모두를 3위로 하고 4위와 5위는 생략하고 그 다음의 값을 6위로 정하는 방법입니다.

• RANK.AVG( )

동점을 평균으로 처리하고 전과 후의 순위는 생략하는 방법입니다. 3위가 셋일 경우 3위, 4위, 5위를 평균하면 (3+4+5)/3=4 입니다. 그러면 동점인 셋 모두 4위로 결정하고 전후인 3위와 5위는 생략합니다.

 순위 함수 RANK( )에 대하여

순위를 정하는 함수로 'RANK( )'가 있는데 이것은 엑셀 2010 버전 이전에 사용된 함수입니다. 이전의 버전과 호환성을 제공하기 위한 함수입니다. 사용하여도 무방하며 'RANK.EQ( )'와 동일하게 처리합니다.

🌑 반올림, 올림, 내림 함수

H3				f_x	=AVERAGE(C3:F3)		

	B	C	D	E	F	G	H	I
1	이름	과목명				점수		
2		국어	영어	수학	역사	총점	평균	순위
3	김길동	87	95	89	90	361	90.25	1
4	이길동	90	90	87	88	355	88.75	2
5	박길동	72			65	137	68.5	5
6	송길동		87	85	89	261	87	4
7	정길동	88		89	85	262	87.333	3

Sheet1　Sheet2　Sheet3

❶ [H3] 셀을 선택합니다.

❷ 도구 모음의 [편집] 그룹에서 '자동 합계 구하기' 아이콘 Σ▾ 의 「▾」를 클릭하여 [평균] 항목을 클릭합니다.

❸ 데이터 범위를 [C3]에서 [F3]까지 지정하고 Enter↵를 칩니다.

❹ [H3]의 평균값을 '채우기 핸들'을 사용하여 [H7]까지 복사합니다.

❺ 구해진 평균값을 확인할 수 있으며 소수점 이하 표시된 값이 유효값에 따라 다양하게 표시됩니다.

평균값처럼 수를 나누기를 할 경우 소수점 이하의 수가 유효값에 따라 자리수가 다르게 표시됩니다. 이를 통일할 필요가 있겠지요. 소수점 이하 유효숫자의 자리수를 동일하게 하기 위해 도구 모음의 .00 .0 을 활용합니다.

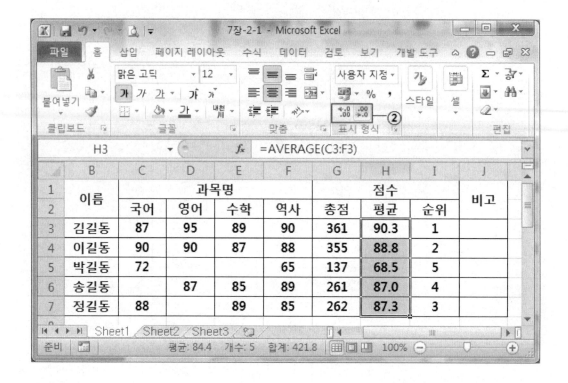

❶ [H3]에서 [H7]까지의 셀을 지정합니다.

❷ [표시 형식] 그룹에서 「🔢」은 유효숫자의 자리수를 늘리는 단추이고 「🔢」은 자리수를 줄이는 단추입니다. 오른쪽의 「🔢」단추를 클릭하여 소수점 이하 두 자리로 동일하게 맞춰 봅니다.

❸ 소수점 이하 자리수를 한 자리로 한 경우 인데 셀 [H4]의 값과 비교해 봅니다. '88.75'가 '88.8'로 변경되었음을 볼 수 있습니다. 소수점 자리가 한 자리로 줄어들면서 반올림이 된 것입니다.

단추 「🔢 🔢」은 소수점 이하의 자리수를 반올림을 하면서 실행됩니다. 반면에 '반올림, 올림, 내림' 함수를 활용하면 반올림 뿐만 아니라 올림 또는 내림을 적용할 수 있습니다. 또한 「🔢 🔢」은 소수점 이하의 자리수에 대해서 적용되나 '반올림, 올림, 내림' 함수는 정수 부분의 값도 올림, 반올림, 내림을 실행할 수 있습니다.

'반올림, 올림, 내림' 함수는 각각 별개의 함수가 존재하고 실행 결과가 다르지만 인수를 설정하는 방법은 동일합니다. 반올림 함수의 결과는 도구 아이콘 「🔢 🔢」의 실행 결과와 같으므로 생략하고 올림과 내림에 대한 것만 소개하겠습니다.

함수 형식		• 반올림 함수 : ROUND(Number, Num_digit) • 올림 함수 : ROUNDUP(Number, Num_digit) • 내림 함수 : ROUNDDOWN(Number, Num_digit)
인수	Number	올림, 내림을 적용할 값
	Num_digit	올림, 내림을 적용할 숫자의 자리 위치 양수 : 소수점 오른쪽 소수 부분의 위치를 지정 음수 : 소수점 왼쪽 정수 부분의 위치를 지정

• ROUNDUP( )

[G3]:[G11]의 평균값을 소수 둘째 자리에서 올림을 하여 소수 첫째 자리까지만 나타나도록 [H3]:[H11]에 표시되도록 올림 함수를 적용해 보겠습니다. 이번에는 함수 마법사를 활용합니다. (함수 마법사를 소개하기 위한 과정이므로 앞에서 함수를 적용하는 것이 익숙한 사람은 앞에서 적용한 과정에 따라 적용해도 됩니다)

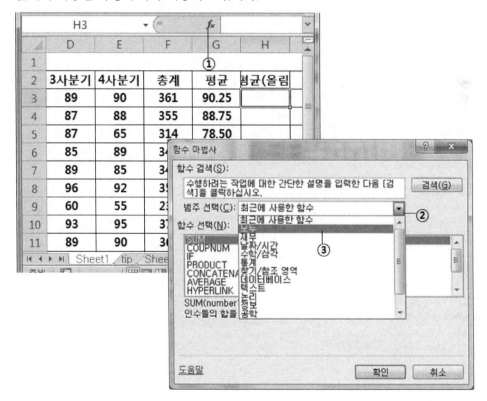

❶ [H3] 셀을 선택하고 *fx*를 클릭합니다. [함수 마법사] 대화 상자가 나타납니다.

❷ [범주 선택]에서 「▼」를 클릭합니다. 범주에 대한 여러 항목이 펼쳐집니다.

❸ [모두] 항목을 클릭합니다. 엑셀에서 제공되는 함수 모두가 펼쳐집니다.

❹ 펼쳐지는 함수는 알파벳 순
서로 되어 있으므로 스크롤 바
를 조정하여 'ROUNDUP'을 찾
습니다.

❺ 'ROUNDUP'을 찾아 더블 클
릭 또는 [확인]을 클릭합니다.
[함수 인수] 대화 상자가 나타납
니다.

❻ [Number] 항목은 올림을 실
행할 수를 지정합니다. [G3]을
마우스로 클릭하여 지정합니다.

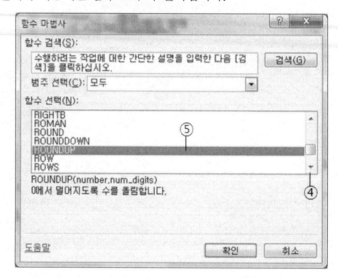

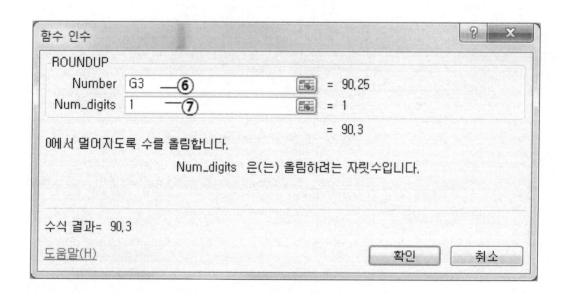

❼ 올림을 하여 표시하고자는 자리수를 수를 입력합니다. 소수점 이하 첫째 자리까지 표시하

므로 '1'을 입력합니다. 이것은 올림이 적용되는 자리수는 소수점 이하 둘째 자리에서 올림이
실행되어 첫째 자리까지 수를 표현하라는 것입니다. 만약에 셋째 자리까지 표시하고자 한다
면 '3'을 입력합니다. [확인]을 클릭합니다. 소수점 첫째 자리까지 표시된 것을 확인하고 [H3]
셀에 적용된 함수를 '채우기 핸들'을 사용하여 [H11]까지 복사합니다.

• ROUNDDOWN(   )

내림 함수입니다. 그림에서 매출액의 값을 백 단위까지 절삭하여 천 단위까지만 표시하고자
합니다.

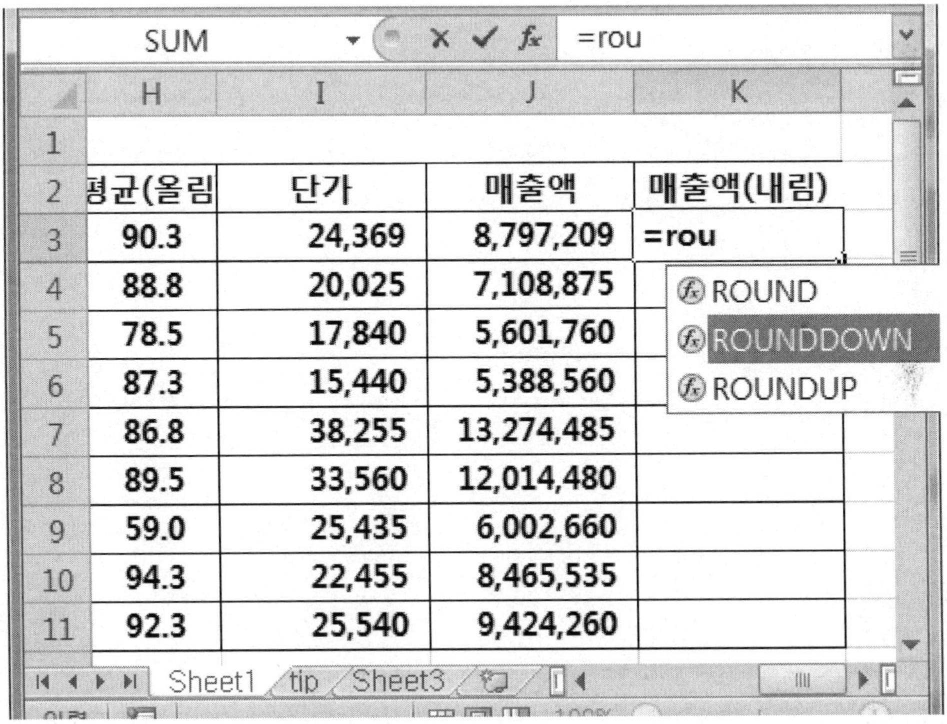

❶ 셀 [K3]을 선택한 후 「=rou」까지만 입력하여도 'rou'로 시작하는 함수가 나타납니다.
'ROUNDDOWN'을 더블 클릭합니다.

❷ 🔣를 클릭합니다. [함수 인쉬] 대화상자가 뜹니다. 'ROUNDUP' 함수와 동일한 대화 상자
입니다.

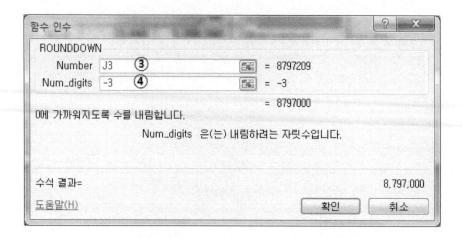

❸ [Number] 항목에서 내림을 적용할 수를 지정합니다. [J3]을 마우스로 선택합니다.

❹ 내림하고자 하는 자리수를 입력합니다. 정수 부분은 '-'를 넣어 수를 입력합니다. 정수 부분 셋째 자리까지, 즉 백의 자리까지 내림을 하려고 하니 '-3'을 입력합니다. [확인]을 클릭합니다. [K3:K11]에 ROUNDDOWN을 수행한 결과를 볼 수 있습니다. 천단위까지만 수를 나타내고 백 단위까지는 모두 내림을 하여 '0'으로 처리됩니다.

	K3	f_x	=ROUNDDOWN(J3,
	H	I	J	K
1				
2	평균(올림	단가	매출액	매출액(내림)
3	90.3	24,369	8,797,209	8,797,000
4	88.8	20,025	7,108,875	7,108,000
5	78.5	17,840	5,601,760	5,601,000
6	87.3	15,440	5,388,560	5,388,000
7	86.8	38,255	13,274,485	13,274,000
8	89.5	33,560	12,014,480	12,014,000
9	59.0	25,435	6,002,660	6,002,000
10	94.3	22,455	8,465,535	8,465,000
11	92.3	25,540	9,424,260	9,424,000

Sheet1 tip Sheet3

Tip Num_digits 자리수 정하기

2	소수점 이하 둘째 자리까지 표시 (셋째 자리에서 반올림, 올림, 내림 처리)	반올림 : 25.55555→25.56 올림　 : 25.51111→25.52 내림　 : 25.59999→25.59
1	소수점 이하 첫째 자리까지 표시 (둘째 자리에서 반올림, 올림, 내림 처리)	반올림 : 25.55555→25.6 올림　 : 25.51111→25.6 내림　 : 25.59999→25.5
0	소수점 이하 첫째 자리에서 반올림, 올림, 내림 처리, 정수 부분 일의 자리까지 표시	반올림 : 25.55555→26 올림　 : 25.51111→26 내림　 : 25.59999→25
-1	정수 부분 첫째 자리(일의 자리) 이하에서 반올림, 올림, 내림 처리, 십의 자리까지 표시. 나머지는 0 처리	반올림 : 12,345.5→12,350 올림　 : 12,340.5→12,350 내림　 : 12,340.5→12,340
-2	정수 부분 둘째 자리(십의 자리) 이하에서 반올림, 올림, 내림 처리, 백의 자리까지 표시. 나머지는 0 처리	반올림 : 12,345→12,300 올림　 : 12,340→12,400 내림　 : 12,340→12,300
-3	정수 부분 셋째 자리(백의 자리) 이하에서 반올림, 올림, 내림 처리, 천의 자리까지 표시. 나머지는 0 처리	반올림 : 12,345→12,000 올림　 : 12,340→13,000 내림　 : 12,340→12,000

• 인수에 수식 또는 함수를 사용하는 예

앞에서 평균값을 계산한 후 또는 매출액을 계산한 후에 계산된 값을 'ROUNDUP' 또는 'ROUNDDWN' 함수를 적용하여 값을 추가로 나타내고 하는 일은 잘 없을 것입니다. 평균값 또는 매출액에 직접 적용해야 함은 당연한 일일 것입니다. 계산된 값 또는 함수가 적용된 값에 다른 함수를 직접 적용해야 한다는 것입니다. 즉, 평균을 구하기 위하여 'AVERAGE' 함수를 적용하였는데 이것을 인수 값으로 하여 반올림, 올림, 내림 함수에 적용을 하여야 한다는 것이지요. 함수 내에 다른 함수를 적용하는 것은 매우 중요하며 매우 유용하게 활용될 수 있으며 조금은 복잡한 절차가 이루어지므로 적용절차에 대한 이해와 숙련이 필요함을 꼭 기억하기 바랍니다.

'ROUNDUP' 함수를 사용하여 평균은 소수 첫째 자리까지 표시하고 'ROUNDDWN' 함수를 사용하여 매출액은 백원 단위까지는 절삭하여 나타나게 하려고 합니다.

• 평균 구하기 - 함수를 인수로 적용한 중첩함수의 예

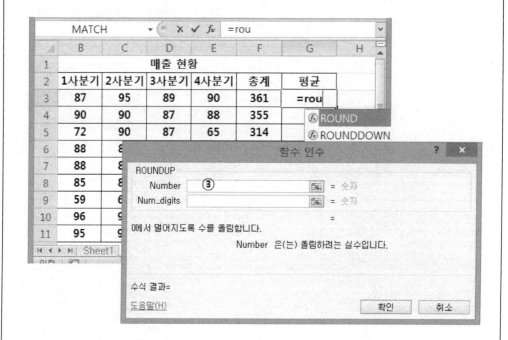

❶ 셀 [G3]을 선택한 후 「=rou」까지만 입력하여도 'rou'로 시작하는 함수가 나타납니다. 'ROUNDUP'을 더블 클릭합니다.

❷ f_x 를 클릭합니다. 'ROUNDUP' [함수 인수] 대화상자가 뜹니다.

❸ [Number] 인수 항목에 올림을 할 인수 값을 넣는데 인수가 평균값이므로 평균 함수를 사용하여 평균값을 구합니다. 평균을 구하는 함수를 넣어야 하므로 'ROUNDUP' 함수의 인수로 다른 함수를 넣는 경우입니다. 이를 함수의 중첩이라 합니다.

인수로 함수를 적용해야 할 경우는 아래 그림 ⓐ의 [이름 상자]에서 추가로 함수를 넣어야 합니다. 계속해서 인수에 함수를 적용하는 과정입니다.

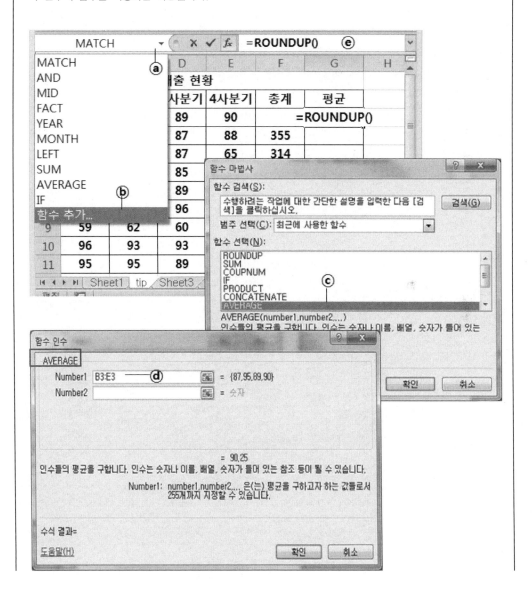

ⓐ [이름 상자]의 「▼」를 클릭합니다. 함수가 펼쳐집니다.

ⓑ 적용할 함수를 있으면 더블 클릭하고, 적용할 함수가 없으면 아래 쪽의 [함수 추가] 항목을 클릭합니다. 추가할 함수에 대한 [함수 마법사] 대화 상자가 뜹니다.

ⓒ [함수 마법사] 대화 상자에서 적용할 함수 'AVERAGE'를 찾아 더블 클릭 합니다.

ⓓ 'AVERAGE' 함수 인수 대화상자가 뜹니다. 평균을 구할 셀 영역을 지정합니다. [B3:E3]을 지정하였습니다.

ⓔ 수식 입력줄의 'ROUNDUP' 함수 이름을 클릭합니다.

❹ 'AVERAGE' 함수의 인수 지정 후 [확인] 단추를 클릭을 하면 안 됩니다. [확인]을 클릭하면 함수 적용이 종료됩니다. 아직 'ROUNDUP' 함수의 인수지정이 완료되지 않았음으로 'ROUNDUP' 함수의 [함수 인수] 대화 상자로 돌아가야 합니다. 그래서 수식 입력줄의 'ROUNDUP' 함수 이름을 클릭하면 'ROUNDUP' 함수의 [함수 인수] 대화 상자로 다시 돌아 갑니다. [Number] 인수 항목에 'AVERAGE(B3:E3)' 함수가 입력된 것을 확인할 수 있습니다.

❺ 올림을 할 자리수를 입력하고 [확인]을 클릭합니다.

❻ 소수점 이하 첫째 자리까지 표시됨을 볼 수 있으며 채우기 핸들을 사용하여 [G11]까지 복사를 합니다.

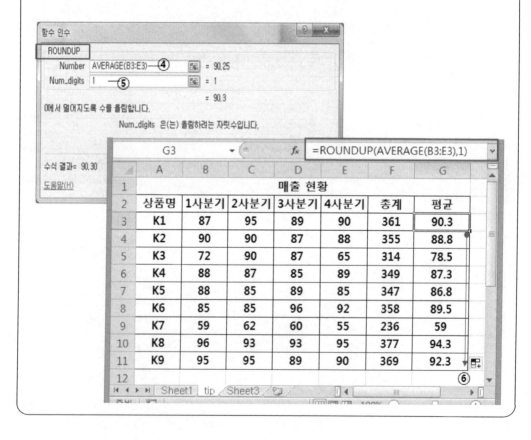

매출액 구하기 - 수식을 인수로 적용한 예

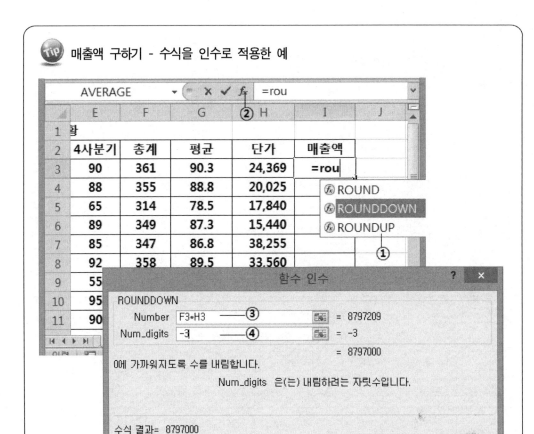

❶ 셀 [I3]을 선택한 후 「=rou」까지만 입력하여도 'rou'로 시작하는 함수가 나타납니다. 'ROUNDDOWN'을 더블 클릭합니다.

❷ fx 를 클릭합니다. 'ROUNDDOWN' [함수 인수] 대화상자가 뜹니다.

❸ [Number] 인수 항목에 내림을 할 인수 값을 넣는데 내림을 할 인수가 매출액입니다. 매출액은 「총계x 단가」입니다. 「F3*H3」을 입력합니다.

❹ 수를 천 단위까지 표시하기 위해 「-3」을 입력합니다.

[확인]을 클릭하고 [H3]에 적용된 함수를 [H11]까지 복사합니다.

3 조건 관련 함수

조건 합계 구하기– SUMIF( ), SUMIFS( )

• SUMIF( )

함수 형식		=SUMIF(Range, Criteria, Sum_range)
인수	Range	조건에 맞는 값을 찾으려는 데이터 범위
	Criteria	조건. 수식 또는 수 또는 문자를 입력
	Sum_range	조건에 맞는 값에 대해 합계를 하고자 하는 값의 범위

조건에 따른 합계를 구하는 함수입니다. 가령 이달의 판매실적에서 냉장고의 판매량 합계를 구할 필요가 있을 수 있습니다. 여러 가전제품 중에 '냉장고'를 조건으로 하여 냉장고에 대한 것만 합계를 구하는 것입니다. 다음 표에서 제품 중 냉장고의 판매금액을 계산해 보려고 합니다.

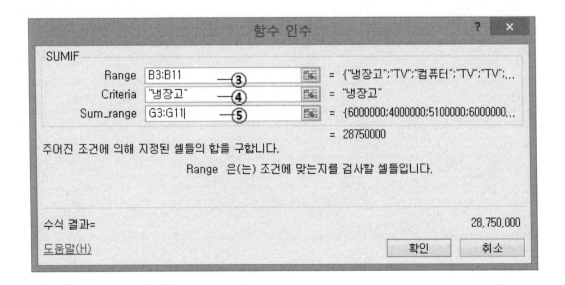

	A	B	C	D	E	F	G
1				판매 실적			
2	판매일	제품군	제조회사	제품명	단가	판매량	판매금액
3	2015-01-01	냉장고	A	냉장고1	1,200,000	5	6,000,000
4	2015-01-02	TV	B	TV1	1,000,000	4	4,000,000
5	2015-01-03	컴퓨터	C	컴퓨터1	850,000	6	5,100,000
6	2015-01-05	TV	B	TV2	2,000,000	3	6,000,000
7	2015-01-09	TV	A	TV1	950,000	4	3,800,000
8	2015-01-10	냉장고	B	냉장고1	1,250,000	7	8,750,000
9	2015-01-11	컴퓨터	A	컴퓨터2	950,000	4	3,800,000
10	2015-01-12	컴퓨터	C	컴퓨터1	700,000	6	4,200,000
11	2015-01-13	냉장고	A	냉장고2	3,500,000	4	
12							
13		냉장고 판매금액			①	=su	
14		카드결재 냉장					

❶ 셀을 선택한 후 「=su」까지 입력하여도 'SU'으로 시작하는 함수가 나타납니다. 'SUMIF'을 더블 클릭합니다.

❷ f_x 를 클릭합니다. 'SUMIF' [함수 인수] 대화상자가 뜹니다.

❸ [Range] 인수 항목은 조건에 맞는지를 검사할 셀들이 있는 데이터 영역을 지정하는 곳입니다. 그림에서 내장고를 [제품군]에서 찾아서 금액을 합계하여야 하므로 조건을 찾을 영역은 「B3:B11」입니다. 마우스로 [B3]에서 [B11까지 드래그 하여 지정합니다.

❹ [Criteria]는 조건을 지정하는 곳입니다. 조건은 '냉장고'이므로 '냉장고'를 입력합니다. 조건으로 입력될 수 있는 값은 수, 문자, 조건 수식입니다.

❺ [Sum_range]는 조건에 해당하는 값을 찾아서 합계를 구하려고 하는 데이터 영역입니다. 합계를 하려고 하는 값은 [판매금액]이므로 「G3:G11」입니다. 마우스로 [G3]에서 [G11]까지 드래그 하여 지정합니다.

[확인]을 클릭합니다. 각 인수에 대한 정의는 설명문에서도 제시되므로 항상 설명문을 참고합시다. 단순히 적용과정을 외우는 것 보다 설명문을 읽어 봄으로써 함수를 이해하는데 많은 도움이 될 것입니다.

• SUMIFS( )

함수 형식		=SUMIFS(Sum_range, Criteria_range1, Criteria1, Criteria_range2, Criteria2, ...)
인수	Sum_range	조건에 맞는 값에 대해 합계를 하고자 하는 값의 범위
	Criteria_range1	첫 번째 조건에 맞는 값을 찾으려는 데이터 범위
	Criteria1	첫 번째 조건
	Criteria_range2	두 번째 조건에 맞는 값을 찾으려는 데이터 범위
	Criteria2	두 번째 조건
	.....	3개 이상의 조건

SUMIF 함수의 복수형으로 조건이 2개 이상일 경우에 적용할 수 있는 함수입니다. 그림에서 냉장고의 판매금액에서 카드로 결재한 금액을 구하려고 하는 경우가 있을 수 있을 것입니다. 합계금액을 구하는데 두 개의 조건은 '냉장고'와 '카드'입니다.

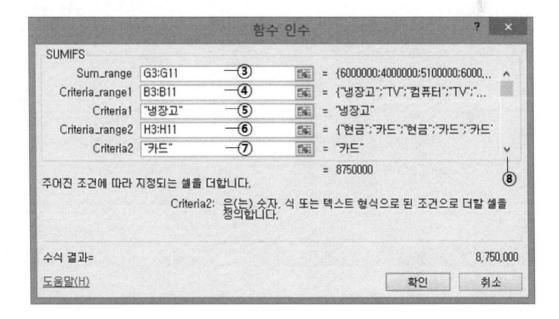

	B	C	D	E	F	G	H
1			판매 실적				
2	제품군	제조회사	제품명	단가	판매량	판매금액	비고
3	냉장고	A	냉장고1	1,200,000	5	6,000,000	현금
4	TV	B	TV1	1,000,000	4	4,000,000	카드
5	컴퓨터	C	컴퓨터1	850,000	6	5,100,000	현금
6	TV	B	TV2	2,000,000	3	6,000,000	카드
7	TV	A	TV1	950,000	4	3,800,000	카드
8	냉장고	B	냉장고1	1,250,000	7	8,750,000	카드
9	컴퓨터	A	컴퓨터2	950,000	4	3,800,000	현금
10	컴퓨터	C	컴퓨터1	700,000	6	4,200,000	카드
11	냉장고	A	냉장고2	3,500,000	4		금
12							
13	냉장고 판매금액					28,750,000	
14	카드결재 냉장고 판매			=su			

❶ 셀을 선택한 후 「=su」까지만 입력하여도 'SU'으로 시작하는 함수가 나타납니다. 'SUMIFS'을 더블 클릭합니다.

❷ fx를 클릭합니다. 'SUMIFS' [함수 인수] 대화상자가 뜹니다.

❸ [Sum_range]는 조건에 맞는 값을 찾아서 합계를 구하려고 하는 데이터 영역입니다. 합계를 하려고 하는 값이 [판매금액]이므로 「G3:G11」입니다. 마우스로 [G3]에서 [G11]까지 드래그 하여 지정합니다.

❹ [Criteria_range1]은 첫 번째 조건에 해당하는 값을 검사할 셀들이 있는 데이터 영역을 지정하는 곳입니다. 첫 번째 조건이 [제품군]에서의 '냉장고'이므로 조건을 찾을 영역은 「B3:B11」입니다. 마우스로 [B3]에서 [B11]까지 드래그 하여 지정합니다.

❺ [Criteria1]은 첫 번째 조건을 지정하는 곳입니다. 조건은 '냉장고'이므로 '냉장고'를 입력합니다.

❻ [Criteria_range2]은 두 번째 조건에 해당하는 값을 검사할 셀들이 있는 데이터 영역을 지정하는 곳입니다. 두 번째 조건이 '카드'이므로 조건을 찾을 영역은 「H3:H11」입니다. 마우스로 [H3]에서 [H11]까지 드래그 하여 지정합니다.

❼ [Criteria2]은 첫 번째 조건을 지정하는 곳입니다. 조건은 '카드'이므로 '카드'를 입력합니다.

❽ 조건이 추가로 더 있을 경우 스크롤 바를 내리면 [Criteria_range3], [Criteria3], [Criteria_range4], [Criteria4] 등 지정할 인수 항목이 나타납니다.

[확인]을 클릭합니다.

🔘 조건 개수 구하기– COUNTIF( ), COUNTIFS( )

조건에 의한 개수 구하기는 업무에 많이 적용되어 많이 응용되는 함수 중에 하나입니다. 자료에 대한 분석을 할 때, 합격을 한 수험자의 수, 90점 이상 몇 명, 앞에서 사용한 표에서만 보아도 판매금액이 얼마 이상 또는 이하인 제품은 몇 개, 카드 또는 현금으로 계산한 제품은 몇 개인가 등 다양합니다. 앞에서는 조건을 문자값으로 적용하는 것을 해 보았으니 이번에는 수식을 사용하여 구해 보는 예를 보도록 하겠습니다.

• COUNTIF( )

함수 형식		=COUNTIF(Range, Criteria)
인수	Range	조건에 맞는 셀의 수를 구하려는 데이터 범위
	Criteria	조건. 수식 또는 수 또는 문자를 입력

❶ 셀을 선택한 후 「=cou」까지만 입력하여도 'COU'으로 시작하는 함수가 나타납니다. 'COUNTIF'을 더블 클릭합니다.

❷ fx 를 클릭합니다. 'COUNTIF' [함수 인수] 대화상자가 뜹니다.

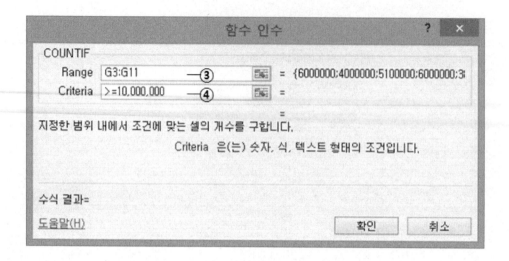

❸ [Range]는 개수를 구하려고 하는 데이터 영역입니다. 개수를 구하려고 하는 값이 [판매금액]이므로 「G3:G11」입니다. 마우스로 [G3]에서 [G11]까지 드래그 하여 지정합니다.

❹ [Criteria]는 조건을 지정하는 곳입니다. 조건이 '천만원 이상의 판매금액'이므로 수식을 입력하여야 합니다. 「>=10,000,000」을 입력합니다. 만약에 '천만원 이하'를 조건으로 하려면 「<=10,000,000」을 입력해야 되겠지요. 조건에 해당하는 조건 수식을 직접 입력을 하여야 합니다.

• COUNTIFS( )

COUNTIF( )의 복수형으로 조건이 두 개 이상일 경우에 사용되는 함수입니다.

함수 형식		=SUMIFS(Criteria_range1, Criteria1, Criteria_range2, Criteria2, ...)
인수	Criteria_range1	첫 번째 조건에 맞는 셀의 수를 구하려는 데이터 범위
	Criteria1	첫 번째 조건
	Criteria_range2	두 번째 조건에 맞는 셀의 수를 구하려는 데이터 범위
	Criteria2	두 번째 조건
	.....	3개 이상의 조건

천만원 이상의 제품 중 현금으로 결재한 제품의 수를 구하려고 합니다. 적용할 조건은 '천만원 이상의 제품'과 '현금'입니다.

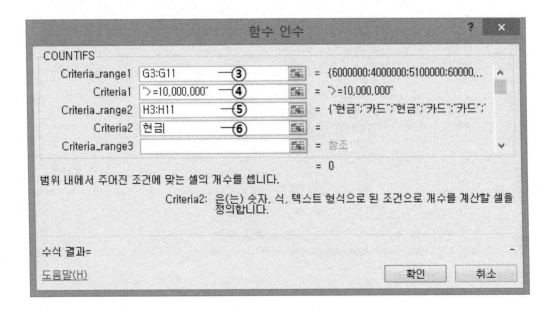

	B	C	D	E	F	G	H
3	냉장고	A	냉장고1	1,200,000	5	6,000,000	현금
4	TV	B	TV1	1,000,000	4	4,000,000	카드
5	컴퓨터	C	컴퓨터1	850,000	6	5,100,000	현금
6	TV	B	TV2	2,000,000	3	6,000,000	카드
7	TV	A	TV1	950,000	4	3,800,000	카드
8	냉장고	B	냉장고1	1,250,000	7	8,750,000	카드
9	컴퓨터	A	컴퓨터2	950,000	4	3,800,000	현금
10	컴퓨터	C	컴퓨터1	700,000	6	4,200,000	카드
11	냉장고	A	냉장고2	3,500,000	4	14,000,000	현금

❶ 셀을 선택한 후 「=cou」까지만 입력하여도 'COU'으로 시작하는 함수가 나타납니다. 'COUNTIFS'을 더블 클릭합니다.

❷ 를 클릭합니다. 'COUNTIFS' [함수 인수] 대화상자가 뜹니다.

❸ [Criteria_range1]은 첫 번째 조건에 의해 개수를 구하려고 하는 데이터 영역입니다. 구하려고 하는 값이 해당 조건의 [판매금액]의 개수이므로 개수를 구하려는 데이터 영역은 「G3:G11」입니다. 마우스로 [G3]에서 [G11]까지 드래그 하여 지정합니다.

❹ [Criteria1]은 조건을 지정하는 곳입니다. 조건이 '천만원 이상의 판매금액'이므로 「>=10,000,000」을 입력합니다.

❺ [Criteria_range2]는 두 번째 조건을 적용하려고 하는 데이터 영역입니다. 두 번째 조건이 '카드'이므로 지정할 데이터 영역은 「H3:H11」입니다. 마우스로 [H3]에서 [H11]까지 드래그 하여 지정합니다.

❻ [Criteria2]는 두 번째 조건을 지정하는 곳입니다. 조건인 '현금'을 입력합니다.

Tip 함수의 수정

함수를 수정한다는 것은 함수에 설정된 인수의 내용을 변경한다는 것입니다.

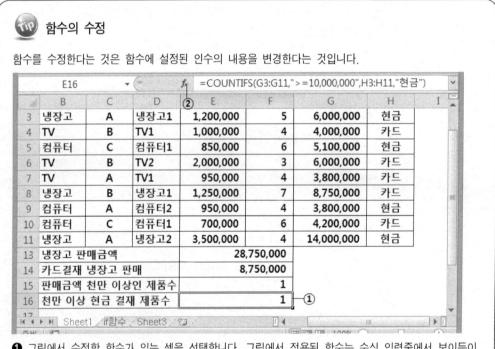

❶ 그림에서 수정할 함수가 있는 셀을 선택합니다. 그림에서 적용된 함수는 수식 입력줄에서 보이듯이 「=COUNTIFS(G3:G11,">=10,000,000",H3:H11,"현금")」입니다.

❷ fx를 클릭합니다. 수정할 함수인 'COUNTIFS'의 [함수 인수] 대화상자가 뜹니다. 함수 인수를 추가하거나 수정할 항목에서 수정을 하고 [확인]을 클릭합니다.

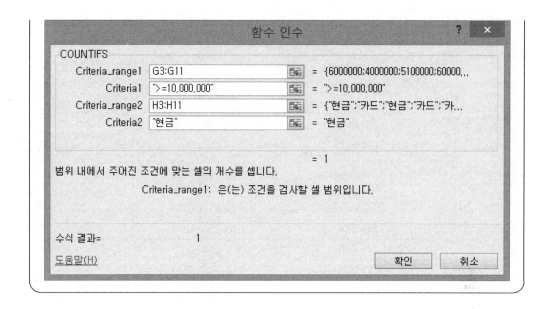

조건 함수- IF( )

IF 함수는 조건에 따라 처리하는 함수로 두 개의 값 중에 하나를 선택할 때 사용하는 함수이다. 조건을 제시하는 값이 맞을 때, 즉 참일 때의 값과 조건을 제시하는 값이 맞지 않을 때, 거짓일 때의 값, 참과 거짓 중에 하나를 선택하여 나타내는 함수입니다.

함수 형식		=IFS(Logical_test, Value_if_true, Value_if_false)
인수	Logical_test	조건을 판단하는 조건식이나 값
	Value_if_true	조건식이 참일 경우 출력하는 값
	Value_if_false	조건식이 거짓일 경우 출력하는 값

그림에서 비고란에 판매량에 따라 성과에 대한 값을 넣고자 한다. 판매량이 5 이상일 경우에는 표시 없이 공백으로 두고 5 미만일 경우에는 '목표 미달'이라고 표시하고자 합니다.

AVERAGE	▼	✗ ✓ fx	=if		

논리 검사를 수행하여 TRUE나 FALSE에 해당하는 값을 반환합니다

	D	E	F	G	H	I
1	판매 실적					
2	제품명	단가	판매량	판매금액	결재	비고
3	냉장고1	1,200,000	5	6,000,000	현금	=if
4	TV1	1,000,000	4	4,000,000	카드	
5	컴퓨터1	850,000	6	5,100,000	현금	
6	TV2	2,000,000	3	6,000,000	카드	
7	TV1	950,000	4	3,800,000	카드	
8	냉장고1	1,250,000	7	8,750,000	카드	
9	컴퓨터2	950,000	10	9,500,000	현금	
10	컴퓨터1	700,000	6	4,200,000	카드	
11	냉장고2	3,500,000	4	14,000,000	현금	

fx IF
fx IFERROR

Sheet1 / if함수 / Sheet3

❶ 셀 [I3]을 선택한 후 「=if」 입력하면 'IF'로 시작하는 함수가 나타납니다. 'IF'를 더블 클릭합니다.

❷ fx 를 클릭합니다. 'IF' [함수 인쉬] 대화상자가 뜹니다.

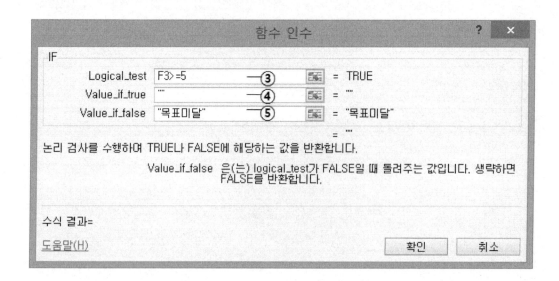

함수 인수   ? ✗

IF

Logical_test	F3>=5	③		= TRUE
Value_if_true	""	④		= ""
Value_if_false	"목표미달"	⑤		= "목표미달"

= ""

논리 검사를 수행하여 TRUE나 FALSE에 해당하는 값을 반환합니다.

Value_if_false 은(는) logical_test가 FALSE일 때 돌려주는 값입니다. 생략하면 FALSE를 반환합니다.

수식 결과=

도움말(H)   확인   취소

❸ [Logical_test]는 참과 거짓을 판단하는 조건 수식을 입력합니다. 판매량 [F3] 값이 5 이상인지 아닌지를 판단하는 조건 수식으로 「F3)=5」를 입력합니다.

❹ [Value_if_true]는 ❸에서 설정한 수식이 참(true)일 때 시트 화면에 나타나도록 하는 값을 입력합니다. 「""」을 입력합니다. 출력되는 값이 따옴표 안의 값이 출력되므로 「""」은 내용 없음을 의미합니다.

❺ [Value_if_false]는 ❸에서 설정한 수식이 거짓(false)일 때 시트 화면에 나타나도록 하는 값을 입력합니다. 「목표 미달」을 입력합니다. [확인]을 클릭하고 [I3]에 적용된 조건 함수를 [I11]까지 채우기 핸들을 사용하여 복사합니다.

if 함수 중첩의 예 - 3개 또는 3개 이상 중에 하나를 선택하는 경우

3개의 값 중에 하나를 선택하기 위해서는 IF 함수를 두 번 사용하여야 합니다. 4개의 값 중에 하나를 선택하기 위해서는 IF 함수를 몇 번 사용해야 할까요? 세 번입니다. IF 함수를 두 번 이상 사용한다는 것은 인수 항목에 IF 함수를 다시 사용해야 한다는 것으로 함수의 중첩에 해당됩니다. 함수의 중첩을 적용하는데 있어서 앞에서 배운 방법과 다른 방법을 적용해 보겠습니다.

그림에서 판매량이 10 이상일 경우에는 '우수', 판매량이 5 이상일 경우에는 '양호', 5 미만일 경우에는 '미흡'을 표시하도록 함수를 적용하고자 합니다.

제품명	단가	판매량	판매금액	결재	비고
냉장고1	1,200,000	5	6,000,000	현금	=if
TV1	1,000,000	4	4,000,000	카드	
컴퓨터1	850,000	6	5,100,000	현금	
TV2	2,000,000	3	6,000,000	카드	
TV1	950,000	4	3,800,000	카드	
냉장고1	1,250,000	7	8,750,000	카드	
컴퓨터2	950,000	10	9,500,000	현금	
컴퓨터1	700,000	6	4,200,000	카드	
냉장고2	3,500,000	4	14,000,000	현금	

❶ 셀 [I3]을 선택한 후 「=if」 입력하면 'IF'로 시작하는 함수가 나타납니다. 'IF'를 더블 클릭합니다.

❷ 𝑓𝑥 를 클릭합니다. IF [함수 인수] 대화상자가 뜹니다.

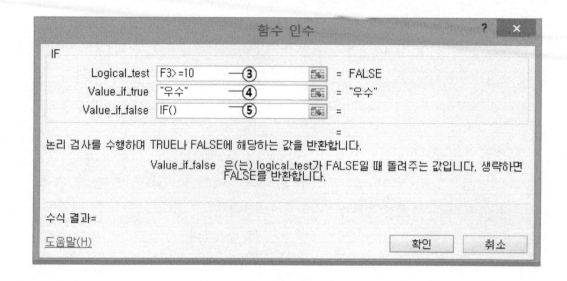

❸ [Logical_test]는 참과 거짓을 판단하는 조건 수식을 입력합니다. 첫 번째 조건으로 판매량 [F3] 값이 10 이상인지를 판단하는 조건 수식으로 「F3>=10」를 입력합니다.

❹ [Value_if_true]는 ❸에서 설정한 수식이 참(true)일 때, 즉 [F3] 값이 10 이상일 때 시트 화면에 나타나도록 하는 값을 입력합니다. 「우수」를 입력합니다.

❺ [Value_if_false]는 ❸에서 설정한 수식이 거짓(false)일 때 시트 화면에 나타나도록 하는 값을 입력합니다. 그런데 거짓일 때는 표시해야할 값이 아직 두 개가 남아 있습니다. '양호'와 '미흡'입니다. 그렇다면 남은 두 개의 값 중에 하나를 선택하기 위해서는 다시 한 번 더 「IF( )」 함수를 적용해야 합니다. 인수 값으로 함수를 적용하는 것은 함수의 중첩에 해당하는 것입니다. 따라서 함수를 한 번 더 적용하려면 [이름 상자]에서 함수를 찾아 적용해야 한다는 것은 이미 앞에서 공부하였습니다. [이름 상자]의 화살표 단추 「▼」을 클릭하여 펼쳐진 함수 중에 「IF」를 선택한 후 새로운 [IF]의 [함수 인수] 대화상자가 나타나도록 하여 조건에 따른 함수 인수를 적용합니다. 이번에는 다른 방법을 소개합니다.

그림처럼 추가로 적용할 함수 「IF()」을 입력합니다.

❻ ❺에서 「IF()」을 입력하고 작업 시트의 수식입력줄을 보면 「IF()」가 입력되어 있습니다. 수식입력줄의 「IF()」을 클릭합니다. 새로운 IF 함수의 인수 창이 뜹니다.

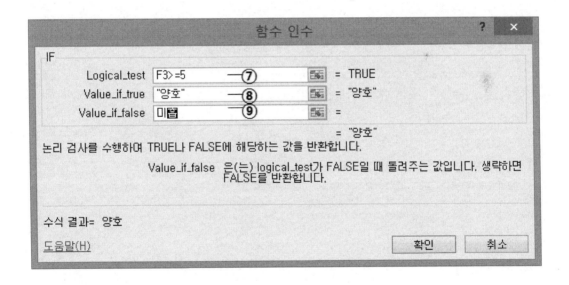

❼ [Logical_test]에 두 번째 조건으로 판매량 [F3] 값이 5 이상인지를 판단하는 조건 수식으로 「F3)=5」를 입력합니다.

❽ [Value_if_true]는 ❼에서 설정한 수식이 참(true)일 때, 즉 [F3] 값이 5 이상일 때 시트 화면에 나타나도록 하는 값을 입력합니다. 「양호」를 입력합니다.

❾ [Value_if_false]는 ❼에서 설정한 수식이 거짓(false)일 때 시트 화면에 나타나도록 하는 값

을 입력합니다. 즉, [F3] 값이 5 미만인 경우이므로 「미흡」을 입력합니다. 그런 다음 [확인]을 클릭하면 안 된다 하였습니다. 수식입력줄의 'IF'를 클릭합니다.

❿ 수식입력줄의 「IF」 함수명을 클릭하면 함수 인수 창이 뜹니다. 더 이상 지정할 인수가 없으므로 인수 지정이 완료되었습니다. [확인]을 클릭하면 완료됩니다.

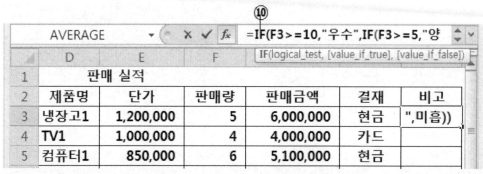

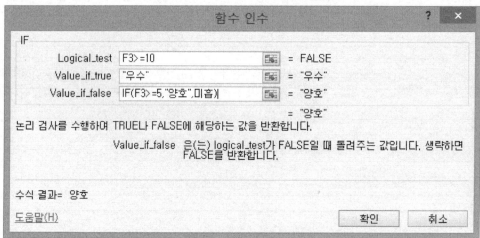

날짜 및 시간 함수

🌐 오늘 날짜, 현재 시간 표시 함수– TODAY( ), NOW( )

• TODAY( )

오늘 날짜, 정확하게는 컴퓨터에 설정된 오늘 날짜를 표시합니다. 괄호 안의 인수 값은 없습니다.

• NOW( )

현재 시간, 정확하게는 컴퓨터에 설정된 현재 시간을 표시합니다. 괄호 안의 인수 값은 없습니다.

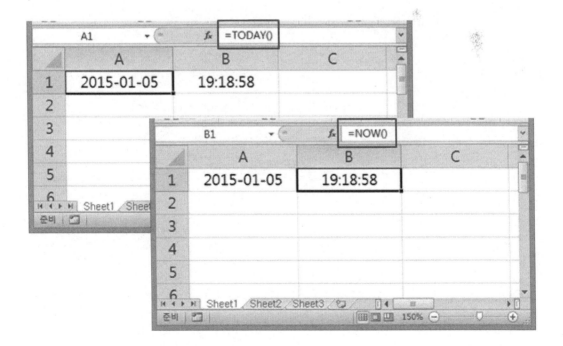

🌐 년, 월, 일 함수– YEAR( ), MONTH( ), DAY( )

YEAR( ), MONTH( ), DAY( ) 함수는 날짜 데이터에서 년, 월, 일을 각각 추출하여 가져오는
함수입니다.

함수 형식		=YEAR(Serial_number)	날짜에서 년도를 출력
		=MONTH(Serial_number)	날짜에서 월을 출력
		=DAY(Serial_number)	날짜에서 일을 출력
인수	Serial_number	년-월-일 형식의 날짜	

• YEAR( )

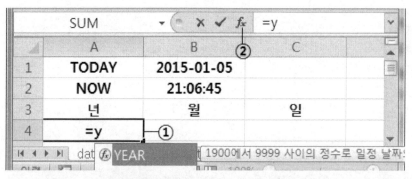

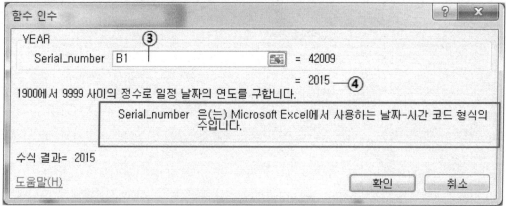

❶ 셀을 선택한 후 「=y」입력하면 'Y'로 시작하는 함수가 나타납니다. 'YEAR'을 더블 클릭합니다.
❷ ƒx 를 클릭합니다. 'YEAR' [함수 인수] 대화상자가 뜹니다.

❸ [Serial_number]는 아래 설명문에서도 보이듯이 날짜 형식의 값을 입력합니다. 날짜에서 가져올 연도가 있는 셀을 선택합니다. 그림에서는 [A1] 셀의 날짜를 선택했습니다.

❹ [A1] 셀의 날짜에서 연도 '2015'를 가져왔음을 미리보기 형태로 보여줍니다. 즉, 결과는 셀 [A1]에서 연도에 해당하는 값 '2015'를 가져오게 됩니다.

• MONTH( )

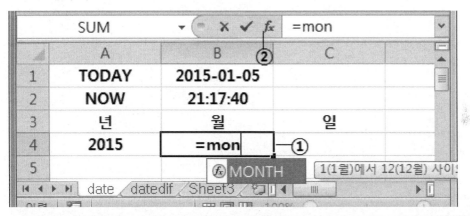

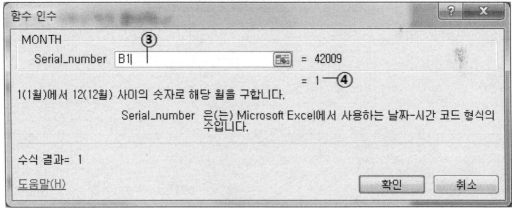

❶ 셀을 선택한 후 「=mon」 입력하면 'MON'로 시작하는 함수가 나타납니다. 'MONTH'를 더블 클릭합니다.

❷ fx 를 클릭합니다. 'MONTH' [함수 인수] 대화상자가 뜹니다.

❸ [Serial_number]는 날짜에서 가져올 월이 있는 셀을 선택합니다. 그림에서는 [A1] 셀의 날

짜를 선택했습니다.

❹ [A1] 셀의 날짜에서 월 '1'를 가져왔음을 미리보기 형태로 보여줍니다.

• DAY( )

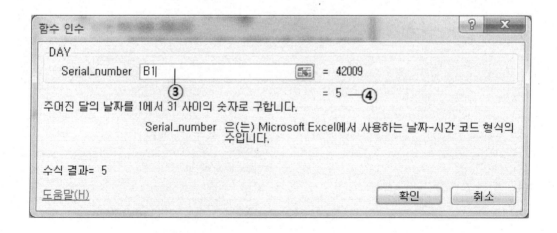

❶ 셀을 선택한 후 「=d」 입력하면 'D'로 시작하는 함수가 나타납니다. 'DAY'를 더블 클릭합니다.

❷ ƒx 를 클릭합니다. 'DAY' [함수 인쉬] 대화상자가 뜹니다.

❸ [Serial_number]는 날짜에서 가져올 일이 있는 셀을 선택합니다. 그림에서는 [A1] 셀의 날짜를 선택했습니다.

❹ [A1] 셀의 날짜에서 일 '5'를 가져왔음을 미리보기 형태로 보여줍니다.

🌑 날짜 지정 함수– DATE( )

DATE( ) 함수는 연, 월, 일 날짜를 표시하는 함수입니다. 연, 월, 일을 인수로 지정하여 사용자가 날짜에 대한 원하는 값을 만들어 낼 때 사용하는 함수로 YEAR( ), MONTH( ), DAY( ) 함수를 사용하여 년, 월, 일을 만들어 내는 것과 반대로 년, 월, 일에 해당하는 값을 가져와서 날짜를 만들어 내는 함수입니다.

함수 형식		=DATE(Year, Month, Day)
인수	Year	연도에 해당하는 수
	Month	월에 해당하는 수
	Day	일에 해당하는 수

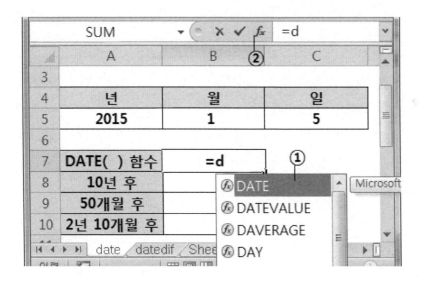

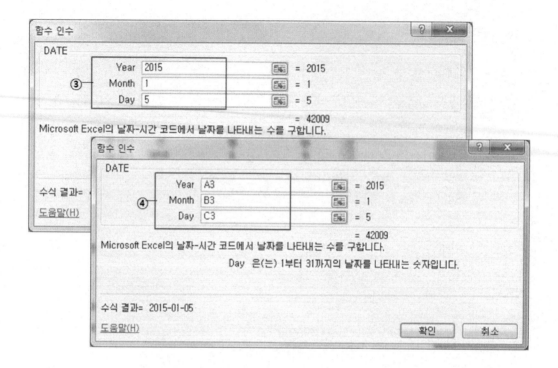

❶ 셀을 선택한 후 「=d」 입력하면 'D'로 시작하는 함수가 나타납니다. 'DATE'를 더블 클릭합니다.

❷ f_x 를 클릭합니다. DATE [함수 인쉬 대화상자가 뜹니다.

❸ YEAR, MONTH, DAY에 해당하는 값을 입력합니다.

❹ YEAR, MONTH, DAY에 해당하는 값을 ❸과 달리 셀에 있는 값을 참조한 경우입니다. 결과는 ❸과 동일합니다.

🌐 날짜함수 연산하기

DATE( ) 함수를 이용하여 날짜를 계산하여 특정일 연산하는 것을 해 보도록 하겠습니다. DATE( ) 함수를 찾는 과정은 앞에서와 동일하므로 함수 인수에 값을 지정하는 것만 해 봅시다. 아래 그림의 [B8:B10]과 같은 결과가 나오도록 인수를 지정합니다.

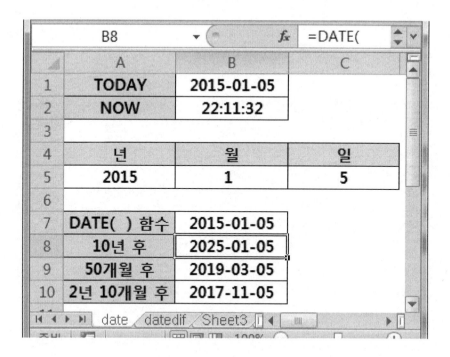

❶ 「2015-01-08」의 10년 후를 계산하기 위한 함수 인수 지정입니다.

10년 후를 계산하기 위해 Year 인수에 10을 더합니다.

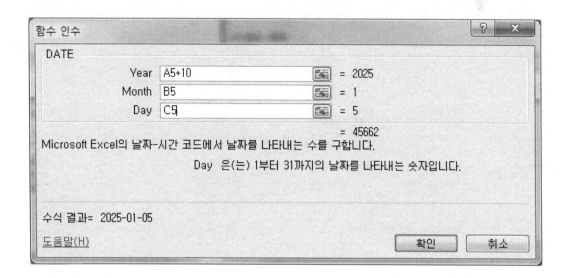

❷ 「2015-01-08」의 50개월 후를 계산하기 위한 함수 인수 지정입니다.

개월 수를 계산하므로 [Month] 항목에 계산식 50을 더합니다.

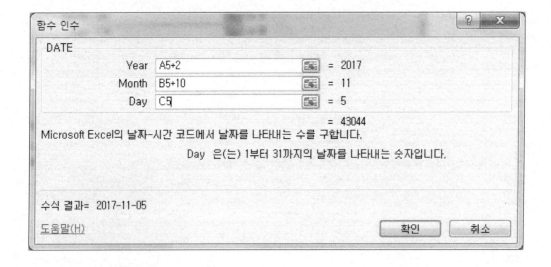

❸ 「2015-01-08」의 2년 10개월 후를 계산하기 위한 함수 인수 지정입니다.

YEAR( ), MONTH( ), DAY( ) 함수의 인수 값은 날짜 형식의 값이 들어가고 DATE( ) 함수의 인수는 년, 월, 일에 해당하는 정수 값이 들어간다는 것을 기억합시다.

● **DATE( ) 함수의 인수에 YEAR( ), MONTH( ), DAY( ) 함수 적용하기**

DATE( ) 함수의 인수에 년, 월, 일에 해당하는 값을 정수 값으로 직접 입력할 경우의 문제점은 년, 월, 일의 값을 각각 별도로 만들어서 지정하여야 한다는 것입니다. 날짜에서 직접 [Year], [Month], [Day] 인수를 추출하여 계산하여 봅시다.

- [Year] 인수 란에 「YEAR(A1)+10」을 입력합니다. 정수 '2015' 대신 [A1] 셀의 날짜에서 '2015'를 가져오기 위해 YEAR( ) 함수를 사용하였습니다.

- [Month] 인수 란에 「MONTH(A1)」을 입력합니다. '1월'에 해당하는 '1'을 가져오기 위해 정수 '1' 대신 [A1] 셀의 날짜에서 월의 값을 가져오는 MONTH( ) 함수를 사용하였습니다.

- [Day] 인수 란에 「DAY(A1)」을 입력합니다. '5일'에 해당하는 '5'를 가져오기 위해 정수 '5' 대신 [A1] 셀의 날짜에서 일의 값을 가져오는 DAY( ) 함수를 사용하였습니다.

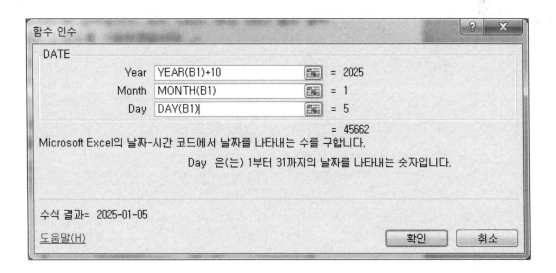

DATE( ) 함수의 중첩함수 적용 예

DATE( ) 함수의 인수에 YEAR( ), MONTH( ), DAY( ) 함수를 적용한다는 것은 함수에 함수를 적용하는 함수의 중첩을 의미합니다. 앞에서 DATE( ) 함수의 인수를 직접 입력을 하였습니다. 이것을 함수 중첩을 연습하는 겸 적용하여 보겠습니다.

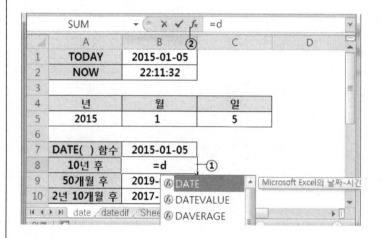

❶ 셀을 선택한 후 「=d」입력하면 'D'로 시작하는 함수가 나타납니다. 'DATE'를 더블 클릭합니다.
❷ f_x 를 클릭합니다. 'DATE' [함수 인수] 대화상자가 뜹니다.
❸ [Year] 인수 란에 날짜에서 연도를 가져오기 위하여 YEAR( ) 함수를 적용하고자 합니다. 인수 란에 'year()'을 입력합니다.

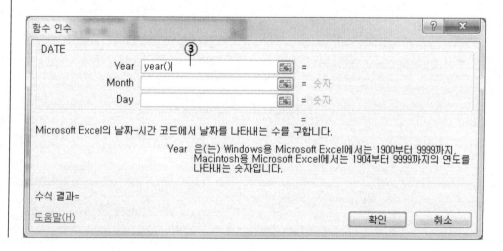

❹ 수식입력줄에 입력된 year()이 나타납니다. 수식입력줄의 year()을 클릭합니다. year 함수에 대한 인수 창이 새로 나타납니다.

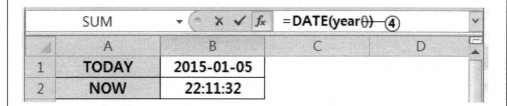

❺ 함수 [YEAR]의 인수에 날짜에 해당하는 값을 입력합니다. 셀 [B1]을 클릭합니다. [확인] 단추를 클릭하지 말고 다시 수식입력줄에서 DATE를 클릭합니다. DATE 함수에 대한 인수 지정이 완료되지 않았기 때문입니다.

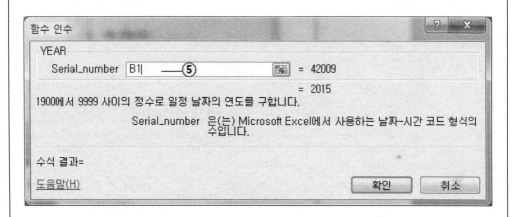

❻ 수식입력줄에서 DATE를 클릭하면 앞에서 설정하던 DATE 인수 창이 다시 뜹니다.

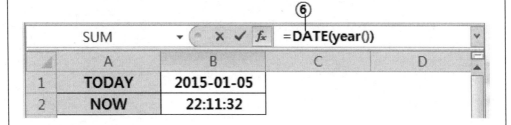

❼ 앞서 설정하던 인수 창에서 YEAR 함수에서 가져오는 연도에 10년 후를 계산하기 위해 10을 더한다. 그리고 [Month] 인수 란에 YEAR 함수를 적용하였듯이 MONTH 함수를 적용합니다.

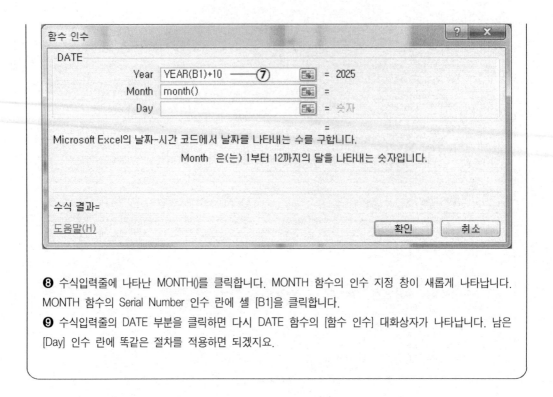

❽ 수식입력줄에 나타난 MONTH()를 클릭합니다. MONTH 함수의 인수 지정 창이 새롭게 나타납니다. MONTH 함수의 Serial Number 인수 란에 셀 [B1]을 클릭합니다.

❾ 수식입력줄의 DATE 부분을 클릭하면 다시 DATE 함수의 [함수 인수] 대화상자가 나타납니다. 남은 [Day] 인수 란에 똑같은 절차를 적용하면 되겠지요.

🔵 날짜 사이의 기간 구하기 함수- DATEDIF( )

DATEDIF 함수는 두 날짜 사이의 연도 수의 차이, 개월 수의 차이, 일 수의 차이를 구하는 함수입니다. 앞에서의 DATE 함수는 특정일로부터 얼마 경과된 일을 구할 때 적용하는 함수인 것에 비해 DATEDIF 함수는 두 날짜 간의 경과된 기간을 구할 때 사용하는 함수입니다. 계약일로부터 지금까지의 경과된 연 수, 개월 수, 일 수를 구하거나 입사한 날부터 지금까지의 근무기간을 구함으로써 근무경력을 구한다거나 하는 것에 유용하게 활용됩니다. 단 DATEDIF 함수는 함수 마법사에서 함수적용을 지원하지 않습니다. 셀에서 직접 함수를 입력하고 인수를 지정하여야 합니다. 익숙해진다면 오히려 직접 입력이 편리하게 느껴질 수 있습니다.

함수 형식		=DATEDIF(시작일, 종료일, "결과 표시 형태")			
인수	시작일	기간의 시작일(앞의 날짜), 해당하는 날짜 셀을 클릭			
	종료일	기간의 종료일(뒤의 날짜), 해당하는 날짜 셀을 클릭			
	결과 표시 형태	"y"	총 경과 년 수	=DATEDIF(A3,B3,"y")	❶
		"m"	총 경과 개월 수	=DATEDIF(A3,B3,"m")	❷
		"d"	총 경과 일 수	=DATEDIF(A3,B3,"d")	❸
		"ym"	총 경과 년 수 뺀 남은 개월 수	=DATEDIF(A3,B3,"ym")	❹
		"md"	총 경과 개월 수 뺀 남은 일 수	=DATEDIF(A3,B3,"md")	❺

다음 그림에서 DATEDIF 함수를 사용한 예를 보여주고 있습니다.

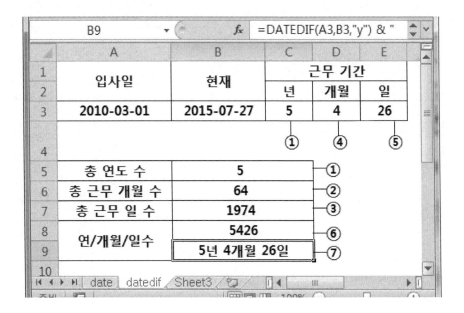

● **년, 개월, 일 수 함께 표현하기**

앞 그림의 ❻에 적용된 함수

=DATEDIF(A3,B3,"y") & DATEDIF(A3,B3,"ym") & DATEDIF(A3,B3,"md")

「&」는 결과 값들을 연결하는 연결연산자 입니다. 결과는 그림에서 ❻에 나타내었습니다. 년, 월, 일에 해당하는 결과 값 '5', '0', '26' 세 개의 값을 연결하여 '5026'의 결과가 표시되었습니다. 즉, '5026'은 5년 0개월 26일인 것입니다.

그림의 ❼에 적용된 함수

=DATEDIF(A3,B3,"y")&"년 " & DATEDIF(A3,B3,"ym")&"개월 " & DATEDIF(A3,B3,"md")&"일"

❻에서 출력된 숫자는 년 수, 개월 수, 일 수에 해당하는 값이지만 출력된 값만으로는 의미가 명확하지 않습니다. 이것을 문자 '년', '개월', '일'을 혼합하여 '5년 0개월 26일'이라는 두 날짜 사이의 기간을 명확하게 나타나도록 「&」연산자를 사용하여 그림에서 ❼과 같은 결과가 나타나도록 하였습니다.

5 텍스트 함수

🔵 텍스트를 추출해오는 함수- LEFT, RIGHT, MID

셀의 텍스트 값에서 지정한 위치에서부터 지정한 수 만큼의 문자를 추출하는 함수입니다.

함수 형식	=LEFT(text, 개수)	text에서 왼쪽 첫째 문자부터 개수 만큼의 문자를 가져옴
	=RIGHT(text, 개수)	text에서 오른쪽 첫째 문자까지 개수 만큼의 문자를 가져옴
	=MID(text, 시작 숫자, 개수)	text에서 시작 숫자 위치의 문자부터 개수 만큼의 문자를 가져옴
인수	text	가져올 문자가 있는 text, 해당하는 text가 있는 셀을 클릭
	개수	가져올 문자의 개수
	시작 숫자	처음이든 중간이든 가져올 문자의 시작 위치

● LEFT( ) 함수

주민등록번호에서 생년의 값을 가져오려고 합니다.

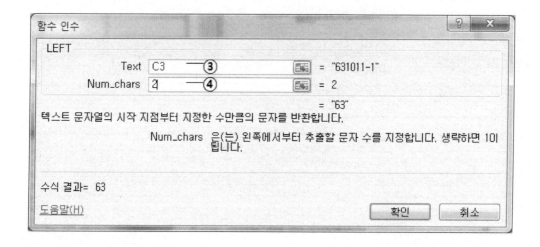

❶ 셀을 선택한 후 「=le」입력하면 'le'로 시작하는 함수가 나타납니다. 'LEFT'를 더블 클릭합니다.

❷ f_x 를 클릭합니다. LEFT [함수 인수] 대화상자가 뜹니다.

❸ [Text] 인수 란에 가져올 생년 값이 있는 주민등록번호 셀을 지정합니다.

❹ [Num_chars] 인수 란은 설명문에도 명시된 것처럼 왼쪽에서부터 추출할 문자의 수를 입력
합니다. 생년에 해당하는 값이므로 '2'를 입력합니다. [확인]을 클릭합니다.

• MID( ) 함수

그림에서 주민등록번호에서 생월의 값을 가져오려고 합니다.

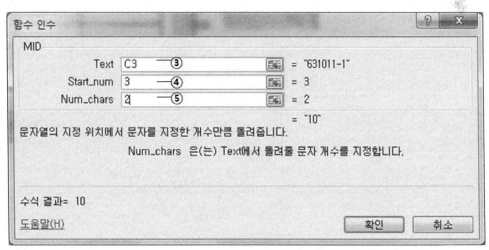

❶ 셀을 선택한 후 「=mi」입력하면 'mi'으로 시작하는 함수가 나타납니다. 'MID'를 더블 클릭
합니다.

❷ 𝑓𝑥 를 클릭합니다. 'MID' [함수 인쉬] 대화상자가 뜹니다.

❸ [Text] 인수 란에 가져올 생년 값이 있는 주민등록번호 셀을 지정합니다.

❹ [Start_num] 란은 가져올 문자의 시작 위치입니다. 생년월에 해당하는 값은 text의 3번째

값부터이므로 '3'을 입력합니다.

❺ [Num_chars] 인수 란은 추출할 문자의 수를 입력합니다. 생년월에 해당하는 값은 text의 3
번째 위치에서 문자 2개를 가져오므로 '2'를 입력합니다. [확인]을 클릭합니다.

그림에서 생일은 생월을 추출하듯이 MID 함수를 사용하여 인수의 [Start_num] 란에 시작 위치
만 '5'로 하여 문자 2개를 추출하면 될 것입니다.

MID 함수의 [Start_num] 란의 값을 '1'로 하면 LEFT 함수를 사용하는 것과 동일합니다. 그리고
RIGHT 함수는 문자 추출을 오른쪽에서 한다는 것 외에는 인수 지정 방법 등 LEFT 함수와 같
으므로 사용방법에 대해서는 생략합니다.

● **생년월일 구하기 – 「=DATE(년, 월, 일)」함수 실무 사례**

DATE 함수의 사용방법에 대해서는 이미 앞 절에서 다루었습니다. 여기에서는 DATE 함수의
실무 사례에 대해 소개를 하겠습니다.

DATE 함수는 년, 월, 일에 해당하는 값을 날짜로 표시하는 함수입니다. 이미 공부하였듯이 함
수의 형식은 「=DATE(년, 월, 일)」입니다. 그림에서 LEFT 함수 또는 MID 함수를 사용하여 주
민등록번호로부터 추출한 년, 월, 일의 값으로 생년월일의 날짜를 만들면 되겠습니다.

❶ 셀을 선택한 후 「=d」입력하면 'D'로 시작하는 함수가 나타납니다. 'DATE'를 더블 클릭합니다.

❷ ƒx 를 클릭합니다. 'DATE' [함수 인쉬] 대화상자가 뜹니다.

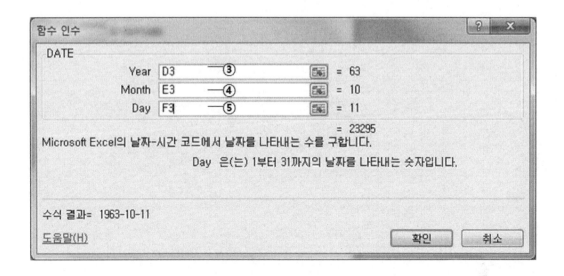

❸ [Year] 인수 란에 생년에 해당하는 값이 있는 셀을 지정합니다. 그림에서는 [D3] 셀을 선택하였습니다. 실제로는 연도 '1963'이 아닌 '63'이 입력됩니다. [Year]의 인수 값 '63'이면 '1963'으로 인식합니다. 명확히 입력하고자 한다면 [D3] 셀을 선택 후 '1900'을 더해주어야 할 것입니다.

❹ [Month] 인수 란에 생년월에 해당하는 값 [E3]을 지정합니다.

❺ [Day] 인수 란에 생년일에 해당하는 값 [F3]을 지정합니다. [확인]을 클릭합니다. '1963-10-11' 날짜를 확인할 수 있을 것입니다.

• 주민등록번호에서 생년월일 한 번에 만들기 - DATE 함수의 함수 중첩 사례

앞에서는 LEFT 함수와 MID 함수를 사용하여 생년월일에 대한 값을 각각 추출한 후에 추출된 값을 DATE 함수의 인수로 적용하여 생년월일의 날짜를 만들었습니다. 이것을 중첩 함수를 적용하여 한 번에 바로 생년월일의 날짜를 만들어 보겠습니다.

「=DATE(년, 월, 일)」--〉「=DATE(LEFT( ), MID( ), MID( ))」

앞에서는 「=DATE(년, 월, 일)」의 년, 월, 일 인수 값을 LEFT 함수와 MID 함수를 사용하여 추출한 후 DATE 함수의 인수로 적용하였습니다. 이 과정을 함수의 중첩을 사용하여 한 번에 적용합니다.

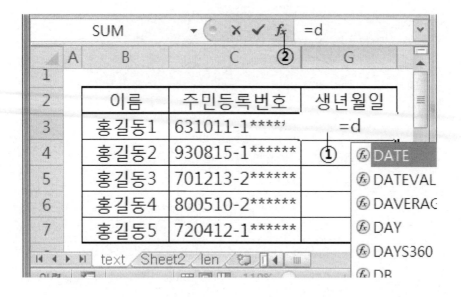

❶ 셀을 선택한 후 「=d」 입력하면 'D'로 시작하는 함수가 나타납니다. DATE를 더블 클릭합니다.

❷ fx 를 클릭합니다. DATE [함수 인수] 대화상자가 뜹니다.

❸ [Year] 인수 란에 연도를 입력해야 되겠지요. 앞에서는 LEFT 함수를 사용하여 이미 연도를 추출한 '63' 값을 가져왔습니다. 이번에는 인수 란에 LEFT 함수를 직접 적용합니다. [Year] 인수 란에 left() 입력합니다.

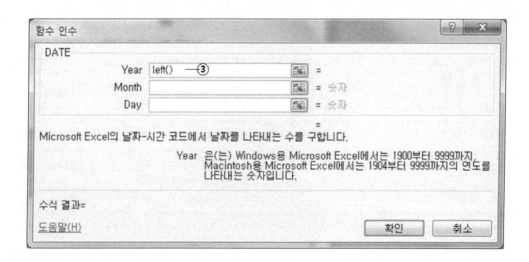

❹ 수식입력줄의 left()를 클릭합니다. 새로운 LEFT 함수의 [함수 인수] 대화 상자가 나타납니다. [Text] 란에 가져 올 연도가 있는 주민번호 셀 [C3]을 선택합니다. [Num_chars] 란에 가져올 문자 개수, '2'을 입력합니다. [확인]을 클릭하면 안 된다고 했습니다. DATE 함수의 인수를 계속 지정하여야 하므로 다시 수식입력줄에서 DATE에 클릭합니다. 그러면 DATE 함수의 인수 창으로 다시 돌아옵니다.

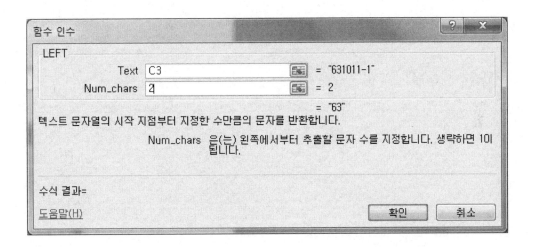

❺ 앞서 설정하던 DATE 함수의 인수 창에서 [Year] 인수 란에 LEFT 함수를 사용하여 연도를 추출해 올 수 있는 것을 볼 수 있습니다.

❻ 인제 DATE 함수의 인수 창에서 [Month] 인수와 [Day] 인수를 결정하면 됩니다. [Year] 인수를 지정하는 과정과 동일하게 ❸번부터 반복합니다. 단, LEFT 함수가 아닌 MID 함수를 적용하여야 되겠지요.

❿ [Day] 인수 값 설정이 끝나면 DATE 함수의 [함수 인수] 대화상자에서 [확인]을 클릭하면 함수적용이 완료됩니다.

적용된 생년월일 추출함수 : 「=DATE(LEFT(C3,2) , MID(C3,3,2) , MID(C3,5,2))」

● 주민등록번호에서 남, 여 구분하기

MID 함수를 사용하여 주민등록번호에서 뒷자리의 값이 "1"과 같으면(참이면) "남"을 출력하고 같지 않으면(거짓이면) "여"를 출력하도록 IF 함수를 사용하였습니다. 앞에서 IF 함수의 중첩 적용을 경험하였습니다. 동일한 과정을 거칩니다. 다만 인수에 입력되는 함수만 다를 뿐입니다.

적용된 남녀 구분 함수 : 「=IF(MID(K3,8,1)="1","남","여")」

이름	주민등록번호	생년월일	남녀
홍길동1	631011-1******	1963-10-11	=if
홍길동2	930815-1******	1993-08-15	
홍길동3	701213-2******	1970-12-13	
홍길동4	800510-2******	1980-05-10	
홍길동5	720412-1******	1972-04-12	

❶ 셀 [H3]을 선택한 후 「=if」 입력하면 'IF'로 시작하는 함수가 나타납니다. IF를 더블 클릭합니다.

❷ f_x 를 클릭합니다. IF [함수 인수] 대화상자가 뜹니다.

❸ [Logical_test]는 참과 거짓을 판단하는 조건 수식을 입력합니다. 첫 번째 조건으로 주민등록번호에서 뒷자리의 값이 "1"과 같은가(참)를 판단하는 조건 수식으로 먼저 MID 함수를 사용하여 주민등록번호에서 뒷자리의 첫 번째 값을 가져와야 합니다. MID() 입력합니다.

❹ 수식입력줄에서 MID()를 클릭합니다.

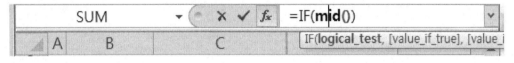

화면에

❺ MID 함수의 함수 인수 창이 뜹니다. [Text] 인수 란에 가져올 주민등록번호 셀을 지정합니다. [Start_num] 란은 가져올 문자의 시작 위치 '8'을 입력합니다. [Num_chars] 인수 란은 추출할 문자의 수를 '1'을 입력합니다. [확인]을 클릭하면 안되죠? 다시 수식입력줄의 IF를 클릭합니다.

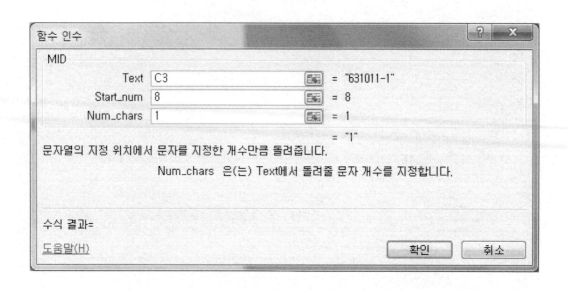

❻ IF 함수의 함수 인수 창으로 다시 돌아옵니다. [Logical_test] 인수 란의 조건으로 MID 함수를 사용하여 추출한 값이 '1'인가를 확인하는 조건 수식이므로 「="1"」를 추가로 입력합니다. 그리고 남은 [Value_if_true] 인수 값과 [Value_if_false] 인수 값을 입력합니다. [Value_if_true]는 [Logical_test] 인수 란의 수식이 참(true)일 때 나타나도록 하는 값으로 "남"을 입력합니다. [Value_if_false]는 [Logical_test] 수식이 거짓(false)일 때 나타나도록 하는 값으로 "여"를 입력합니다. 인수 지정이 완료되었으므로 [확인]을 클릭하면 완료됩니다.

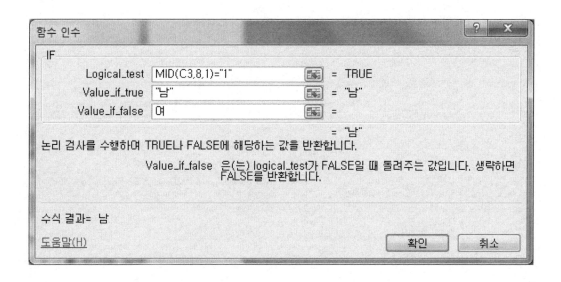

🔵 문자열 합치기 함수– CONCATENATE( )

여러 셀에 있는 문자열을 합쳐서 하나의 문자열로 만드는 함수입니다.

함수 형식		=CONCATENATE(text1, text2, text3, … , text255)
인수	text1	합칠 문자가 있는 text, 또는 셀
	text255	합칠 문자의 셀을 255개까지 지정할 수 있음

그림에서 대학명, 학과명, 이름을 합쳐 하나의 문자열로 만들려고 합니다.

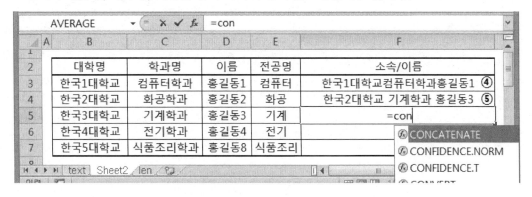

❶ 셀을 선택한 후 「=con」입력하면 'CON'으로 시작하는 함수가 나타납니다. 'CONCATENATE'를 더블 클릭합니다.

❷ *fx* 를 클릭합니다. 'CONCATENATE' [함수 인수] 대화상자가 뜹니다.

❸ [Text1], [Text2], [Text3]에 합치고자 하는 문자열의 셀을 각각 선택합니다. [확인]을 클릭합니다.

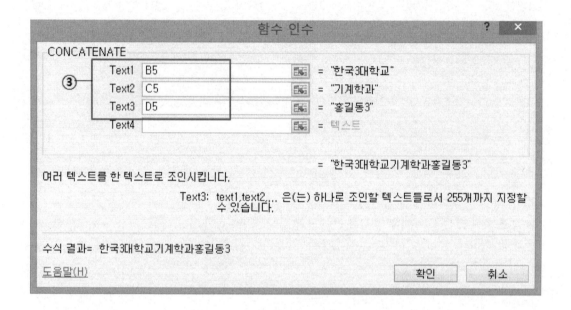

❹ 결과를 보여주고 있습니다. 문제는 합쳐진 문자열이 띄어쓰기가 안 되어 있습니다. 이를 ❺와 같이 띄어쓰기를 하려고 합니다.

❻ ❺에 적용된 인수 지정은 다음과 같습니다. 띄어쓰기를 위해 문자열과 문자열 사이에 키보드의 「스페이스 바」키를 눌러 공백을 입력합니다.

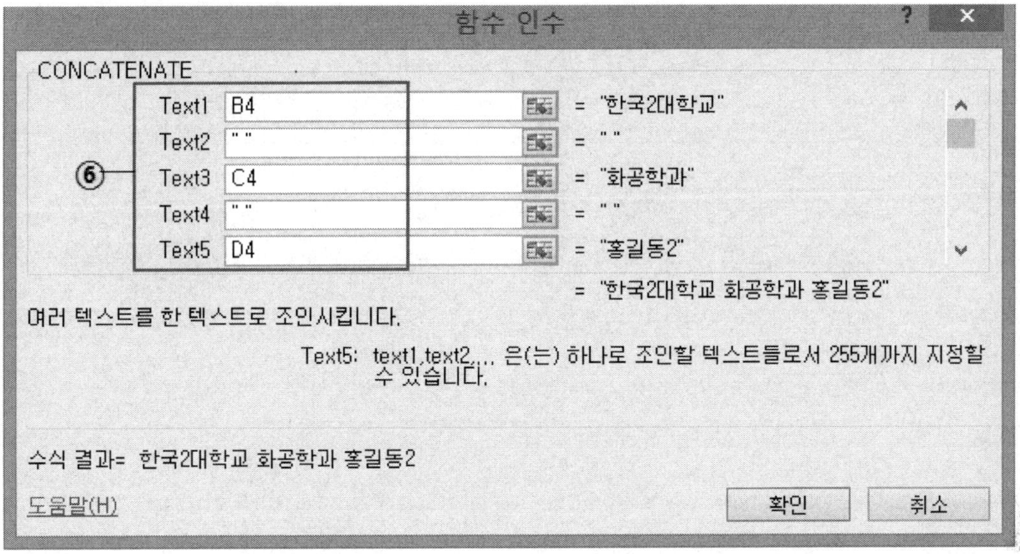

적용된 함수 형식입니다. 「=CONCATENATE(B4," ",C4," ",D4)」

🔵 문자열 중 특정문자 위치 찾기 함수- FIND( )

셀 내의 텍스트에서 특정문자를 찾아서 찾은 문자의 위치를 숫자로 나타내는 함수입니다.

함수 형식		=FIND(Find_text, Within_text, Start_num)
인수	Find_text	찾을 문자
	Within_text	찾을 문자가 포함된 텍스트. 셀 주소 지정
	Start_num	문자를 찾을 위치. 처음부터 찾기를 하므로 생략함

그림에서 학과명에서 문자 '학'이 몇 번째 있는지를 구하고자 합니다.

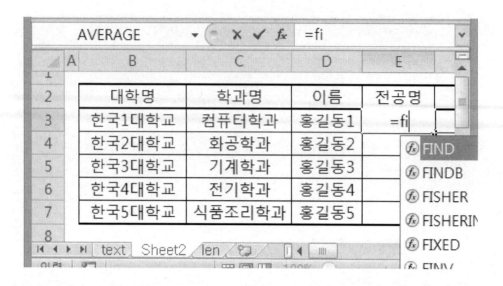

❶ 셀을 선택한 후 「=fi」 입력하면 'FI'로 시작하는 함수가 나타납니다. 'FIND'를 더블 클릭합니다.

❷ *fx* 를 클릭합니다. 'FIND' [함수 인수] 대화상자가 뜹니다.

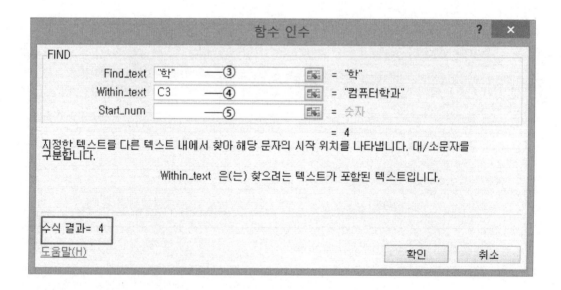

❸ [Find_text] 인수 란에 찾을 문자 '학'을 입력합니다.

❹ [Within_text] 인수 란에 찾을 문자 '학'을 포함하고 있는 문자열의 셀 [C3]을 클릭합니다.

❺ [Start_num] 인수 란은 찾을 시작 위치를 입력하는데 처음부터 시작할 때는 '1'을 입력하여
도 되지만 일반적으로 생략합니다.

미리보기에 선택된 셀의 문자열 '컴퓨터학과'에서 '학'이 네 번째 있다는 것을 보여줍니다. FIND
함수의 결과는 숫자입니다. 값을 찾아서 값의 위치에 해당하는 숫자를 출력하는 것입니다.
문자의 위치를 구하는 것이 무슨 의미가 있을까요? FIND 함수가 단독으로 사용될 때는 큰 의
미가 없는 숫자입니다. FIND 함수는 단독으로 사용되는 경우는 많지 않으며 LEFT 함수 또는
MID 함수 등과 함께 사용하여 중첩 함수의 형식으로 활용되는 경우가 많습니다.
다음은 LEFT 함수와 함수의 중첩을 이용하여 학과명에서 전공을 추출하는 것을 보여주고 있
습니다. 학과명의 문자열 길이가 다르므로 LEFT 함수만으로는 학과명에서 정확히 전공에 해
당하는 문자열을 추출할 수가 없습니다. 정확히 추출하기 위해서는 '학' 이전까지의 문자를 추
출하든가 또는 '학'까지의 문자를 추출하여야 할 것입니다. 학과명에서 '학'의 위치를 구하여
구한 위치의 숫자까지 또는 이전까지 문자를 추출하면 전공을 추출하게 되는 것입니다.

❶ 셀을 선택한 후 「=le」 입력하면 'LE'로 시작하는 함수가 나타납니다. LEFT를 더블 클릭합니다.
❷ fx 를 클릭합니다. LEFT [함수 인수] 대화상자가 뜹니다.

함수 인수

LEFT

| Text | C6 | = "전기학과" |
| Num_chars | find() | = |

=

텍스트 문자열의 시작 지점부터 지정한 수만큼의 문자를 반환합니다.

Num_chars 은(는) 왼쪽에서부터 추출할 문자 수를 지정합니다. 생략하면 1이 됩니다.

수식 결과=

도움말(H)　　　　　　　　　　　　　　　　　　　확인　　취소

❸ [Text] 인수 란에 문자를 추출할 텍스트의 셀 [C6]을 클릭합니다.

❹ [Nun_chars] 인수 란에 가져 올 문자의 수를 입력하여여 하는데 문자열의 길이가 다르므로 FIND 함수를 사용하여 가져 올 문자의 수를 구하면 되겠지요. 인수 란에 FIND 함수를 적용하여여 하므로 함수의 중첩 형식으로 수식입력줄에서 find()를 클릭합니다.

❺ FIND 함수의 [함수 인수] 대화 상자가 나타납니다.

함수 인수

FIND

Find_text	"학"	= "학"
Within_text	C6	= "전기학과"
Start_num		= 숫자

= 3

지정한 텍스트를 다른 텍스트 내에서 찾아 해당 문자의 시작 위치를 나타냅니다. 대/소문자를 구분합니다.

Within_text 은(는) 찾으려는 텍스트가 포함된 텍스트입니다.

수식 결과= 전기학

도움말(H)　　　　　　　　　　　　　　　　　　　확인　　취소

❻ [Find_text] 인수 란에 찾을 문자 '학'을 입력합니다. [Within_text] 인수 란에 찾을 문자 '학' 을 포함하고 있는 문자열의 셀 [C6]을 클릭합니다. [Start_num] 인수 란은 생략합니다. [확인]을 클릭하면 안 된다 하였습니다. 수식 입력줄의 'LEFT' 클릭하여 다시 LEFT 함수의 [함수 인수] 대화상자로 이동합니다.

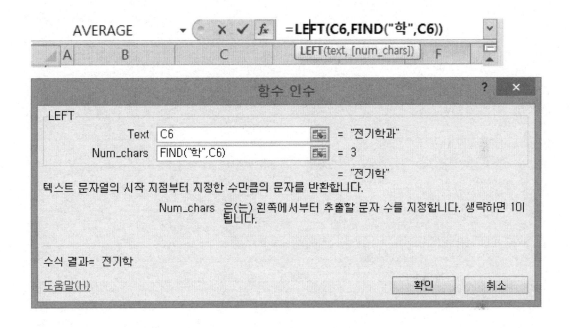

❼ [Nun_chars] 인수 란에 「FIND("학",C6)」함수가 설정된 것을 볼 수 있습니다. 수식 결과는 '전기학'이라고 보여주고 있습니다. 지금 우리가 추출하고자 하는 값은 전기학에서 학은 뺀 '전 기'만 가져오고자 합니다. 그래서 '학'이라는 글자 이전까지만 추출해야 하므로 이 상태에서 '1' 을 뺀 수식 「-1」을 추가로 입력합니다. [확인]을 클릭합니다.

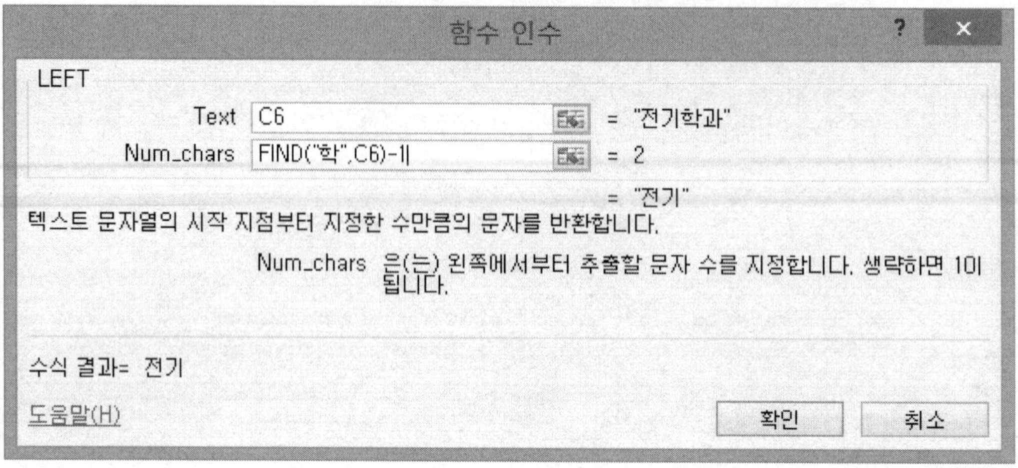

전공을 추출하는 함수는 「=LEFT(C6,FIND("학",C6)-1)」

🔵 데이터 길이 구하는 함수- LEN( )

함수 형식		=LEN(Text)
인수	Text	데이터의 길이를 구하고자 하는 텍스트, 셀 지정

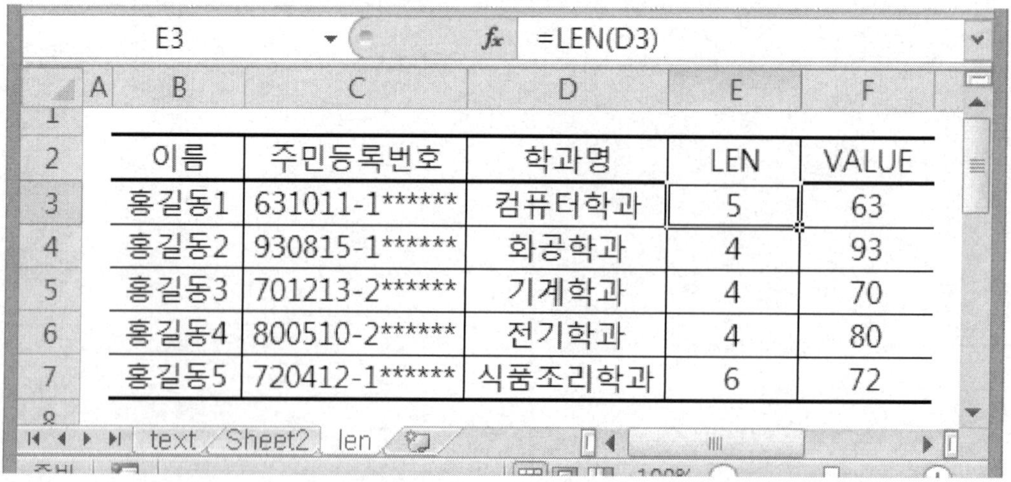

● 숫자 값으로 변환하는 함수- VALUE( )

텍스트 형식의 숫자를 연산이 가능한 숫자 형식으로 변환하는 함수입니다. LEFT, MID 함수를 사용하여 추출한 숫자는 문자 형식입니다. 문자 형식으로 추출된 숫자는 연산이 되지 않습니다. 연산이 필요한 경우가 있는데 이를 경우 문자 형식의 수를 숫자 형식으로 변경하여 주는 함수입니다.

함수 형식		=VALUE(Text)
인수	Text	숫자 형식으로 변경하고자 하는 텍스트, 셀 지정

	F3	▼	f_x	=VALUE(LEFT(C3,2))	
	A	B	C	D	E	F
1						
2		이름	주민등록번호	학과명	LEN	VALUE
3		홍길동1	631011-1*****	컴퓨터학과	5	63
4		홍길동2	930815-1*****	화공학과	4	93
5		홍길동3	701213-2*****	기계학과	4	70
6		홍길동4	800510-2*****	전기학과	4	80
7		홍길동5	720412-1*****	식품조리학과	6	72

text / Sheet2 \ len

6 찾기 함수

VLOOKUP, HLOOKUP 함수

LOOKUP 함수는 말 그대로 찾기를 하는 함수입니다. 세로 방향으로의 찾기는 VLOOKUP 함수를 사용하고 가로 방향으로의 찾기는 HLOOKUP 함수를 사용합니다. 적용되는 함수의 형식이 동일하므로 VLOOKUP 함수를 알면 자연히 HLOOKUP 함수의 활용도를 짐작하게 될 것입니다.

• VLOOKUP 함수

함수 형식		=VLOOKUP(Lookup_value, Table_array, Col_index, Range_lookup)
인수	Lookup_value	찾을 값. 전체 표 목록에서 첫 번째 열에서 찾으려는 값
	Table_array	값을 찾아서 추출하고자 하는 값들이 있는 전체 표의 범위
	Col_index	첫 번째 열에서 값을 찾아서 추출하려는 값이 있는 열 번호
	Range_lookup	찾을 방법을 지정. 일치하는 값을 찾을 지 유사한 값을 찾을 지에 대한 선택

그림에서 [sheet1]에서의 기초 데이터로부터 [sheet2]에 개인정보를 종합적으로 또는 기본적인 정보만 발췌하여 관리할 필요가 있을 경우에 [sheet1]의 기초 데이터로부터 필요한 정보를 찾아 가져오는 기능을 하는 함수가 VLOOKUP 함수입니다. 이름만 입력하면 종합표에서 명시한 정보들을 기초 데이터로부터 자동으로 가져오도록 하는 것입니다. VLOOKUP 함수의 활용은 사원들의 급여명세표라든가 근무현황표 등과 같이 기초 데이터에서 요약된 종합표를 구성할 때 유용하게 활용될 수 있습니다.

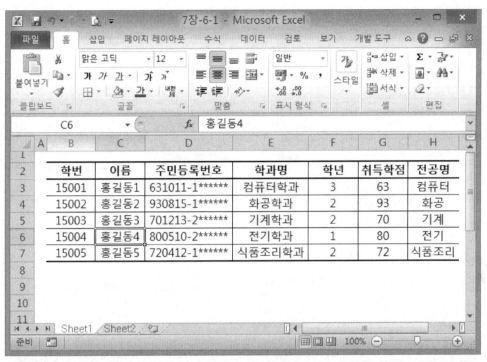

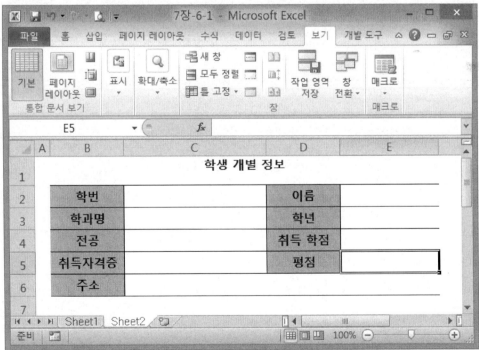

[sheet2]에서 학생 개별 종합표를 만든 후 [C2] 셀에 정보를 가져올 학생의 학번을 입력합니다.

❶ [C3] 셀에 입력한 학번에 해당하는 학생의 학과명을 가져오려고 합니다. 선택한 셀에「=v」
입력하면 'V'로 시작하는 함수가 나타납니다. 'VLOOKUP'를 더블 클릭합니다.

❷ f_x 를 클릭합니다. VLOOKUP
[함수 인수] 대화상자가 뜹니다. 4개
의 인수를 설정하여야 합니다.

❸ [Lookup_value] 인수 란에 기초
데이터가 있는 테이블에서 찾으려고
하는 문자를 입력합니다. 학번
'15001'을 찾아야 하므로 [C2]를 클릭합니다.

❹ [Table_array] 인수 란은
기초 데이터가 있는 Table
Array를 지정합니다. 기초
데이터는 [sheet1]에 있으므
로 [sheet1]을 클릭합니다.
[sheet1]에서 가져올 데이터

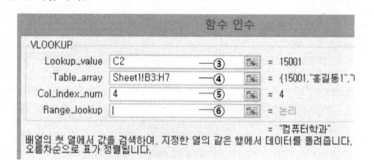

가 있는 영역 [B3]에서 [H7]까지 마우스로 지정합니다. 여기서 주의하여할 점은 찾으려고 하는
데이터가 있는 열을 첫 번째 열로 지정하여야 합니다. 그리고 가져 올 값이 있는 열이 포함되
도록 영역을 지정하여야 합니다. 따라서 이 예제의 경우는 Sheet1의 [B3]에서 반드시 시작되
어야 하고 끝은 [H7]이어야 할 필요는 없습니다. 가져 올 값이 학과명이므로 [E7]까지 지정하
여도 무방합니다.

❺ [Col_index_num] 인수 란은 가져 올 값의 열 번호입니다. 위에서 지정한 테이블 어레이에
서 첫 번째 열에서 학생 이름을 찾은 후 학과명을 가져오는데 가져 올 학과명이 테이블 어레이
에서 네 번째 열입니다. 그래서 '4'를 입력합니다.

❻ [Range_lookup] 인수 란은 테이블 어레이에서 '15001'이라는 학번을 찾을 때 같은 값을 찾
을 경우가 있고 비슷한 값을 찾을 경우가 있습니다. 같은 값을 찾을 때는 '0' 또는 생략, 비슷한
값을 찾을 때는 '1'을 입력합니다. 여기 예제에서는 학번이라는 같은 값을 찾아야 하므로 '0'을

입력합니다.

vlookup 함수는 학번을 입력하면 이름, 학과명, 학년, 전공, 취득학점 등 관련 정보를 종합하여 한 번에 나타나도록 할 수 있는 함수입니다. 학번과 관련된 이름, 학년, 취득 학점, 전공 등에 대한 값의 추출은 학과명에서 적용한 VLOOKUP 함수와 동일한 과정으로 인수를 지정하면 됩니다. 다만 [Col_index_num] 인수 란에서 가져 올 열 번호만 다르게 하면 됩니다. 예제에서는 Table Array 영역이 [B3:H7]이므로 이름은 '2', 주민번호는 '3', 학년은 '5', 취득학점은 '6', 전공은 '7'을 입력하면 됩니다.

• 비슷한 값을 찾아서 값을 추출해오는 경우

그림에서처럼 점수를 학점으로 표시하고자 합니다. 이 경우 'IF' 함수를 사용하여 표시할 수 있는데, 즉, 「=IF(F3)=90,"A",IF(F3)=80,"B",IF(F3)=70,"C",IF(F3)=60,"D","F")」처럼 5개 값 중에 하나를 선택하려면 IF가 4개 들어가고, 학점을 더 세분화하여 9개 단계로 나누면 IF가 8개 들어가야 합니다. 매우 복잡한 형태로 됩니다. 이것을 VLOOKUP 함수를 사용하면 간단하게 적용할 수 있습니다.

먼저 ❶과 같이 점수에 대해 학점을 표현하기 위해 ❷와 같이 Sheet2에 점수에 대한 학점을 환산하는 Table을 작성해 둡니다. 즉, VLOOKUP 함수를 사용하여 점수를 이 Table에서 찾아 해당하는 학점을 가져오는 형태인 것입니다.

[G3:G7]까지 함수적용을 따라해 봅시다.

❶ [G3] 셀에 「=v」입력하고 'V'로 시작하는 함수가 나타나면 VLOOKUP 함수를 더블 클릭합니다.

❷ _fx_ 를 클릭합니다. VLOOKUP [함수 인쉬] 대화상자가 뜹니다. 4개의 인수를 설정하여야 합니다.

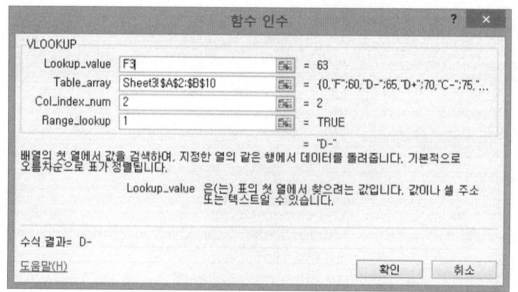

- [Lookup_value] 인수 란 : 찾으려고 하는 값, 점수 [F3] 셀 클릭

- [Table_array] 인수 란 : [Sheet2]의 [A2]에서 [B10]까지 지정한 후 키보드의 F4를 한 번 눌러 절대 참조가 되도록 설정합니다. 절대 참조를 하는 이유는 [G3] 셀에 함수적용을 완료한 후 [G7]까지 채우기 핸들 기능으로 함수를 복사합니다. 함수를 복사하여도 변하지 않아야 할 영역이 Table_array 영역입니다. 그래서 Table_array 영역을 절대 참조 형식으로 지정해 주어야 합니다.

- [Col_index_num] 인수 란 : Table_array 영역에서 점수를 찾아 가져 올 학점 열 번호입니다.

'2'를 입력합니다.

- [Range_lookup] : 점수를 찾는 방법입니다. 비슷한 값을 찾는 경우입니다. '1'을 입력합니다. 비슷한 값을 찾는 방법은 예를 들어 '63'을 Table_array 영역의 첫 번째 열에서 찾습니다. '63'과 같은 값이 있으면 그 값을 찾아 해당하는 열의 값을 가져오면 되는데 예제처럼 '63' 값이 Table_array 영역에 없습니다. 그러면 '63'과 가까운 값을 찾는 것이 아니라 '63'보다 가까운 작은 값을 찾습니다. '63'과 가장 가까운 작은 값은 '60'입니다. 결국 '60'을 찾아 '60'에 해당하는 두 번째 열의 값 'D-'를 가져오게 되는 것입니다. 다시 말해서 비슷한 값을 찾는다는 것은 찾으려는 값과 동일한 값을 찾거나 없을 경우에는 찾으려는 값보다 작은 값 중에 가까운 값을 찾습니다. 만약에 '89'를 찾는다고 하면 '89'와 비슷한 값은 '90'이지만 '90'을 찾는 것이 아니라 '89'보다 작은 값 중에 가장 가까운 '85'를 찾게 됩니다.

[G3]에 적용한 함수를 채우기 핸들 기능을 사용하여 [G7]까지 복사를 합니다.

적용된 함수 형식 「=VLOOKUP(F3,Sheet2!$A$2:$B$10,2,1)」

CHOOSE 함수

CHOOSE 함수는 숫자가 지정하는 위치의 값을 찾아 가져오는 함수입니다.

함수 형식		=CHOOSE(Index_num, Value1, Value2, Value3, ...)
인수	Index_num	찾을 값의 위치 번호. 숫자로 찾으려는 값의 위치를 지정
	Value1	Index_num에 의해 화면에 표시되는 첫 번째 위치의 값
	Value2	Index_num에 의해 화면에 표시되는 두 번째 위치의 값
	.....	

Index_num 값이 1이면 Value1, 2이면 Value2, 3이면 Value3, 이런 식으로 Index_num가 지정하는 값에 따라 해당 위치의 값을 화면으로 출력하게 됩니다.

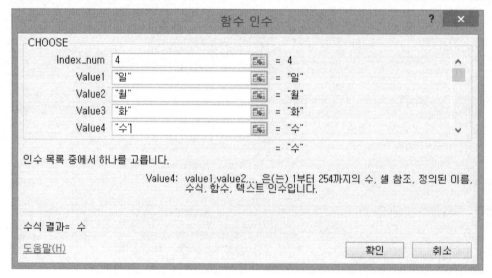

❶ 선택한 셀 [H3]에 「=cho」 입력하면 'CHO'로 시작하는 함수가 나타납니다. CHOOSE를 더블 클릭합니다.

❷ *fx* 를 클릭합니다. CHOOSE [함수 인수] 대화상자가 뜹니다.

❸ [Index_num] 인수 란에 가져 올 데이터의 위치를 숫자로 입력합니다.

❹ [Value1]에서 [Value7] 까지 '일 월 화 수 목 금 토'를 각각 입력합니다.

[Index_num] 인수 란에 4를 입력하였을 경우 4번째 값 Value4의 '수'가 화면에 표시됩니다.

CHOOSE 함수는 단독으로 사용되는 경우보다 Index_num 인수 값에 다른 함수를 사용해서 위치를 지정하는 중첩 함수의 형태로 사용하는 경우가 많습니다.

IF 함수를 사용하여 주민등록번호를 활용하여 남녀를 구분하는 것을 적용해 보았습니다. 마찬
가지로 CHOOSE 함수와 MID 함수를 혼용하여 주민등록번호 뒷자리의 '1', '2'에 따라 남자와 여
자를 구분하는 것을 실행해 보겠습니다.

❶ 선택한 셀에 「=ch」 입력하면 'CH'로
시작하는 함수가 나타납니다.
'CHOOSE'를 더블 클릭합니다.

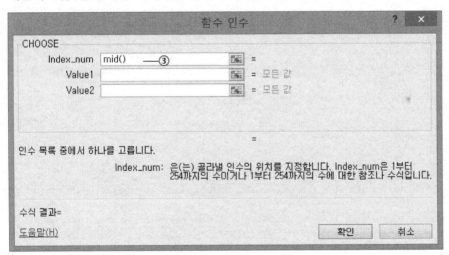

❷ 𝑓ₓ를 클릭합니다. 'CHOOSE' [함수
인수] 대화상자가 뜹니다.

❸ [Index_num] 인수 란에 주민등록번호 뒷자리의 첫 째 자리 값을 MID 함수를 이용하여 가
져온 후 이것을 출력할 데이터의 위치를 지정하고자 합니다.

❹ 수식입력줄에서 mid()를 클릭합니다. MID 함수의 [함수 인수] 창이 뜹니다.

- [Text] 인수 란에 가져올 생년 값이 있는 주민등록번호 셀을 지정합니다.
- [Start_num] 란은 가져올 문자의 시작 위치입니다. 주민번호 뒷자리는 8번째부터이므로 '8'을 입력합니다.
- [Num_chars] 인수 란은 추출할 문자의 수를 입력합니다. 하나만 가져오면 되겠죠. '1'을 입력합니다.

다음 과정으로 [확인]을 클릭하면 안된다 했습니다. 수식입력줄의 함수명 'CHOOSE'에 클릭합니다. 다시 CHOOSE 함수의 [함수 인수] 대화상자로 이동하게 됩니다.

❺ [Value1]에 '남'을 입력하고 [Value2]에 '여'를 입력합니다. [확인]을 클릭합니다.

적용된 함수 「=CHOOSE(MID(C3,8,1),"남","여")」

MID 함수에 의해 추출된 주민번호의 '1' 또는 '2'에 의해 '1'이면 '남'을 출력하며 '2'이면 '여'를
출력합니다.

• WEEKDAY 함수를 이용하여 요일 구하기

함수 형식		=WEEKDAY(Serial_number, Return_type)
인수	Serial_number	요일을 표현하고자 하는 날짜
	Return_type	날짜에 대한 요일의 출력 형태로 숫자를 입력 1 : 일요일 ~ 토요일에 해당하는 값을 1~7로 출력 2 : 월요일 ~ 일요일에 해당하는 값을 1~7로 출력 3 : 월요일 ~ 일요일에 해당하는 값을 0~6로 출력

WEEKDAY 함수는 요일을 숫자로 나타냅니다. Return_type이 '1'일 경우 구한 날짜의 요일이
월요일일 경우 '2'를 출력하게 되고, 토요일인 경우는 '7'을 출력하게 됩니다.

이 처럼 WEEKDAY 함수는 요일을 구하는 함수인데 출력되는 값이 요일에 해당하는 숫자를
반환하게 됩니다. 하지만 우리가 숫자로는 요일을 사용하지 않으므로 이 숫자를 요일로 표시
하도록 하기 위해서는 CHOOSE 함수를 같이 사용하여 활용합니다.

CHOOSE 함수와 WEEKDAY 함수를 이용하여 날짜의 요일을 구하는 것을 해 보겠습니다.

	A	B	C	D	E	F
1						
2		이름	주민등록번호	남녀 구분	생년월일	요일
3		홍길동1	631011-1******	남	1963-10-11	=cho
4		홍길동2	930815-1******	남	1993-08-15	
5		홍길동3	701213-2******	여	1970-12-13	
6		홍길동4	800510-2******	여	1980-05-10	
7		홍길동5	750312-1******	남	1975-03-12	

❶ 선택한 셀에 「=cho」 입력하면 'CHO'로 시작하는 함수가 나타납니다. 'CHOOSE'를 더블 클릭합니다.

❷ f_x 를 클릭합니다. 'CHOOSE' [함수 인수] 대화상자가 뜹니다.

❸ [Index_num] 인수 란에 WEEKDAY 함수를 이용하여 요일에 해당하는 숫자를 가져오고자 합니다.

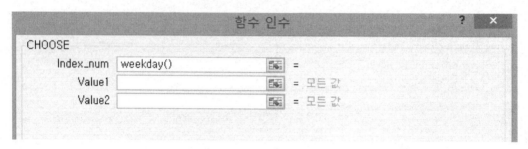

- [Index_num] 인수 란에 weekday()를 입력합니다.

- 수식입력줄에서 weekday()를 클릭합니다.

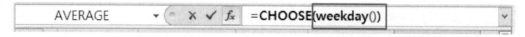

❹ WEEKDAY 함수의 [함수 인수] 창이 뜹니다.

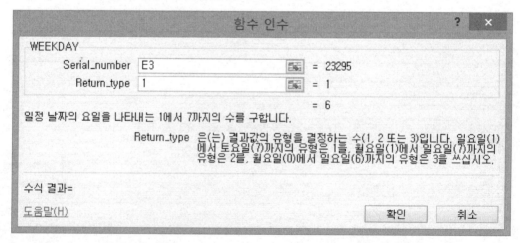

- [Serial_number] 인수 란에 날짜를 선택합니다. 그림에서 [E3] 셀입니다.

- [Return_type] 인수 란에 세 개의 타입 중에 '1'을 입력합니다.

- 수식입력줄에서 함수명 'CHOOSE'에 클릭합니다. 다시 CHOOSE 함수의 [함수 인수] 대화상
자로 이동하게 됩니다.

❺ [Value1]에서 [Value7]까지 '일'에서 '토'까지 입력합니다. [확인]을 클릭합니다. 그림에서
Value7까지 나타나지 않는데 오른편 스크롤을 내리면 추가로 나타납니다.

적용된 함수 「=CHOOSE(WEEKDAY(G2,1),"일","월","화","수","목","금","토")」

🌐 찾기 함수– LARGE, SMALL, MEDIAN, MATCH, INDEX

• LARGE & SMALL 함수
지정한 데이터 범위에서 큰 값과 작은 값을 구하는 함수인데 최대값과 최소값을 구하는 MAX
함수와 MIN 함수와 다르게 크고 작은 값으로 몇 번째에 해당하는 값을 지정하여 지정된 순위
에 해당하는 값을 찾아내는 함수입니다.

함수 형식		=LARGE(Array, K) =SMALL(Array, K)
인수	Array	큰 값 또는 작은 값을 찾으려는 데이터 범위
	K	몇 번째 큰 값 또는 작은 값을 찾을 것인지를 지정하는 숫자

그림에서 [E3]에서 [E7]까지의 데이터 범위에서 3번째 큰 값을 구하고자 합니다.

❶ 선택한 셀 [B10]에 「=l」 입력하면 'L'로 시작하는 함수가 나타납니다. LARGE를 더블 클릭합니다.

❷ 𝑓𝑥 를 클릭합니다. LARGE [함수 인수] 대화상자가 뜹니다.

❸ [Array] 인수 란에 셀 범위를 지정합니다. [E3:E7]을 지정하였습니다.

❹ [K] 인수 란에 몇 번째에 해당하는 숫자를 입력합니다. 세 번째를 구하려고 하므로 3을 입력하였습니다. 수식 결과로 세 번째 큰 값은 72입니다. [확인]을 클릭합니다.

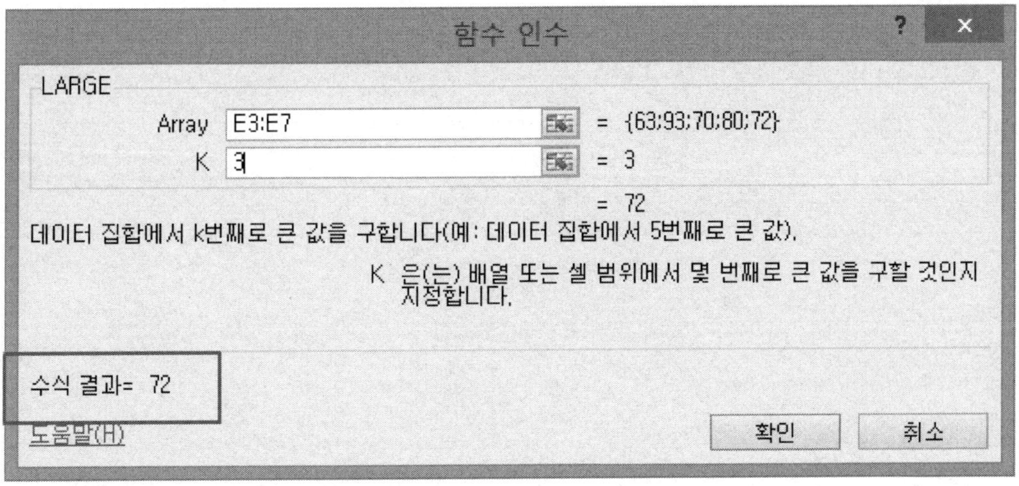

- **적용된 함수 :** 「=LARGE(E3:E7,3)」

SAMLL 함수를 사용하여 두 번째 작은 값을 구하고자 합니다.

❶ 선택한 셀 [C10]에 「=sm」 입력하면 'sm'으로 시작하는 함수가 나타납니다. SMALL을 더블 클릭합니다.

❷ ƒx 를 클릭합니다. SMALL [함수 인수] 대화상자가 뜹니다. 이후의 과정은 LARGE 함수와 동일한 절차에 따라 지정한 순위에 해당하는 작은 값을 찾아 출력합니다.

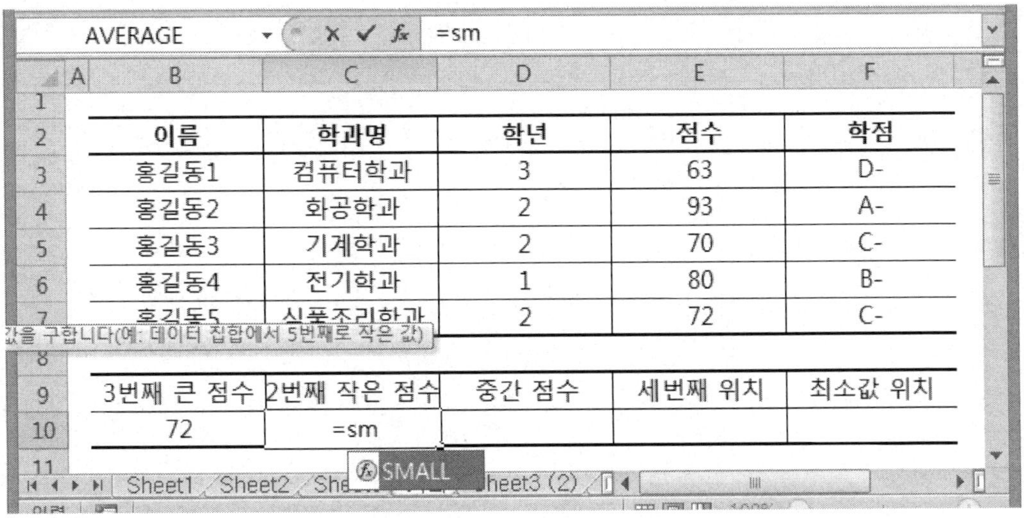

적용된 함수 : 「=SAMLL(E3:E7,2)」

• MEDIAN( ) 함수

지정한 데이터 범위에서 중간 값을 구하는 함수입니다.

함수 형식		=MEDIAN(Number1, Number2, …)
인수	Number1	중간 값을 찾으려는 데이터 범위

그림에서 [E3]에서 [E7]까지의 데이터 영역에서 중간 값을 구하려고 합니다.

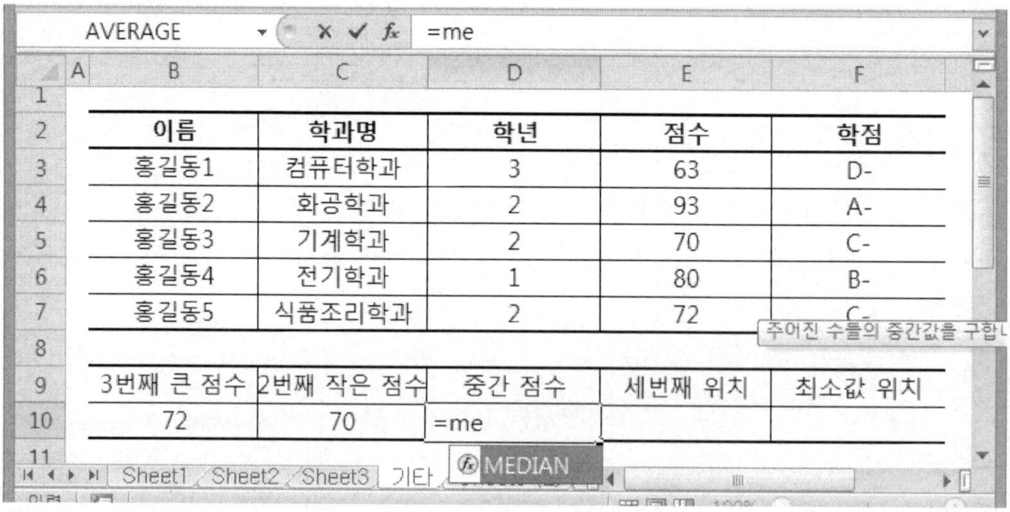

❶ 선택한 셀에 「=me」입력하면 'ME'로 시작하는 함수가 나타납니다. 'MEDIAN'를 더블 클릭합니다.

❷ fx 를 클릭합니다. 'MEDIAN' [함수 인수] 대화상자가 뜹니다.

❸ [Number1] 인수 란에 셀 범위를 지정합니다. [E3]에서 [E7]까지 지정합니다.

❹ 미리 보기의 결과를 보면 선택한 영역에서 중간 값으로 '72'를 구합니다. 중간 값을 찾을 때 셀 범위의 데이터가 홀수 개일 경우에는 중간 값에 해당하는 값을 찾지만 셀 범위의 데이터가 짝수 개일 경우에는 평균값을 출력합니다.

적용된 함수 : 「=MEDIAN(E3:E7)」

• MATCH( ) 함수

선택한 데이터 영역에서 지정한 값에 일치하는 항목이 몇 번째 있는지를 알려주는 함수입니다. 함수의 결과는 숫자입니다.

함수 형식		=MATCH(Lookup_value, Lookup_array, Match_type)
인수	Lookup_value	찾으려는 데이터
	Lookup_array	찾으려는 데이터가 있는 데이터 참조 범위
	Match_type	데이터를 찾는 방법 지정 0 : 동일한 값을 찾음 1 : 작거나 같은 값 중에 큰 값을 찾음 -1 : 크거나 같은 값 중에 작은 값을 찾음

다음은 셀 [E3]에서 [E7]까지의 점수 범위에서 3번째 큰 값 '75'가 지정된 범위 내에서 몇 번째 있는가를 알아보기 위해 MATCH 함수를 적용한 것을 보여주고 있습니다.

❶ 선택한 셀에 「=m」 입력하면 'M'으로 시작하는 함수가 나타납니다. 'MATCH'를 더블 클릭합니다.

❷ f_x 를 클릭합니다. 'MATCH' [함수 인수] 대화상자가 뜹니다.

❸ 인수 값을 지정합니다.

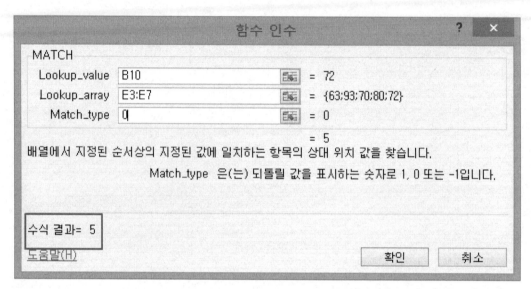

- [Lookup_value] 인수 란에 찾을 값 '72'를 입력하든가 LARGE 함수를 사용하여 세 번째로 큰
  값을 구한 셀 [B10]을 클릭하여 지정합니다.

- [Lookup_array] 인수 란에 구하려는 값의 참조 범위 [E3:E7]을 지정합니다.

- [Match_type] 인수 란에 같은 값을 찾아야 하므로 '0'을 입력합니다.

[확인]을 클릭하여 끝을 냅니다. 세 번째 값인 '72'를 찾아서 위치에 해당하는 숫자 '5'를 결과로
나타남을 볼 수 있습니다.

위의 사례에서 [Lookup_value] 인수 란에서 찾을 값 '72' 또는 [B10] 셀은 이미 세 번째로 큰 값
을 구하기 위하여 LARGE 함수를 사용한 값입니다. 이미 함수를 사용한 값을 인수로 사용하였
으므로 함수의 중첩이라고 할 수 있습니다.

다음은 점수에서 가장 작은 값의 위치를 구하는 경우입니다. 가장 작은 값을 구하기 위해서는
MIN 함수를 사용하여야 합니다. [Lookup_value] 인수 란에 MIN 함수를 사용하여 원하는 결
과를 얻고자 합니다.

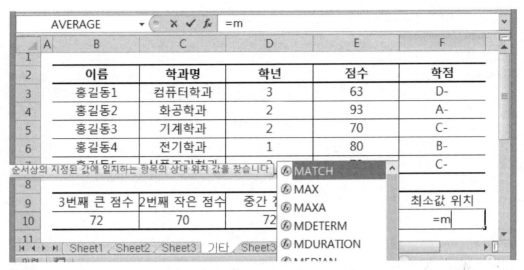

❶ 선택한 셀에「=m」입력하면 'M'으로 시작하는 함수가 나타납니다. 'MATCH'를 더블 클릭합니다.

❷ _fx_ 를 클릭합니다. 'MATCH' [함수 인쉬] 대화상자가 뜹니다.

❸ [Lookup_value] 인수 란에 MIN 함수를 사용하여 최소 값을 입력하려고 합니다. min()을 입력합니다.

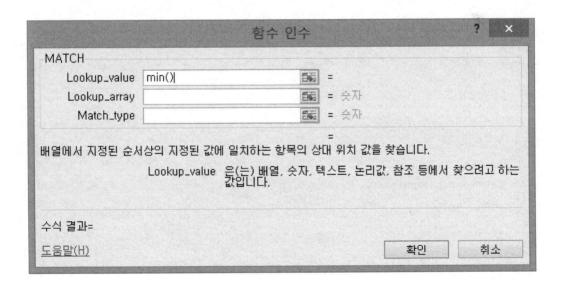

❹ 수식입력줄에서 min()을 클릭합니다. MIN 함수의 [함수 인쉬] 창이 뜹니다.

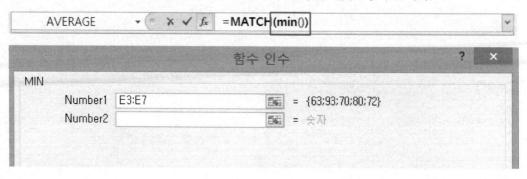

❺ MIN 인수 함수 대화 창의 [Number1] 인수 란에 최소 값을 찾을 데이터의 참조 범위를 지정합니다. [E3]~[E7]까지 지정합니다.

❻ 수식 입력줄의 함수명 'MATCH'에 클릭합니다. 다시 MATCH 함수의 [함수 인쉬] 대화상자로 이동하게 됩니다.

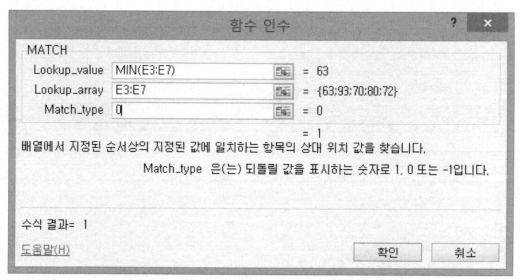

- [Lookup_value] 인수 란에 MIN 함수를 사용하여 최소 값 '63'을 구하였습니다.
- [Lookup_array] 인수 란에는 MIN 함수에 의해 구해진 최소 값이 지정하는 데이터 범위에서 몇 번째 있는지를 구하려고 하는 것이므로 array 범위를 [E3:E7]을 지정합니다.
- [Match_type] 인수 란에 같은 값을 찾아야 하므로 '0'을 입력합니다.
  [확인]을 클릭합니다. 최소 값 '63'의 위치가 첫 번째임을 알 수 있습니다.

적용된 함수는 「=MATCH(MIN(E3:E7),E3:E7,0)」

MATCH 함수는 WEEKDAY 함수와 같이 함수의 결과로 숫자를 출력합니다. 숫자 자체로는 의미를 해석하기가 곤란하므로 다른 함수와 함께 사용하여 유용한 정보를 만들어야 합니다. 다음에 소개되는 INDEX 함수가 MATCH 함수와 사용하는 좋은 사례입니다. MIN, MAX, LARGE, SMALL 등의 함수를 MATCH 함수의 인수로 사용하고, 얻은 결과를 INDEX 함수의 인수로 사용하여 원하는 정보를 만들어내는 것입니다. 2중 3중으로 함수를 사용하는 형태입니다.

● INDEX( ) 함수

2차원 배열의 행렬, 즉 표에서 행 번호와 열 번호를 입력하여 행, 열 번호에 해당하는 데이터를 추출하는 함수입니다. 행 번호와 열 번호를 MATCH 함수를 사용하여 구하고 MATCH 함수의 인수를 다른 함수를 사용하는 2중, 3중의 함수 활용으로 결과를 얻는 것입니다.

함수 형식		=INDEX(Array, Row_num, Column_num)
인수	Array	찾으려는 데이터가 있는 데이터 참조 범위(배열, 표)
	Row_num	Array에서 찾으려는 데이터가 있는 행 번호
	Column_num	Array에서 찾으려는 데이터가 있는 열 번호

적용된 함수가 「=INDEX(B3:G7, 4, 3)」이면 셀 [B3]에서 [G7] 영역에서 4행 3열의 값을 찾게 되는 것입니다.

다음 사례에서 최고 점수의 학생을 구하려고 합니다. 먼저 적용되는 함수가 3중으로 중첩되어 복잡하게 생각될 수 있어 함수의 설명부터 먼저 하도록 하겠습니다.

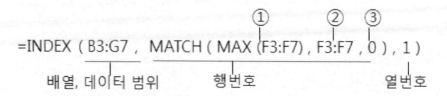

- 행 번호는 최고 점수가 있는 셀의 위치이므로 MAX 함수를 사용하여 최고 점수를 구한 후 이 최고 점수가 몇 번째 행에 있는지를 MATCH 함수를 사용하여 구합니다. 즉, ❶[F3:F7] 영역에서 MAX 함수를 사용하여 최고 값을 찾은 후 이 최고 값이 같은 영역 ❷ [F3:F7]에서 MATCH 함수를 사용하여 몇 번째 있는지를 찾습니다. 최고 값의 행번호를 찾는 것입니다.
- 열 번호는 배열에서 찾으려고 하는 것이 '이름'이므로 이름 항목에 해당하는 열 번호는 1입니다.
- 행 번호와 열 번호가 구해지면 배열 [B3:G7]에서 INDEX 함수를 사용하여 최고 점수를 받은 학생의 이름을 구하게 됩니다.

INDEX 함수 적용을 따라해 봅시다.

이름	주민등록번호	학과명	학년	점수	학점
홍길동1	631011-1******	컴퓨터학과	3	63	D-
홍길동2	930815-1******	화공학과	2	93	A-
홍길동3	701213-2******	기계학과	2	70	C-
홍길동4	800510-2******	전기학과	1	80	B-
홍길동5	720412-1******	식품조리학과	2	72	C-

❶ 선택한 셀에 「=in」 입력하면 'IN'으로 시작하는 함수가 나타납니다. INDEX를 더블 클릭합니다.

❷ 를 클릭합니다.

❸ [인수 선택] 창에서 [array, row_num, column_num] 항목 선택된 대로 [확인]을 클릭합니다. INDEX [함수 인수] 대화상자가 뜹니다.

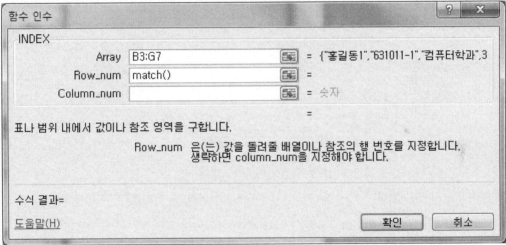

❹ [Array] 인수 란에 데이터 배열 영역을 선택합니다. 그림에서 [B3:G7] 영역을 지정합니다.

❺ [Row_num] 인수 란에 찾을 값의 행 번호를 구하려고 합니다. MATCH 함수를 이용하여 구하려고 하므로 match()를 입력합니다.

❻ 수식입력줄에서 match()를 클릭합니다. MATCH 함수의 [함수 인수] 창이 뜹니다.

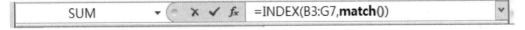

❼ MATCH 함수의 인수를 지정합니다.

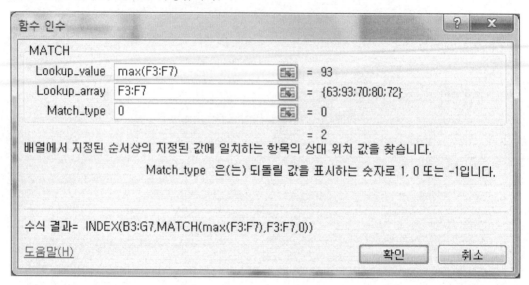

- Lookup_value : [F3:F7] 영역에서 최대 값을 구하여야 하므로 MAX 함수에 인수를 직접 지정하여 max(F3:F7)을 직접 입력합니다. 또는 지금까지 적용한 방법대로 max() 입력 후 수식입력줄에서 max()를 클릭해서 MAX [함수 인수] 창이 뜨면 [Number1] 인수 란에 [F3:F7] 영역을 마우스로 지정하여 줍니다. 지정 후 수식 입력줄의 'MATCH'에서 클릭하여 다시 MATCH [함수 인수] 창으로 이동합니다. MAX 함수는 형식이 간단하므로 「MAX(F3:F7)」을 직접 입력하는 것이 더 간편할 수 있습니다.

- Lookup_array : Lookup_value 인수 란에서 max(F3:F7)에 의해 찾은 최대 값의 위치를 구할 참조 범위를 지정합니다. [F3:F7]을 마우스로 지정합니다.

- Match_type : 0을 입력합니다. 확인을 클릭하지 말고 수식입력줄에서 INDEX를 클릭합니다. 다시 INDEX [함수 인수] 창으로 이동합니다.

❽ INDEX [함수 인수] 창에서 [Column_num] 인수 란에 '이름'의 열 번호가 '1'이므로 '1'을 입력하고 [확인]을 클릭하면 함수 적용이 완료됩니다.

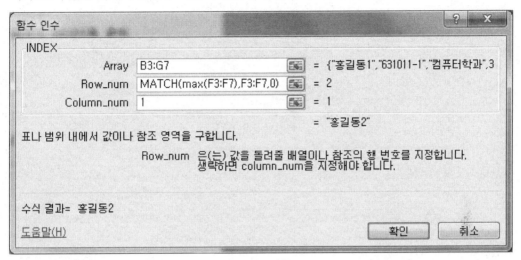

다음은 [Column_num] 인수 란에 열 번호를 직접 입력하지 않고 MATCH 함수를 사용하여 구해 보도록 하겠습니다. 열 번호는 배열에서 '이름', '주민등록번호', '학과명', '학년', '점수', '전공명' 목록에서 어떤 값을 찾을 것인지에 따라 열 번호가 결정됩니다. '이름', '주민등록번호', '학과명', '학년', '점수', '전공명' 중에 선택된 내용에 따라 값이 나타나도록 해 보겠습니다. 앞의 ❼ 과정까지는 동일하며 ❽과정에 대한 적용절차입니다.

INDEX 함수 인수 창의 [Row_num] 인수를 지정하는 것과 동일한 과정입니다.

- [Column_num] 인수 란에 match()를 입력합니다.
- 수식입력줄에서 match()를 클릭합니다. MATCH 함수의 [함수 인수] 창이 뜹니다.

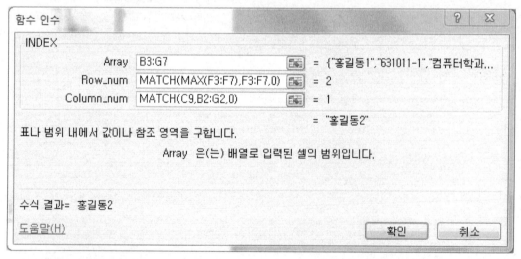

· Lookup_value : 이름을 선택하기 위하여 [C9] 셀을 선택합니다.

· Lookup_array : 목록 참조 범위를 마우스로 [B2:G2] 영역을 선택합니다.

· Match_type : 0을 입력합니다.

- 수식 입력줄의 INDEX에서 클릭합니다. 다시 INDEX [함수 인수] 창으로 이동합니다.

인수 지정이 완료되었으므로 [확인]을 클릭하고 함수 적용을 완료합니다.

적용된 함수 =INDEX(B3:G7,MATCH(MAX(F3:F7),F3:F7,0),MATCH(C9,B2:G2,0))

유효성 검사를 통해 데이터 입력하기

그림에서 [C9]의 셀에 직접 입력하지 않고 선택하여 입력하는 방법을 소개합니다.

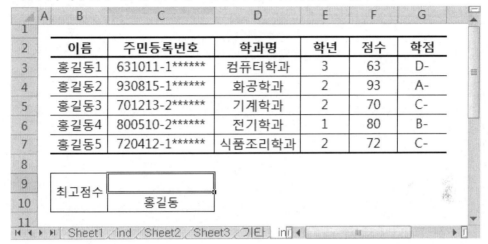

❶ 유효성 검사 기능을 적용할 셀을 선택합니다. [C9] 선택

❷ 도구 메뉴에서 [데이터] 메뉴를 선택하고 [데이터 도구] 그룹에서 [데이터 유효성 검사]를 클릭합니다.

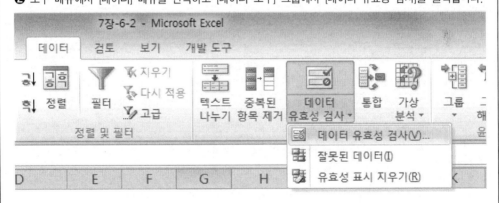

❸ [데이터 유효성] 설정 창이 뜹니다.
- [제한 대상]에서 화살표 모양의 단추 「▼」을 클릭하여 [목록] 항목을 선택합니다.
- [원본] 란에 목록에 해당하는 값들을 입력합니다. 입력할 데이터를 원본 시트에서 [B2:H2]영역을 마우스로 지정합니다. [=$B$2:$G$2]이 입력됩니다.
- [확인]을 클릭합니다.

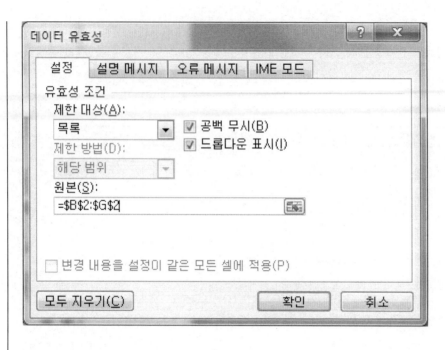

❹ [C9] 셀에 드롭다운 표시 단자가 생긴 것을 볼 수 있습니다. 이 단자를 클릭하면 '이름', '주민등록번호', '학과명', '학년', '점수', '전공명'이 목록으로 등록되어 있고 이 중에 하나를 선택하면 데이터가 입력됩니다.

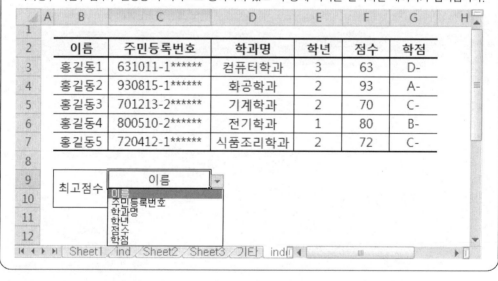

🔵 기타 찾기 함수– ROW, COLUMN,

함수 형식		=ROW(Reference) =COLUMN(Reference)
인수	Reference	행 번호 또는 열 번호를 구하고자 하는 셀 생략하면 현재 셀의 행 번호와 열 번호를 출력

• ROW( ) : 워크시트의 행 번호를 출력하는 함수

• COLUMN( ) : 워크시트의 열 번호를 출력하는 함수

❶ [B3] 셀에 「=row()」직접 입력합니다. [B7]까지 채우기 핸들 기능으로 복사합니다. 결과는 각 셀의 해당 행 번호가 나타납니다.

	A	B	C	D	E	F	G
2		번호	이름	학과명	학년	점수	학점
3		3	홍길동1	컴퓨터학과	3	63	D-
4		4	홍길동2	화공학과	2	93	A-
5		5	홍길동3	기계학과	2	70	C-
6		6	홍길동4	전기학과	1	80	B-
7		7	홍길동5	식품조리학과	2	72	C-

❷ 「=row()-2」직접 입력합니다. 행 번호에서 2를 빼줌으로써 일련 번호 형태로 나타낼 수 있습니다.

B3				f_x	=ROW()-2	
	A	B	C	D	E	F	G
2		번호	이름	학과명	학년	점수	학점
3		1	홍길동1	컴퓨터학과	3	63	D-
4		2	홍길동2	화공학과	2	93	A-
5		3	홍길동3	기계학과	2	70	C-
6		4	홍길동4	전기학과	1	80	B-
7		5	홍길동5	식품조리학과	2	72	C-

Sheet3 / 기타 / index / row-d

COLUMN 함수도 ROW 함수의 기능과 활용 형태가 동일합니다.

7

논리 함수

함수 형식		=AND(Logical1, Logical2, Logical3, ... , Logical255)
		=OR(Logical1, Logical2, Logical3, ... , Logical255)
		=NOT(Logical)
인수	Logical1~255	참과 거짓을 판정하는 조건식 또는 값. 255개까지 지정 가능
	Logical	참과 거짓을 판정하는 조건식 또는 값

• AND 함수

인수 조건식이 모두 참이거나 인수 값이 '0'이 아니면 'TRUE'를 출력, 인수 값이 하나라도 거짓
이거나 '0'이면 결과는 'FALSE' 입니다.

• OR 함수

인수 조건식이 하나라도 참이거나 인수 값이 '0'이 아니면 'TRUE'를 출력, 인수 값이 모두가 거
짓이거나 '0'이면 결과는 'FALSE' 입니다.

• NOT 함수

인수 조건식이 거짓이거나 인수 값이 '0'이면 'TRUE'를 출력, 인수 값이 참이거나 '0'이 아니면
결과는 'FALSE'입니다.

🌐 AND 함수

A	B	C	D	E	F	G	H
	이름	과목명			AND		
		국어	영어	수학	①	②	③
	김길동	50	90		TRUE	TRUE	FALSE
	이길동	90	0	87	FALSE	FALSE	FALSE
	박길동	72	38	80	TRUE	TRUE	FALSE
	송길동	60	87	85	TRUE	TRUE	TRUE
	정길동	88	39	89	TRUE	TRUE	FALSE

❶의 결과는 AND 함수 인수 창에서 [Logical1] 인수 란에 [C4:F4] 영역을 한꺼번에 지정한 것에 대한 결과입니다.

함수 인수

AND			
Logical1	C4:E4		= {50,90,0}
Logical2			= 논리

❷의 결과는 AND 함수 인수 창에서 [Logical1]~[Logical4]까지의 인수 란에 값을 각각 지정하여 입력한 결과입니다.

함수 인수

AND			
Logical1	C4		= TRUE
Logical2	D4		= TRUE
Logical3	E4		= FALSE
Logical4			= 논리

❸의 결과는 AND 함수 인수 창에서 [Logical1]~[Logical4]까지의 인수 란에 조건식을 각각 지정하여 입력한 결과입니다. 적용한 조건식은 각 셀의 점수가 '40' 이상인 경우에 참이 되도록 하였습니다.

함수 인수

AND			
Logical1	C4>40		= TRUE
Logical2	D4>40		= TRUE
Logical3	E4>40		= FALSE
Logical4			= 논리

다음은 ❸의 결과를 가지고 합격 여부를 표시하고자 합니다. 과목별로 점수가 모두 '40' 이상이면 결과가 'TRUE'이고 합격이며, 한 과목이라도 '40' 미만이면 'FALSE'이고 불합격으로 처리하는 것으로 하겠습니다.

합격과 불합격 중에 조건에 의해 선택되어야 하므로 IF 함수를 사용합니다. 먼저 ❶의 결과는 AND 결과를 참조하였습니다. 과정을 보겠습니다.

| K4 | | fx | =IF(J4,"합격","불합격") |

성적 산출표

번호	이름	과목명			평균	AND 결과	합격 여부	
		국어	영어	수학			①	②
15001	김길동	50	85	40	58.3	TRUE	합격	불합격
15002	이길동	90	90	87	89.0	TRUE	합격	합격
15003	박길동	72	38	80	63.3	FALSE	불합격	불합격
15004	송길동	60	87	85	77.3	TRUE	합격	합격
15005	정길동	88	39	89	72.0	FALSE	불합격	불합격

AND / AND-IF / OR / Sheet3

❶ 선택한 셀 [K4]에 「=if」 입력하면 'IF'으로 시작하는 함수가 나타납니다. IF를 더블 클릭합니다.
❷ fx 를 클릭합니다. IF [함수 인수] 대화상자가 뜹니다.

❸ [함수 인수] 대화상자에서 [Logical_test] 인수 란에 'TRUE'인지 'FALSE'인지를 확인하기 위해 [J4] 셀을 선택합니다.

❹ [Logical_test] 조건식이 참일 경우에 출력할 값을 입력합니다. '합격'을 입력합니다.

❺ [Logical_test] 조건식이 거짓일 경우에 출력할 값을 입력합니다. '불합격'을 입력합니다.

위의 예제에서 IF 함수의 [Logical_test]에 입력된 값은 AND 함수에 의한 값입니다. 결국 [Logical_test] 인수 란에 AND 함수가 들어간 함수의 중첩인 것입니다. 이번에는 AND 함수를 함수의 중첩으로 사용하여 직접 합격 여부를 구해 보겠습니다.

❶ 선택한 셀 [K4]에 「=if」 입력하면 'IF'으로 시작하는 함수가 나타납니다. IF를 더블 클릭합니다.

❷ 𝑓ₓ를 클릭합니다. IF [함수 인수] 대화상자가 뜹니다.

❸ [함수 인수] 대화상자에서 [Logical_test] 인수 란에 과목별 점수가 모두 '40' 이상인지를 AND 함수를 이용하여 구하고자 합니다.

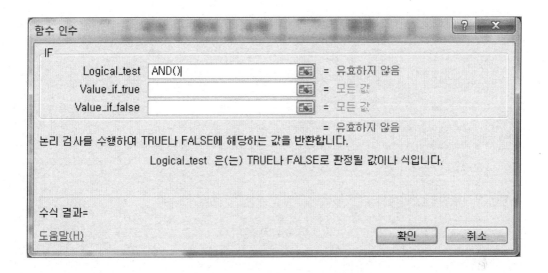

- [Logical_test] 인수 란에 and()를 입력합니다.
- 수식입력줄에서 and()를 클릭합니다. AND 함수의 [함수 인수] 창이 뜹니다.

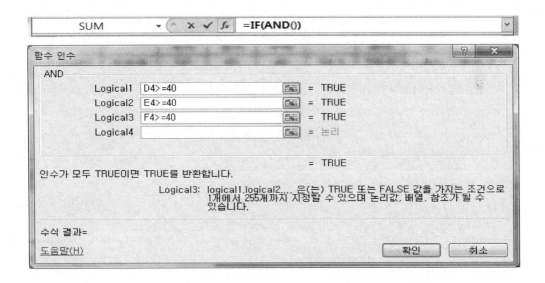

- Logical1~Logical4까지 과목별 점수가 '40' 이상인가에 대한 조건식을 입력합니다.
- AND 함수의 Logical1~Logical4의 인수 값을 모두 입력한 후 IF 함수의 [인수 함수] 창으로 이동하기 위해 수식입력줄에서 함수 IF를 클릭합니다.

❹ IF 함수의 [인수 함수] 창에서 [Value_if_true] 인수 란에 [Logical_test]의 조건식, 즉 AND 함수의 결과가 참일 경우에 출력할 값을 입력합니다. '합격'을 입력합니다.

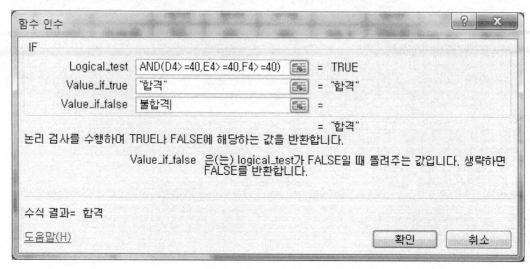

❺ [Value_if_true] 인수 란에 [Logical_test]의 AND 함수의 결과가 거짓일 경우에 출력할 값을 입력합니다. '불합격'을 입력합니다. [확인]을 클릭합니다.

다음은 위 예제에서의 합격 조건을 하나 더 넣어 보겠습니다. 추가하는 합격 조건을 평균 값이 '60' 이상입니다. 즉, 과목별 점수가 '40' 이상이고 평균이 '60' 이상이어야 합격입니다.

번호	이름	과목명			평균	AND 결과	합격 여부	
		국어	영어	수학			①	②
15001	김길동	50	85	40	58.3	TRUE	합격	불합격
15002	이길동	90	90	87	89.0	TRUE	합격	합격
15003	박길동	72	38	80	63.3	FALSE	불합격	불합격
15004	송길동	60	87	85	77.3	TRUE	합격	합격
15005	정길동	88	39	89	72.0	FALSE	불합격	불합격

L4 = IF(AND(D4>=40,E4>=40,F4>=40,G4>=60),"

셀 [L4]에서 [L8]까지 적용된 함수입니다. 앞에서 적용한 절차와 동일하며, 단지 AND 함수에서
평균 값이 60 이상일 때 합격처리 되도록 인수를 추가한 것 밖에 없습니다.

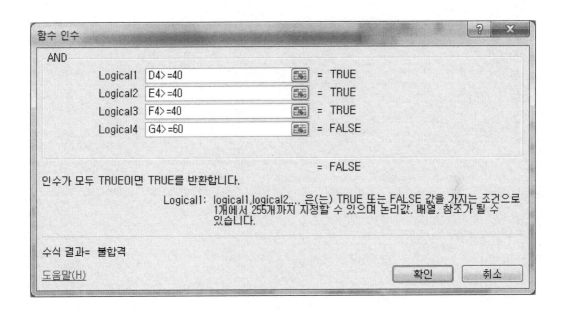

● **적용한 함수**

❶ 「=IF(AND(D4〉=40,E4〉=40,F4〉=40),"합격","불합격")」

❷ 「=IF(AND(D4〉=40,E4〉=40,F4〉=40,G4〉=60),"합격","불합격")」

🌑 OR 함수

논리는 생각의 차이입니다. AND 함수의 예제에 OR 함수를 적용해 보겠습니다. AND는 모든
인수 값이 참이어야 결과가 참입니다. OR은 인수 값이 하나라도 참이면 결과는 참입니다. OR
함수를 적용하여 불합격 조건을 생각해 봅시다. 과목별 점수가 하나라도 '40' 미만이거나 평균
이 '60' 미만일 경우에는 불합격입니다. 그렇지 않으면 합격인 것이지요. 이것을 IF 함수와 같
이 사용하여 합격 여부를 구해보도록 하겠습니다.

L4 =IF(OR(C4<40,D4<40,E4<40,F4<40,H4<60),"불합격",

번호	이름	과목명				점수		합격 여부	
		국어	영어	수학	역사	총점	평균	❶	❷
0516001	김길동	50	95	40	50	235	58.8	합격	불합격
0516002	이길동	90	90	87	88	355	88.8	합격	합격
0516003	박길동	72	38	80	65	255	63.8	불합격	불합격
0516004	송길동	60	87	85	89	321	80.3	합격	합격
0516006	정길동	88	39	89	85	301	75.3	불합격	불합격

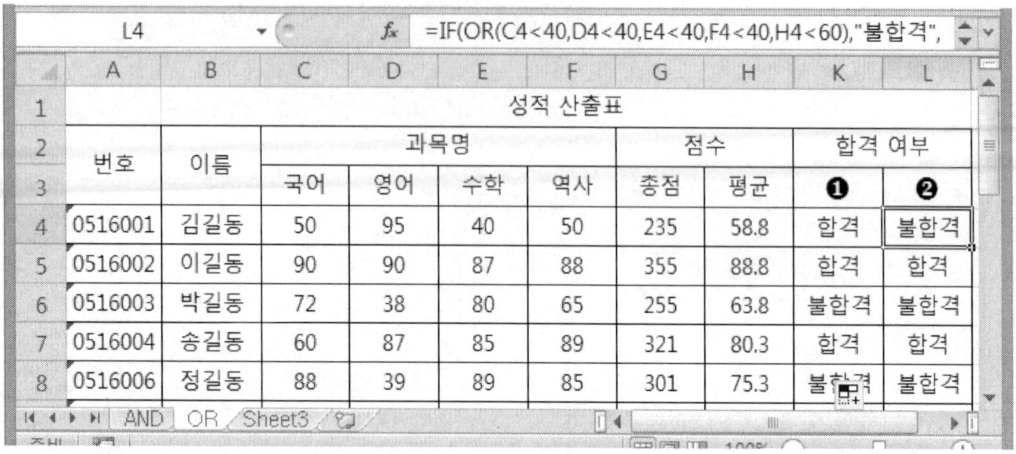

- **적용한 함수식**

❶ 「=IF(OR(D4〈40,E4〈40,F4〈40),"불합격","합격")」

❷ 「=IF(OR(D4〈40,E4〈40,F4〈40,G4〈60),"불합격","합격")」

NOT 함수

NOT 함수 적용 예제로 평균 점수가 공백("")이 아니면 응시자, 공백이면 미응자로 구분하려고 합니다. 앞에서와 같이 IF 함수의 [Logical_test] 인수 란에 이것을 조건식으로 입력하면 되겠지요.

번호	이름	과목명			평균	응시 여부
		국어	영어	수학		
15001	김길동	50	95	40	61.7	응시
15002	이길동	90	90	87	89.0	응시
15003	박길동	72	38	80	63.3	응시
15004	송길동					미응시
15005	정길동	88	39	89	72.0	응시

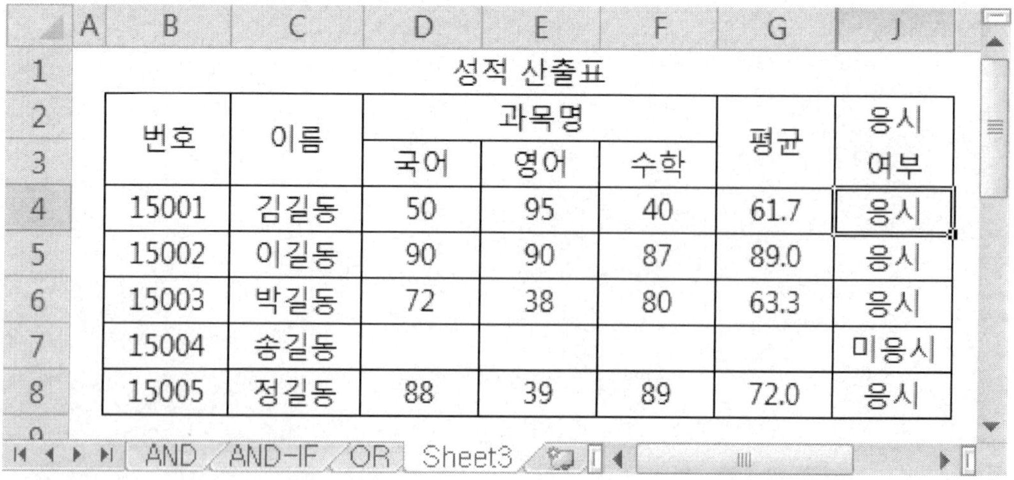

적용된 함수식 「=IF(NOT(H7=""),"응시","미응시")」

8 IS 함수

IS 함수는 값의 유형을 검사할 때 사용하는 함수입니다.

함수 형식	함수 설명
ISBLANK(Value)	셀이 비어 있으면 TRUE 반환
ISERR(Value)	셀에 오류(#N/A는 제외)가 있으면 TRUE 반환
ISERROR(Value)	셀에 #N/A, #VALUE!, #DIV/0! 등 오류 있으면 TRUE 반환
ISEVEN(Value)	셀의 숫자가 짝수이면 TRUE 반환, 숫자가 아니면 #VALUE!
ISODD(Value)	셀의 숫자가 홀수이면 TRUE 반환
ISLOGICAL(Value)	셀의 값이 논리 값(TRUE 또는 FALSE)이면 TRUE 반환
ISNA(Value)	셀에 #N/A 오류이면 TRUE 반환
ISNONTEXT(Value)	셀의 값이 텍스트가 아니면 TRUE 반환
ISNUMBER(Value)	셀의 값이 숫자이면 TRUE 반환
ISPMT(Value)	일정 기간 동안의 투자에 대한 이자 지급액을 계산
ISREF(Value)	값이 셀의 주소이면 TRUE 반환
ISTEXT(Value)	셀의 값이 텍스트이면 TRUE 반환

IS 함수는 단독으로 사용되는 경우는 드물며 IF 함수의 인수로 주로 활용됩니다. 다음은 ISBLANK 함수의 사용의 예입니다. 평균값이 없으면 미응시로 구분하는 함수입니다.

K4					f_x	=IF(ISBLANK(H4),"미응시","응시")	

	A	B	C	D	E	F	G	H	K
1		성적 산출표							
2		이름	과목명				점수		응시
3			국어	영어	수학	역사	총점	평균	여부
4		김길동	50	95	40	50	235	58.8	응시
5		이길동	90	90	87	88	355	88.8	응시
6		박길동	72	38	80	65	255	63.8	응시
7		송길동							미응시
8		정길동	88	39	89	85	301	75.3	응시

적용된 함수식 「=IF(ISBLANK(H4),"미응시","응시")」

2 Database 함수

대량의 데이터를 관리하고 많은 데이터 중에서 필요한 정보를 찾아서 가져오기는 쉽지 않습니다. 데이터베이스 함수는 대량의 데이터를 관리하고 대량의 데이터에서 조건에 맞는 필요한 데이터만 추출할 수 있는 기능을 가지고 있습니다. 앞에서 SUMIF, COUNTIF 등 조건에 따라 값을 추출하는 함수에 대해 알아 보았지만 조건에 대한 제한이 있어 좀 더 다양한 조건에 의한 데이터 관리는 데이터베이스 함수를 통해 이루어질 수 있습니다. 데이터베이스 관련 함수가 많이 있지만 자주 사용되는 대표적인 함수에 대해서만 소개를 하겠습니다.

함수 형식		=DSUM(Database, Field, Criteria)	조건에 맞는 합
		=DAVERAGE(Database, Field, Criteria)	조건에 맞는 평균
		=DCOUNT(Database, Field, Criteria)	조건에 맞는 개수
인수	Database	데이터 목록의 셀 범위. 제1행 필드명이 포함되도록 지정	
	Field	합계, 평균, 개수를 구하고자 하는 필드명 또는 번호	
	Criteria	조건이 포함된 셀 범위	

다음 판매 현황표에서 내장고의 판매금액을 구하고자 합니다.

❶ 선택한 셀 [G15]에 「=dsu」입력하면 'DSU'으로 시작하는 함수가 나타납니다. DSUM를 더블 클릭합니다.

❷ f_x 를 클릭합니다. DSUM [함수 인수] 대화상자가 뜹니다.

❸ DSUM [함수 인수] 대화상자의 인수 값을 다음과 같이 결정합니다.

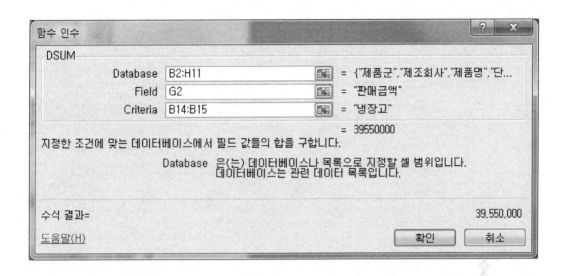

- [Database] 인수 란에 Database 영역을 지정합니다. [B2:H11] 영역의 셀을 지정하였습니다.
- [Field] 인수 란에 합계를 할 필드명 '판매금액'의 셀 [G2]를 지정합니다. [G2] 대신 '판매금액'
  이 데이터베이스 [B2:H11] 영역에서 6번째의 열이므로 '6'을 입력하여도 됩니다.
- [Criteria] 인수 란에 조건에 해당하는 셀을 지정하여야 하는데 지금 구하고자 하는 조건이 제
  품군에서 냉장고에 해당하므로 [B14:B15] 영역을 지정합니다.
- [확인]을 클릭합니다.
적용된 함수식 「=DSUM(A2:G16,F2,A19:A20)」

데이터베이스 함수의 [Criteria] 인수 란에 다양한 조건 입력 방법

데이터베이스 함수의 [Criteria] 인수는 조건 사항을 미리 만들어 놓고 조건에 해당하는 셀 영역을 지정함으로써 조건을 입력합니다. 조건이 한 개일 경우 앞의 예제에서 보았듯이 조건을 부여하고자 하는 필드명과 값을 함께 지정합니다. 다음 예에서 다시 보겠습니다.

	A	B	C	D	E	F	G	H
1				판매 현황				
2		제품군	제조회사	제품명	단가	판매량	판매금액	결재방법
3		냉장고	A	냉장고1	1,200,000	5	6,000,000	현금
4		컴퓨터	C	컴퓨터1	850,000	6	5,100,000	현금
5		TV	B	TV2	2,000,000	3	6,000,000	카드
6		냉장고	A	냉장고1	1,200,000	9	10,800,000	현금
7		TV	A	TV1	950,000	4	3,800,000	카드
8		냉장고	B	냉장고1	1,250,000	7	8,750,000	카드
9		컴퓨터	C	컴퓨터1	700,000	6	4,200,000	카드
10		냉장고	A	냉장고2	3,500,000	4	14,000,000	현금
11		TV	C	TV1	1,200,000	5	6,000,000	카드
12								
13		조건별 판매금액과 판매량						
14		제품군	제조회사	단가		판매량	판매금액	
15		냉장고	A	>=2000000	ⓐ—	7	39,550,000	
16		TV			ⓑ—	18	55,350,000	—ⓒ
17								

DB함수 / Sheet2 / Sheet3

❶ 조건이 하나인 경우 - 단가 2,000,000 이상의 제품의 판매량의 합
⇒ [Criteria] 인수 란의 조건 : D14:D15
⇒ 결과 함수 식 ⓐ : =DSUM($B$2:$H$11,F2,D14:D15)
❷ 조건이 둘 이상이면서 AND 조건인 경우 - 제품군에서 냉장고이고 제조회사가 A인 제품의 판매량의 합
⇒ [Criteria] 인수 란의 조건 : B14:C15 ← AND 조건인 경우 가로로 지정
⇒ 결과 함수 식 ⓑ : =DSUM($B$2:$H$11,F2,B14:C15)
❸ 조건이 둘 이상이면서 OR 조건인 경우 - 제품군에서 냉장고 또는 TV 제품의 판매금액의 합
⇒ [Criteria] 인수 란의 조건 : B14:B16 ← OR 조건인 경우 세로로 지정
⇒ 결과 함수 식 ⓒ : =DSUM(B2:H11,G2,B14:B16)

[ITQ 시험 실전 예제] – 함수 적용 예제

할인율	93%								
광고번호	분류	광고상품	광고종류	제작비 (단위:원)	계약기간	월광고비 (단위:원)	총광고비 (단위:원)	광고시작일	
S1-07	의류	유아복	지하철	1,320,000	5	750,000	(1)	(2)	
C1-09	화장품	여성향수	신문	1,085,000	7	1,155,000	(1)	(2)	
S2-10	의류	등산복	온라인	1,440,000	3	440,000	(1)	(2)	
E1-08	교육	영어회화	지하철	2,070,000	6	770,000	(1)	(2)	
C2-11	화장품	기초세트	신문	1,133,000	5	1,500,000	(1)	(2)	
C3-07	화장품	남성향수	온라인	1,420,000	4	1,080,000	(1)	(2)	
S3-11	의류	영캐주얼	온라인	975,000	4	665,000	(1)	(2)	
E2-08	교육	하나스터디	지하철	1,180,000	8	1,836,000	(1)	(2)	
의류상품 월광고비 평균			(3)		월광고비가 가장 많은 광고상품			(5)	
온라인 광고 건수			(4)		광고상품	여성향수	월광고비	(6)	

(1) 총광고비 = 제작비 + 광고비

- 광고비 : 계약기간*월광고비*할인율

- 할인율은 IF 함수를 사용하여 화장품일 경우 [C4] 셀 값 93%를 적용하고 이 외의 제품은 97%를 적용합니다.

- [I6] 셀에서 함수 및 수식 적용 : =F6+G6*H6*IF(C6="화장품",$C$4,0.97)

  IF 함수는 할인율을 화장품이면 93%, 아니면 97%를 적용하기 위하여 사용되고 93%를 참조할 셀을 절대 참조 합니다. 이유는 함수식을 적용한 후 [I6] 셀을 [I13] 셀까지 복사할 때 참조한 셀 [C4]의 위치는 변경되면 안되므로 절대 참조를 합니다.

(2) 광고 시작일은 광고 번호에서 영문자를 제외한 숫자가 날짜로 하여 계약기간 후부터 시작하는 것으로 날짜를 만들어 봅니다.

- MID 함수를 사용하여 광고번호에서 날짜를 추출합니다.

- 월과 일을 MID 함수를 사용하여 추출한 것을 DATE 함수를 사용하여 날짜형식으로 변경합니다.
- DATE 함수를 사용하여 구하는 날짜에서 월에 계약기간을 합하여 광고 시작일을 구합니다.
- [J6] 셀에서 함수 및 수식 적용 : =DATE(2015,MID(B6,2,1)+G6,MID(B6,4,2))
  • MID(B6,2,1)+G6 : MID 함수를 사용하여 광고번호(B6 셀)에서 월 값을 추출한 후 계약기간(G6 셀)을 더합니다.
  • MID(B6,4,2) : MID 함수를 사용하여 광고번호(B6 셀)에서 일 값을 추출합니다.

(3) DAVERAGE 함수를 사용하여 분류의 의류에 해당하는 광고비의 평균값을 구하는 것입니다. 그리고 평균값의 천 단위에서 반올림 하는 문제입니다.
- DAVERAGE 함수의 인수 Database, Field, Criteria를 지정하면 됩니다.
- Database 인수 값 : 필드명을 포함하는 표 범위입니다. B5:H13
- Field 인수 값 : 계산을 하려고 하는 필드(열)명 또는 위치입니다. 계산하고자 하는 값이 월광고비의 평균이므로 월광고비 열의 위치가 데이터베이스 B5:H13 영역에서 7번째의 열이므로 '7'을 입력합니다.
- Criteria 인수 값 : 조건에 해당하는 셀 범위이므로 조건이 의류이므로 의류는 분류 필드에 포함되어 있으므로 분류와 의류가 포함되도록 셀을 지정합니다. C5:C6
- DAVERAGE 함수를 사용하여 구한 평균값에 천 단위에서 반올림이 적용되도록 ROUND 함수를 사용합니다. ROUND 함수의 Number 인수와 Num_digit을 지정합니다.
  • Number 인수 : 위에서 구한 평균값입니다. DAVERAGE(B5:H13,7,C5:C6)
  • Num_digit 인수 : 천 단위에서 반올림이 이루어져야 하므로 '-3' 입력합니다.
    [E14] 셀에 적용된 함수식 : =ROUND(DAVERAGE(B5:H13,7,C5:C6),-3)

(4) COUNTIF 함수를 사용하여 '온라인'이 광고종류에서 몇 개인지 구합니다. 그리고 구해진 개수에 '&' 연산자를 사용하여 '건' 글자를 연결합니다.
- COUNTIF 함수의 Range, Criteria 지정하면 됩니다.
- Range 인수 : 개수를 구하려고 하는 셀 범위입니다. E6:E13

- Criteria 인수 : 조건에 해당하는 찾으려는 값입니다. '온라인' 입력합니다.
- 개수를 구한 후 '건'을 붙이기 위하여 수식입력줄에서 적용한 함수식 뒤에 &"건"을 입력합니다.
- [E15] 셀에 적용된 함수식 : =COUNTIF(E6:E13,"온라인")&"건"

(5) 월광고비가 가장 많은 광고 상품

가장 복잡한 함수식을 적용해야 합니다. MAX 함수를 사용하여 월광고비의 최대값을 구하고 MATCH 함수를 사용하여 최대값의 행번호를 구하고 이렇게 구한 행 번호와 광고상품의 열 번호를 인수로 하여 해당 상품을 추출하기 위하여 INDEX 함수를 사용합니다.

- INDEX 함수의 Array, Row_num, Column_num 인수를 지정합니다.
- Array 인수 : 데이터 목록 범위입니다. B6:H13. 구하는 값에 따라 다르게 지정하여도 되고 '광고상품' 열이 포함되면 됩니다.
- Row_num 인수 : 행 번호를 정하여야 하는데 월광고비가 최고인 값의 위치가 행 번호입니다. 그래서 최대값의 위치를 구하기 위하여 MATCH 함수를 사용합니다.
  • MATCH 함수의 인수
  • Lookup_value : 찾을 값입니다. 최대 월광고비를 찾아야 하므로 MAX(H6:H13)을 입력합니다.
  • Lookup_array : 찾을 값을 포함하는 셀 범위입니다. 월광고비 범위가 됩니다. H6:H13
  • Match_type : 동일한 값을 찾으므로 '0'을 입력합니다.
- Column_num 인수 : 셀 범위 B6:H13에서 구하고자 하는 값은 광고상품이므로 3번째 열에 해당합니다. '3'을 입력합니다.
- 적용한 함수 식 : =INDEX(B6:H13,MATCH(MAX(H6:H13),H6:H13,0),3)

적용 절차를 다시 한 번 더 보겠습니다.

함수를 적용할 셀 [J14]에 「=in」 입력하면 'IN'으로 시작하는 함수가 나타납니다. 'INDEX'를 더블 클릭합니다. *fx*를 클릭합니다. INDEX 함수의 [인수 선택] 창이 뜨면 [확인]을 클릭합니다. INDEX 함수의 [함수 인수] 대화상자가 뜹니다. Array, Row_num, Column_num 인수를 지정합니다.

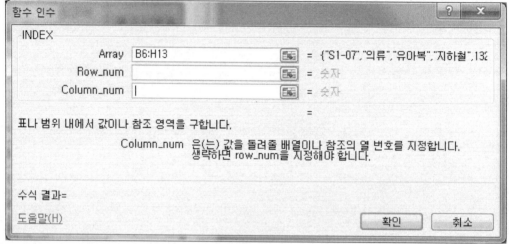

❶ [Array] 인수 란에 데이터 영역을 지정합니다. [B6:H13] 영역의 셀을 지정하였습니다.

❷ [Row_num] 인수 란에 INDEX 함수의 행 번호를 입력하여야 합니다. 행 번호가 월광고비가 가장 큰 값의 위치이므로 이를 구하기 위해 MATCH 함수를 사용합니다. 'match()'를 입력하고 수식입력줄에서 'match()' 위에서 클릭을 하면 MATCH 함수의 [함수 인수] 대화 상자가 나타납니다. MATCH 함수의 Lookup_value, Lookup_array, Match_type 인수 값을 설정합니다. 다음과 같습니다.

❸ Lookup_value : 찾을 값입니다. 최대 월광고비를 찾아야 하므로 MAX(H6:H13)을 직접 입력합니다.

(또는 'MAX()'를 입력 후 수식입력줄에서 'MAX()'을 클릭하면 MAX 함수의 [함수 인수] 창이 뜨고, [Number1] 인수 란에서 [H6:H13] 셀 영역을 지정 후 수식입력줄의 MATCH 함수에 클릭합니다. 다시 MATCH 함수 [함수 인수] 창으로 돌아옵니다.)

❹ Lookup_array : 찾을 값을 포함하는 셀 범위입니다. 월광고비 범위가 됩니다. H6:H13을 지정합니다.

❺ Match_type : 동일한 값을 찾으므로 '0'을 입력합니다.

여기까지 인수 값을 지정한 후 아직 INDEX 함수의 인수지정 과정이 남아 있으므로 [확인]을 클릭하지 말고 수식입력줄의 'INDEX' 를 클릭합니다. 다시 INDEX 함수의 [함수 인수] 대화상자로 돌아갑니다.

❻ [Column_num] 인수 란에 열 번호를 입력합니다. 열 번호는 [Array] 인수 란의 [B6:H13] 영역에서 '광고상품'에 해당하므로 3번 열입니다. 그래서 '3'을 입력합니다. [확인]을 클릭합니다.

(6) 여성향수의 월광고비를 추출하는 문제입니다. VLOOKUP 함수를 사용합니다.

- VLOOKUP 함수의 Lookup_value, Table_array, Col_index_num, Range_lookup 인수를 지정하면 됩니다.
- Lookup_value 인수 값 : 테이블에서 찾으려고 하는 문자를 입력합니다. [H15] 셀의 '여성향수'를 찾아야 하므로 [H15]를 클릭합니다.
- Table_array 인수 값 : 데이터가 있는 Table Array를 지정합니다. 반드시 찾으려고 하는 '여성향수'를 1번 열에 포함되도록 테이블을 지정하여야 하므로 [D6:H13] 영역을 지정합니다.
- Col_index_num 인수 값 : '여성향수'를 찾아 추출하여 가져 올 값의 열 번호입니다. 지정한 테이블 어레이 [D6:H13]에서 '월광고비' 열은 5번째이므로 '5'를 입력합니다.
- Range_lookup 인수 값 : '여성향수'라는 동일한 값을 찾으므로 '0'을 입력합니다.
- [J15] 셀에 적용된 함수식 : =VLOOKUP(H15,D6:H13,5,0)

8
Chapter

데이터 관리

1 데이터 정렬

데이터 관리에서 먼저 하는 것 중의 하나가 정렬입니다. 번호순이던 이름순이던 데이터를 순서대로 정렬하여 관리하는 것은 자연스러운 기본입니다. 정렬은 오름차순 정렬과 내림차순 정렬이 있습니다. 오름차순은 작은 값에서 큰 값의 순으로 정렬하는 것이고 내림차순은 반대로 큰 값에서 작은 값 순으로 정렬합니다.

🔵 한 개의 열을 기준으로 정렬하기

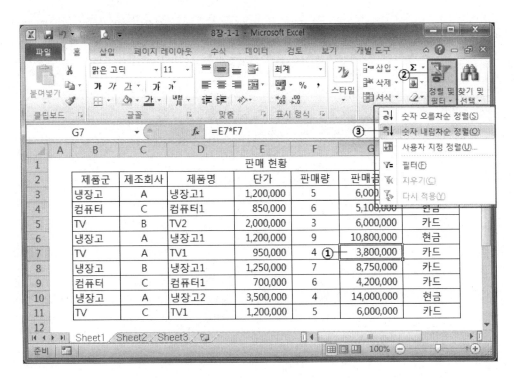

❶ 정렬 기준을 먼저 결정합니다. 그림에서는 판매금액을 기준으로 정렬하기 위해 판매금액 열에서 한 개의 셀을 선택합니다. 정렬 기준으로 하고자 하는 열에서 어느 셀의 위치에서라도 상관없으므로 해당 열의 아무 셀을 선택합니다.

❷ 도구모음에서 맨 오른편에 [정렬 및 필터] 아이콘을 클릭합니다.

❸ 펼쳐진 항목 중에 정렬 방식을 결정하여 클릭하면 됩니다. 그림에서는 [내림차순] 항목을 클릭합니다.

오름차순은 작은 값에서 큰 값으로 정렬되는 것이고 [내림차순]은 큰 값에서 작은 값으로 정렬 하는 것입니다. 일반적으로 날짜순, 번호순, 이름순 등과 같은 값으로 정렬을 할 때는 오름차 순으로 순서대로 정렬하고 위의 예제처럼 데이터를 기준으로 정렬을 할 경우에는 큰 값부터 정렬하는 내림차순으로 정렬을 합니다.

● 두 개 이상의 열을 기준으로 정렬하기

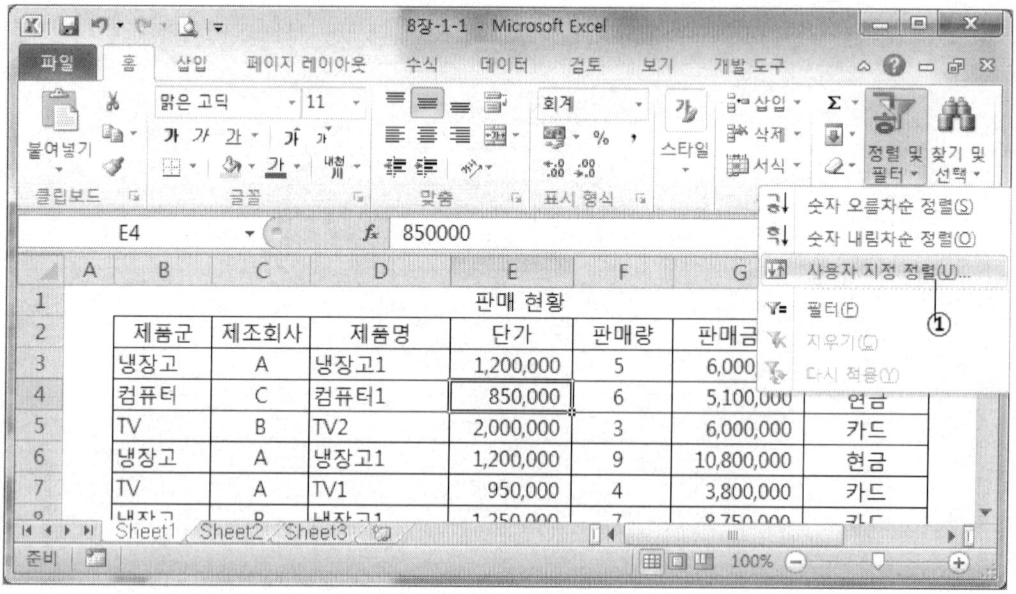

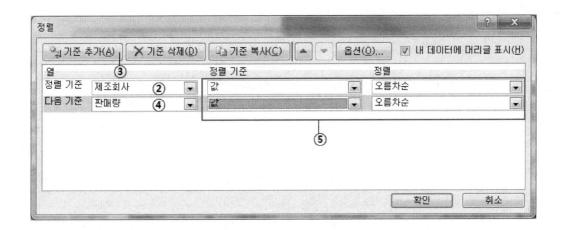

❶ 도구모음에서 [정렬 및 필터] 아이콘을 클릭합니다. 펼쳐진 정렬 방식 항목에서 [사용자 지정] 방식을 클릭합니다. [정렬]에 대한 대화상자가 펼쳐집니다.

❷ 정렬 기준에서 1차 정렬 기준을 정합니다. 그림에서 「▼」를 클릭하면 정렬 기준 필드명이 나타나는데 [제조회사] 순으로 먼저 정렬을 하고자 선택합니다.

❸ 2차 정렬 기준을 선택하기 위하여 [기준 추가] 항목을 클릭합니다. [다음 기준] 항목이 펼쳐집니다.

❹ 다음 기준의 「▼」를 클릭하여 [판매량]을 선택합니다.

2차 이상의 기준을 제시하여 정렬을 하는 이유는 첫 번째 정렬 기준에서 같은 값이 있을 경우 같은 값들에 대한 정렬을 어느 기준으로 다시 정렬할 것인지를 정해주기 위해 2차 기준이 필요한 것입니다. 위의 예제에서 제조회사 순으로 정렬을 한 다음 같은 회사에 대해 판매날짜 순 또는 판매금액 순, 판매량 순 등으로 다시 정렬하려고 하는 것입니다.

❺ 정렬기준과 정렬방식을 선택합니다.

다양한 정렬 기준

정렬의 대부분은 데이터의 값 크기를 기준으로 합니다. 숫자 데이터는 내림차순으로 문자 데이터는 오름차순으로 하는 것이 일반적이지요. 값의 크기를 기준으로 하는 정렬 외 다른 기준으로 정렬하는 것을 보겠습니다.

• 글자 색 또는 면 색을 기준으로 정렬하기

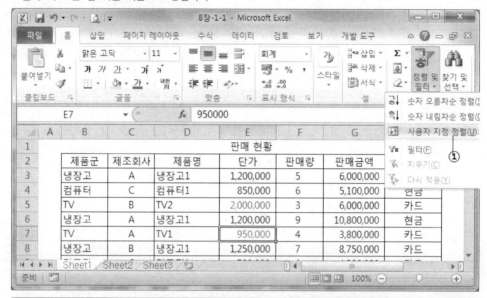

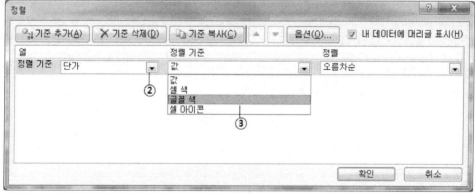

❶ [정렬 및 필터] 아이콘을 클릭 후 [사용자 지정 정렬]을 클릭합니다.

❷ [정렬] 대화상자에서 열 정렬 기준 「▼」를 클릭하여 [단가]를 선택합니다.

❸ 일반적인 정렬 기준은 '값'입니다. 「▼」를 클릭하여 [글꼴 색]을 선택합니다.

❹ 정렬 방식에 새로운 항목이 생성됩니다. [자동]의 「▼」를 클릭하면 [단가] 열에 적용된 글꼴 색이 나타납니다. 정렬하고자 하는 기준 색을 클릭하면 됩니다.

❺ '위에 표시'와 '아래쪽에 표시'를 선택할 수 있습니다. [위에 표시]를 선택하면 선택된 글꼴 색이 위로 정렬이 됩니다.

• 사용자 지정 목록으로 정렬하기

정렬은 오름차순이던 내림차순이던 값의 크기에 따라 정렬이 됩니다. 사용자 지정 목록으로 정렬하는 것은 크기에 따라 정렬이 되는 것이 아니라 사용자가 직접 정렬 순서를 정하여 정렬하는 방법입니다.

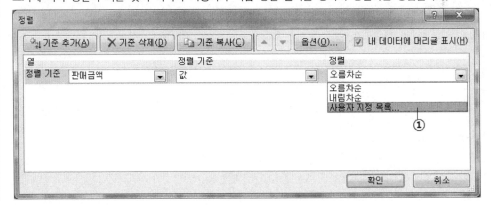

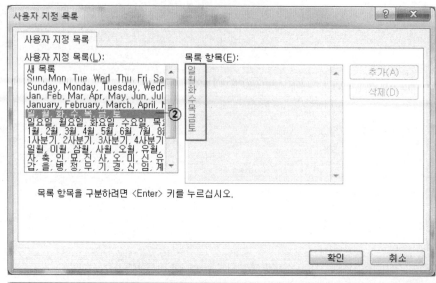

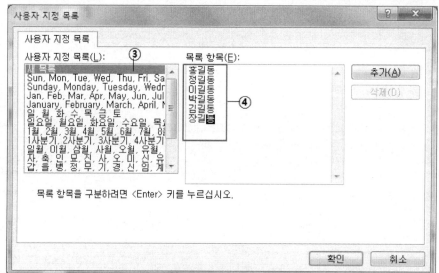

❶ [정렬] 대화상자에서 정렬의 「▼」를 클릭하여 [사용자 지정 목록]을 선택합니다.

❷ [사용자 지정 목록] 대화상자가 뜹니다. 목록 중에 정렬기준을 선택합니다. 정렬하고자 하는 값이 요일일 경우 목록 중에 요일을 선택합니다. 왼쪽 목록 항목에 정렬 순서가 표시됩니다.

❸ 목록 중에 선택할 항목이 없을 경우 사용자가 직접 목록을 만드는 방법입니다. [새목록]을 클릭합니다.

❹ 새목록을 클릭한 후 정렬할 값을 순서대로 입력하면 됩니다. 예를 들면 '홍길동 정길동 이길동 박길동...' 순으로 입력하면 입력된 순으로 정렬이 되는 것입니다.

2 데이터 필터링

필터링 기능은 정렬의 또 다른 형식으로 데이터를 순서대로 정렬하는 것이 아니라 조건에 맞는 값만 나타
나도록 하는 것입니다. 조건에 맞지 않으면 나타나지 않도록 걸러낸다 하여 필터링입니다.

🔵 자동 필터링

자동 필터링을 실행하는 방법은 3가지입니다.

❶ 도구모음에서 [정렬 및 필터] 아이콘을 클릭하면 펼쳐진 항목 중에 '필터'를 클릭하면 됩니다.

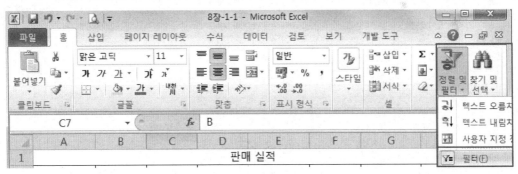

❷ 메뉴에서 [데이터] 항목을 클릭합니다. [데이터]에 속해 있는 메뉴 중에 🔻 단자를 클릭합니다.

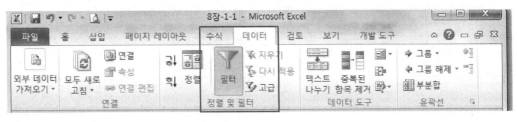

❸ 마우스 오른쪽 버튼을 클릭하여 [필터] 항목을 클릭하면 됩니다.

다음은 자동 필터링을 적용하여 사용하는 것을 보겠습니다.

도구모음에서 [정렬 및 필터] 아이콘을 클릭하여 펼쳐진 항목 중에 '필터'를 클릭합니다. 아래 그림에서 각 필드명에 화살표 모양의 단추 ▼이 생성되는 것을 볼 수 있습니다. 자동 필터링 기능을 적용할 수 있는 단추입니다. 다시 도구모음에서 [정렬 및 필터] 아이콘을 클릭하여 펼 쳐진 항목 중에 '필터'를 클릭하면 필터링 단추 ▼이 없어집니다.

판매량이 '5' 이상인 제품만 표시되도록 해 보겠습니다.

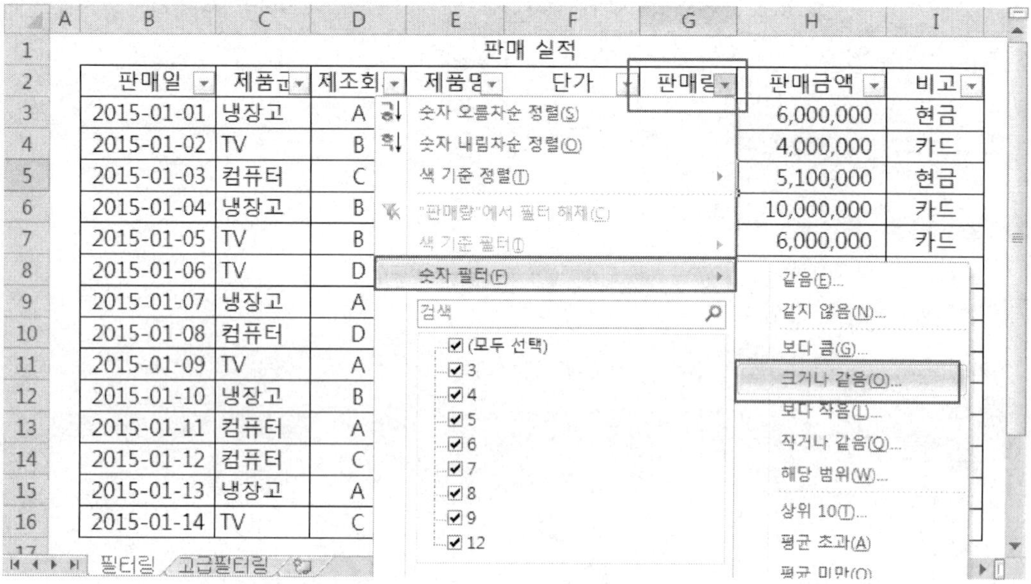

그림에서 필드명 '판매량'의 ▼를 클릭합니다. 펼쳐지는 항목 중에 '숫자 필터'에 마우스 포인 터를 가져가면 옆으로 적용범위에 대한 것이 펼쳐집니다. 이상인 제품이므로 '크거나 같음'을 클릭합니다. 아래 그림과 같은 사용자 지정 자동 필터 창이 뜹니다. 판매량이 '5' 이상이므로 판 매량 조건 연산자 ')='이 나타나 있습니다. 옆의 빈 란에 '5'를 입력하고 [확인]을 클릭합니다.

다음은 필터링을 적용한 다음의 결과입니다.

	판매일	제품군	제조회사	제품명	단가	판매량	판매금액	비고
				판매 실적				
3	2015-01-01	냉장고	A	냉장고1	1,200,000	5	6,000,000	현금
5	2015-01-03	컴퓨터	C	컴퓨터1	850,000	6	5,100,000	현금
6	2015-01-04	냉장고	B	냉장고1	1,250,000	8	10,000,000	카드
8	2015-01-06	TV	D	TV1	980,000	5	4,900,000	카드
9	2015-01-07	냉장고	A	냉장고1	1,200,000	9	10,800,000	현금
10	2015-01-08	컴퓨터	D	컴퓨터1	900,000	12	10,800,000	카드
12	2015-01-10	냉장고	B	냉장고1	1,250,000	7	8,750,000	카드
14	2015-01-12	컴퓨터	C	컴퓨터1	700,000	6	4,200,000	카드
16	2015-01-14	TV	C	TV1	1,200,000	5	6,000,000	카드

그림에서 처럼 판매량이 '5' 이상인 제품만 나타났습니다. 필터링 된 항목들은 삭제된 것이 아니고 숨겨진 것입니다. 행 번호를 보면 필터링 된 제품이 숨겨져 있음을 알 수 있습니다. 그리고 판매량 필드명에 화살표 모양의 단추가 필터 모양 으로 바뀌었음을 볼 수 있습니다.

다음은 다양한 필터링 조건을 설정하는 것에 대해 이야기 하겠습니다. 앞에서 판매량을 조건으로 하여 필요한 범위의 값들만 나타나도록 하였습니다. 추가로 필터링의 다른 조건을 설정하겠습니다.

	A	B	C	D	E	F	G	H	I
1					판 매 실적				
2	판매일 ▼	제품군 ▼	제조회 ▼	제품명 ▼	단가 ▼	판매량 ▼	판매금액 ▼	비고 ▼
3	2015	긱↓ 텍스트 오름차순 정렬(S)			1,200,000	5	6,000,000	현금
4	2015	흭↓ 텍스트 내림차순 정렬(O)			1,000,000	4	4,000,000	카드
5	2015	색 기준 정렬(T) ▶			850,000	6	5,100,000	현금
6	2015	▨ '제품량'에서 필터 해제(C)			1,250,000	8	10,000,000	카드
7	2015	색 기준 필터(I) ▶			2,000,000	3	6,000,000	카드
8	2015	텍스트 필터(F) ▶	같음(E)...				4,900,000	카드
9	2015	검색 ⌕	같지 않음(N)...				10,800,000	현금
10	2015	☑ (모두 선택)	시작 문자(I)...				10,800,000	카드
11	2015	☑ TV1	끝 문자(T)...				3,800,000	카드
12	2015	☑ TV2	포함(A)... ②				8,750,000	카드
13	2015	☑ 냉장고1	포함하지 않음(D)...				3,800,000	현금
14	2015	☑ 냉장고2 ①	사용자 지정 필터(F)...				4,200,000	카드
15	2015	☑ 컴퓨터1					14,000,000	현금
16	2015	☑ 컴퓨터2			1,200,000	5	6,000,000	카드
17		필터						

필드명 '제품명'에서 필터링 추가 조건을 지정하겠습니다.

'제품명'의 「 ▼ 」을 클릭합니다. 필터링 조건은 두 방법으로 설정이 가능합니다. ❶ 영역에서 직접 체크하거나 ❷ 영역에서 앞의 사례에서 지정하듯이 할 수 있습니다.

❶ 영역에서

- 모두 선택이 체크되어 있습니다. '제품명' 필드에서 모든 제품이 다 표시되도록 하라는 것입니다. 체크 영역을 한 번 더 클릭하면 해제가 됩니다.

- 'TV1', '냉장고1' 등 제품별로 체크하여 제품을 선택하면 선택된 제품에 대해서만 시트에 나타나게 됩니다.

❷ 영역에서

- 같음 : '제품명' 필드에 있는 제품 중에 입력하는 제품과 같은 이름의 제품만 나타납니다.

- 같지 않음 : '제품명' 필드에 있는 제품 중에 입력하는 제품과 이름이 같지 않은 제품만 나타납니다.

- 시작 문자 : '제품명' 필드에 있는 제품 중에 입력하는 문자로 시작하는 제품만 나타납니다. [시작 문자]를 클릭하면 자동필터 대화상자가 나타납니다. '냉'을 입력하고 확인을 클릭하면 제품명이 냉장고 등 '냉'으로 시작하는 제품들만 나타납니다. 시작하는 문자를 한 글자 이상

도 사용이 가능합니다.

- 끝 문자 : '제품명' 필드에 있는 제품 중에 입력하는 문자로 끝나는 제품만 나타납니다.

- 포함 : '제품명' 필드에 있는 제품 중에 입력하는 문자를 포함하는 제품이 나타납니다.

- 포함하지 않음 : '제품명' 필드에 있는 제품 중에 입력하는 문자를 포함하지 않는 제품이 나
  타납니다.

다음 그림은 [포함] 항목을 선택하였을 경우에 나타나는 대화상자입니다. [포함] 란에 '냉'을 입
력하고 [확인]을 누릅니다. 결과는 제품명 중에 '냉'이라는 글자를 포함하는 제품만 나타납니
다. '?'와 '*'을 잘 활용하면 좋은 결과을 얻을 수 있습니다.

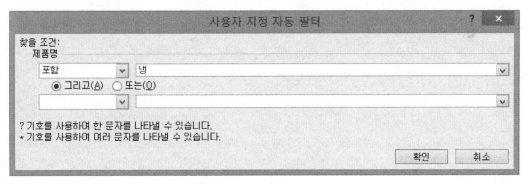

🌑 고급 필터링

자동 필터링에서 여러 필드에서 필터링을 조건을 제시할 수 있습니다. 제시되는 여러 조건이
AND 조건으로 적용됩니다. 앞의 경우처럼 "판매량이 얼마 이상이고 제품명이 무엇인 것에 대
해 나타내어라"와 같은 식입니다. OR 조건으로 적용하고자 할 경우에는 고급 필터링을 사용
합니다. 고급 필터는 AND 조건과 OR 조건 적용이 둘 다 가능합니다.

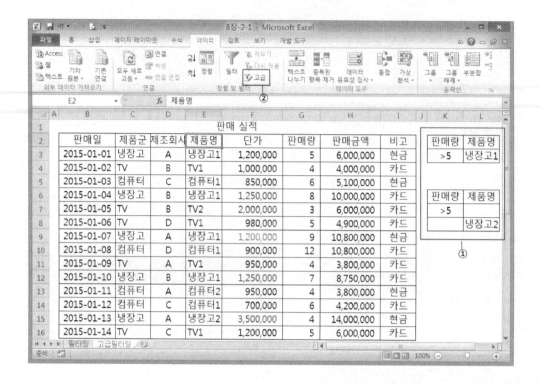

❶ 먼저 고급 필터링의 조건은 별도로 만들어 두어야 합니다.

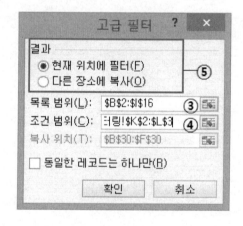

• 조건 영역 [K2:K3] : 판매량이 5 이상

• 조건 영역 [K2:L3] : 판매량이 5 이상이고 제품명이 냉장고1 (AND 조건)

• 조건 영역 [K6:L8] : 판매량이 5 이상이거나 제품명이 냉장고1 (OR 조건)

• AND 조건은 같은 행에 입력하고 OR 조건은 다른 행에 입력을 합니다.

❷ 필터링을 적용할 영역 내의 셀을 선택한 후 도구모음의 [데이터] 메뉴를 클릭합니다. [데이터] 메뉴 내의 항목에서 [고급] 항목을 클릭합니다. 아래와 같이 고급 필터링 지정 창이 뜹니다.

❸ 목록 범위는 필터링을 적용할 표 범위입니다. 필드명에 의해 자동으로 설정되거나 사용자가 영역을 지정합니다.

❹ 조건 범위를 지정합니다. 판매량이 5 이상이고 제품명이 '냉장고1'인 AND 조건을 적용하기 위해 [K2:L3] 조건 영역을 지정합니다.

❺ 필터링 결과가 나타나는 위치를 지정합니다. [현재 위치에 필터]를 선택하면 지정한 목록 범위에서 필터링이 실행됩니다.

[다른 장소에 복사]를 선택하면 다음 그림과 같이 [복사 위치]가 활성화 됩니다. 복사 위치를 정해 주면 됩니다.

❻ 복사할 위치를 [B19]로 지정하였습니다. 조건에 해당하는 레코드 값들이 [B19]부터 필드명을 포함하여 복사되었습니다.

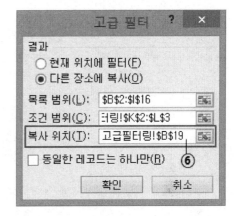

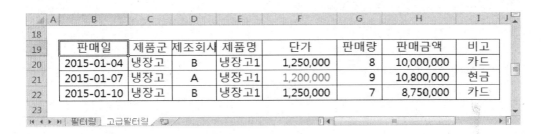

❼ 다음 그림은 다른 장소에 복사를 할 때 미리 복사할 내용의 필드명을 만들어 놓고 이 영역을 복사 위치로 지정한 후 실행하면 명시된 필드명의 값들만 복사를 합니다.

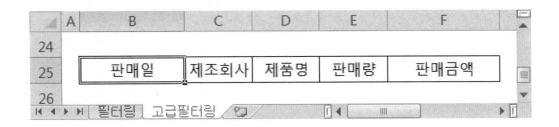

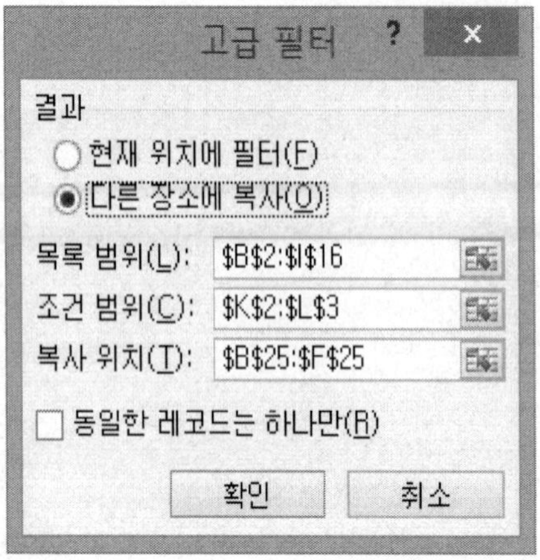

복사 위치를 [B25:F25]로 지정하였습니다.

판매량이 5 이상인 냉장고1에 대한 결과를 복사한 결과입니다.

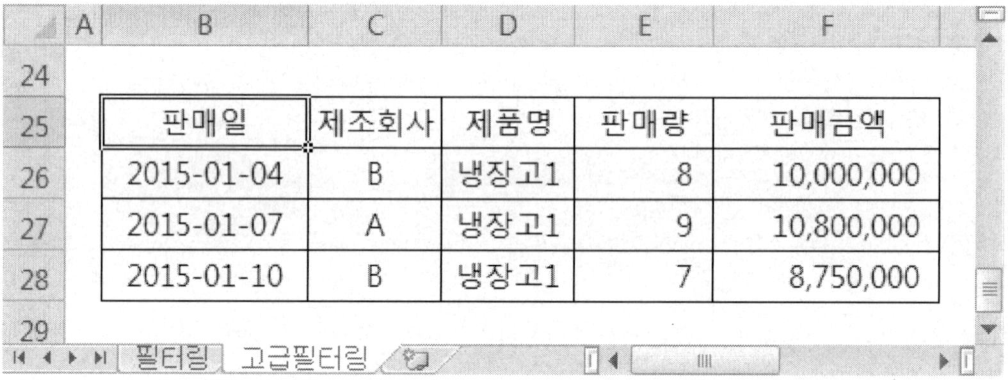

판매일	제조회사	제품명	판매량	판매금액
2015-01-04	B	냉장고1	8	10,000,000
2015-01-07	A	냉장고1	9	10,800,000
2015-01-10	B	냉장고1	7	8,750,000

3

부분합

부분합은 같은 속성을 가지는 레코드끼리 합, 평균, 개수 등을 구하는 기능입니다. 즉 각 회사별로 판매량을 구한다거나 제품별로 판매실적을 구하는 경우가 있습니다.

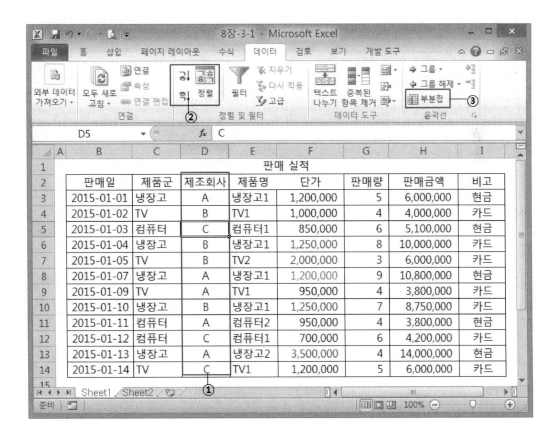

❶ 부분합을 적용하기 전에 먼저 분야별로 정렬을 수행하여야 합니다. 그림에서는 제조회사별로 부분합을 구현하기 위해 제조회사 이름순으로 정렬하려고 셀 [D5]를 선택합니다.

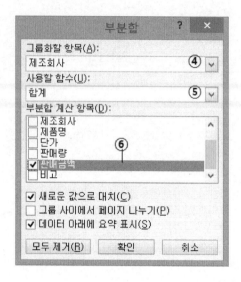

❷ 오름차순 또는 내림차순으로 정렬을 합니다. 일반적으로 오름차순을 선택합니다.

❸ 부분합을 실행하기 위해 [데이터] 메뉴의 [부분합]을 클릭합니다.

❹ [부분합] 대화상자에서 부분합을 실행할 그룹 항목을 선택합니다. 「▼」단추를 누르면 필드명이 펼쳐집니다. [제조회사]를 선택합니다.

❺ 계산 종류를 선택합니다. 여기서는 합계를 구하고자 하므로 「▼」단추를 눌러 합계를 선택합니다.

❻ 합계를 하고자 하는 항목을 선택합니다. 판매금액을 체크하고 나머지 항목은 해지를 합니다. [확인]을 클릭하여 끝을 냅니다.

부분합을 실행한 결과입니다. 제조회사 별로 판매량과 판매금액의 합계를 구하였고 아래에 총합계까지 자동으로 나타나게 됩니다.

1 2 3	A	B	C	D	E	F	G	H	I	J
1					판매 실적					
2		판매일	제품군	제조회사	제품명	단가	판매량	판매금액	비고	
3		2015-01-01	냉장고	A	냉장고1	1,200,000	5	6,000,000	현금	
4		2015-01-07	냉장고	A	냉장고1	1,200,000	9	10,800,000	현금	
5		2015-01-09	TV	A	TV1	950,000	4	3,800,000	카드	
6		2015-01-11	컴퓨터	A	컴퓨터2	950,000	4	3,800,000	현금	
7		2015-01-13	냉장고	A	냉장고2	3,500,000	4	14,000,000	현금	
8				A 요약				38,400,000		
9		2015-01-02	TV	B	TV1	1,000,000	4	4,000,000	카드	
10		2015-01-04	냉장고	B	냉장고1	1,250,000	8	10,000,000	카드	
11		2015-01-05	TV	B	TV2	2,000,000	3	6,000,000	카드	
12		2015-01-10	냉장고	B	냉장고1	1,250,000	7	8,750,000	카드	
13				B 요약				28,750,000		
14		2015-01-03	컴퓨터	C	컴퓨터1	850,000	6	5,100,000	현금	
15		2015-01-12	컴퓨터	C	컴퓨터1	700,000	6	4,200,000	카드	
16		2015-01-14	TV	C	TV1	1,200,000	5	6,000,000	카드	
17				C 요약				15,300,000		
18				총합계				82,450,000		

Sheet1 Sheet2

부분합의 계산을 제조회사 별로 판매량과 판매
금액의 최대값을 추가로 구하고자 합니다.
도구 모음에서 부분합 아이콘을 클릭합니다.
부분합 대화상자에서 사용할 함수의 종류를
「▼」단추를 눌러 최대값으로 선택합니다.
부분합 계산항목은 판매량과 판매금액을 체크
하고 확인을 클릭합니다.
결과는 다음과 같습니다.

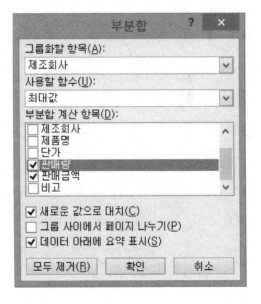

판매일	제품군	제조회사	제품명	단가	판매량	판매금액	비고
			판매 실적				
2015-01-01	냉장고	A	냉장고1	1,200,000	5	6,000,000	현금
2015-01-07	냉장고	A	냉장고1	1,200,000	9	10,800,000	현금
2015-01-09	TV	A	TV1	950,000	4	3,800,000	카드
2015-01-11	컴퓨터	A	컴퓨터2	950,000	4	3,800,000	현금
2015-01-13	냉장고	A	냉장고2	3,500,000	4	14,000,000	현금
		A 최대값			9	14,000,000	
2015-01-02	TV	B	TV1	1,000,000	4	4,000,000	카드
2015-01-04	냉장고	B	냉장고1	1,250,000	8	10,000,000	카드
2015-01-05	TV	B	TV2	2,000,000	3	6,000,000	카드
2015-01-10	냉장고	B	냉장고1	1,250,000	7	8,750,000	카드
		B 최대값			8	10,000,000	
2015-01-03	컴퓨터	C	컴퓨터1	850,000	6	5,100,000	현금
2015-01-12	컴퓨터	C	컴퓨터1	700,000	6	4,200,000	카드
2015-01-14	TV	C	TV1	1,200,000	5	6,000,000	카드
		C 최대값			6	6,000,000	
		전체 최대값			9	14,000,000	

위 결과에서 이전에 구한 합계에 대한 부분이 없어졌습니다. 부분합 대화상자에서 [새로운 값으로 대치]가 체크된 경우는 새로 구한 값이 이전에 구한 합계에 대치하여 나타납니다. 합계가 없어지고 최대값이 대치되는 것입니다. 두 종류의 값을 같이 나타나도록 하기 위해서는 [새로운 값으로 대치] 항목을 체크하지 않고 해제를 하면 새로 계산되는 값이 추가로 나타나게 됩니다.

다음 그림은 [새로운 값으로 대치] 항목의 체크를 해지했을 때의 결과입니다.

	판매일	제품군	제조회사	제품명	단가	판매량	판매금액	비고
					판매 실적			
3	2015-01-01	냉장고	A	냉장고1	1,200,000	5	6,000,000	현금
4	2015-01-07	냉장고	A	냉장고1	1,200,000	9	10,800,000	현금
5	2015-01-09	TV	A	TV1	950,000	4	3,800,000	카드
6	2015-01-11	컴퓨터	A	컴퓨터2	950,000	4	3,800,000	현금
7	2015-01-13	냉장고	A	냉장고2	3,500,000	4	14,000,000	현금
8			A 요약				38,400,000	
9			A 최대값			9	14,000,000	
10	2015-01-02	TV	B	TV1	1,000,000	4	4,000,000	카드
11	2015-01-04	냉장고	B	냉장고1	1,250,000	8	10,000,000	카드
12	2015-01-05	TV	B	TV2	2,000,000	3	6,000,000	카드
13	2015-01-10	냉장고	B	냉장고1	1,250,000	7	8,750,000	카드
14			B 요약				28,750,000	
15			B 최대값			8	10,000,000	
16	2015-01-03	컴퓨터	C	컴퓨터1	850,000	6	5,100,000	현금
17	2015-01-12	컴퓨터	C	컴퓨터1	700,000	6	4,200,000	카드
18	2015-01-14	TV	C	TV1	1,200,000	5	6,000,000	카드
19			C 요약				15,300,000	
20			C 최대값			6	6,000,000	
21			총합계				82,450,000	
22			전체 최대값			9	14,000,000	

Sheet1 / Sheet2

4 기타 데이터 관리

중복된 항복 제거, 데이터 유효성 검사, 데이터 통합, 목표값 설정에 대해 알아 봅시다.

🌑 중복된 항목 제거

[데이터] 메뉴의 도구모음에서 [중복된 항목 제거]를 클릭합니다. [중복된 항목 제거] 창이 뜹니다. [모두 선택 취소]를 클릭하면 각 열의 체크가 모두 해제됩니다. 중복된 내용을 확인할 필드명을 선택한 후 [확인]을 클릭합니다. 중복된 항목이 있으면 해당 항목만 제거

	A	B	C	D	E
1				판매 실적	
2	판매일	제품군	제조회사	제품명	단가
3	2015-01-01	냉장고	A	냉장고1	1,200,000
4	2015-01-07	냉장고	A	냉장고1	1,200,000
5	2015-01-09	TV	A	TV1	950,000
6	2015-01-11	컴퓨터	A	컴퓨터2	950,000
7	2015-01-13	냉장고	A	냉장고2	3,500,000
8	2015-01-02	TV	B	TV1	1,000,000
9	2015-01-04	냉장고	B	냉장고1	1,250,000
10	2015-01-05	TV	B	TV2	2,000,000
11	2015-01-10	냉장고	B	냉장고1	1,250,000
12	2015-01-03	컴퓨터	C	컴퓨터1	850,000

되는 것이 아니라 행단위의 레코드 전체가 삭제됩니다.

경우에 따라서 항목의 목록을 만들 때 유용하게 활용할 수 있습니다. 가령 제품군의 여러 항목에서 제품군 목록을 작성할 때 제품군 열을 복사한 후 [중복된 항목 제거]를 수행하면 제품군의 종류 목록표를 만들 수 있습니다.

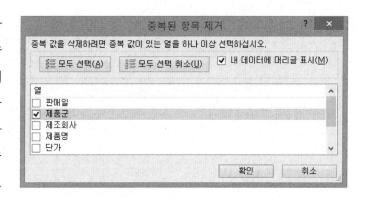

데이터 유효성 검사

데이터 유효성 검사는 앞에서 Tip으로 데이터를 입력할 때 직접 입력하지 않고 선택하여 데이터를 입력하는 경우에 데이터 유효성 검사를 이용하였습니다. 데이터 유효성 검사라고 하면 입력할 데이터의 범위를 설정한 후 설정한 범위 외의 데이터를 입력할 때 유효성 검사를 수행하여 잘못된 오류의 데이터가 입력되지 않도록 하려는 기능입니다.

그림에서 판매일의 입력범위를 「2015-01-01 ~ 2015-01-31」로 설정하여 이 범위를 벗어나는 날짜를 입력할 경우 입력이 되지 않고 오류 메시지가 나타나도록 설정하겠습니다.

❶ 유효성 검사를 적용할 데이터 범위를 지정합니다. 도구모음의 [데이터] 메뉴에서 [데이터 유효성 검사] 항목을 클릭합니다. [데이터 유효성] 창이 나타납니다.

❷ [제한 대상]의 화살표
단추를 클릭하면 여러 항
목이 펼쳐집니다. 날짜를
선택합니다.

❸ [제한 방법]의 화살표
단추를 클릭하여 적용할
범위를 지정합니다. [해당
범위]를 선택하였습니다.

❹ [시작 날짜]에 해당 범
위의 시작 날짜를 입력합
니다. '2015-1-1'을 입력합
니다.

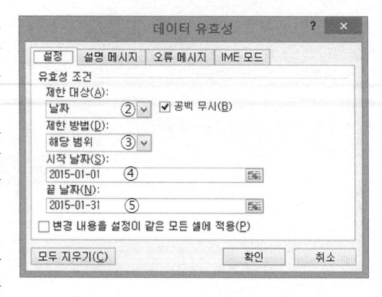

❺ [끝 날짜]에 해당 범위의 끝 날짜 '2015-1-31'을 입력하고 [확인]을 클릭합니다.

유효성 검사기능이 적용되는 것을 보겠습니다. 작업 시트에서 판매일 열의 셀 하나를 선택하
고 '2015-2-1' 날짜를 입력해 봅니다. 앞에서 정한 유효범위에 포함되지 않는 날짜입니다. 다음
과 같이 오류 메시지가 나타납니다.

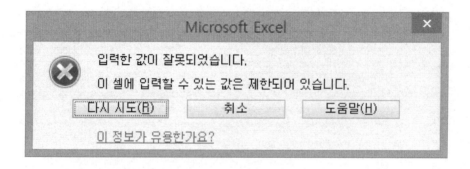

데이터 통합

그림에서 각 지역별 판매실적을 통합하여 합칠려고 합니다.

	A	B	C	D	E	F	G	H	I	J	K
1		서울				인천				수원	
2	제품명	판매량	판매금액		제품명	판매량	판매금액		제품명	판매량	판매금액
3	냉장고1	5	6,000,000		냉장고2	4	14,000,000		TV1	4	3,800,000
4	냉장고1	9	10,800,000		TV1	4	4,000,000		컴퓨터2	4	3,800,000
5	TV1	4	3,800,000		냉장고1	8	10,000,000		냉장고2	4	14,000,000
6	컴퓨터2	4	3,800,000		TV2	3	6,000,000		TV1	4	4,000,000
7	냉장고2	4	14,000,000		냉장고1	7	8,750,000		컴퓨터1	6	5,100,000
8	TV1	4	4,000,000		컴퓨터1	6	5,100,000		컴퓨터1	6	4,200,000
9	냉장고1	8	10,000,000		컴퓨터1	6	4,200,000		TV1	5	6,000,000
10	TV2	3	6,000,000		TV1	5	6,000,000		TV1	5	4,900,000
11	냉장고1	7	8,750,000		TV1	5	4,900,000		컴퓨터1	12	10,800,000
12	컴퓨터1	6	5,100,000		컴퓨터1	12	10,800,000				
13	컴퓨터1	6	4,200,000								
14	TV1	5	6,000,000								
15	TV1	5	4,900,000								
16	컴퓨터1	12	10,800,000								

❶ 데이터를 통합할 위치를 먼저 지정합니다. [E15] 셀을 선택하였습니다. 도구모음의 [데이터] 메뉴의 [통합]을 클릭합니다.

❷ 연산 종류를 화살표 단추를 클릭하여 선택합니다. 합계를 선택하였습니다.

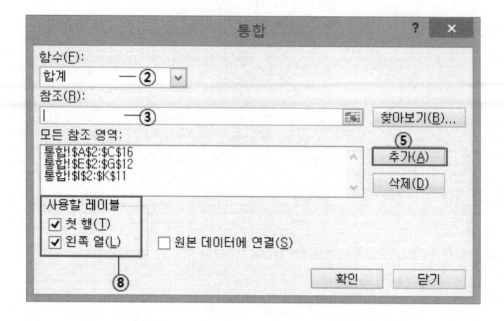

❸ 참조 란에 참조 영역을 지정합니다.

❹ [A2:C16] 영역을 지정합니다.

❺ [추가]를 클릭합니다.

❻ 두 번째 참조영역 [E2:G12] 영역을 지정합니다. [추가] 버튼을 클릭합니다.

❼ 세 번째 참조영역 [I2:K11] 영역을 지정합니다. [추가] 버튼을 클릭합니다.

❽ [사용할 레이블]에서 첫행과 왼쪽 열을 체크합니다. [확인]을 클릭합니다.

다음은 통합 결과입니다. [E15]에 '제품명'이라고 직접 입력합니다.

	A	B	C	D	E	F	G	H	I
10	TV2	3	6,000,000		TV1	5	6,000,000		TV1
11	냉장고1	7	8,750,000		TV1	5	4,900,000		컴퓨
12	컴퓨터1	6	5,100,000		컴퓨터1	12	10,800,000		
13	컴퓨터1	6	4,200,000						
14	TV1	5	6,000,000						
15	TV1	5	4,900,000		제품명	판매량	판매금액		
16	컴퓨터1	12	10,800,000		냉장고1	44	54,300,000		
17					TV1	50	52,300,000		
18					컴퓨터2	8	7,600,000		
19					냉장고2	12	42,000,000		
20					TV2	6	12,000,000		
21					컴퓨터1	72	60,300,000		
22									
23									

중복 및 유효성 / 통합 / 목표값

🌑 목표값 찾기

그림에서 현재까지 제품 총판매금액이 98,150,000입니다. 최종 목표값으로 100,000,000으로
설정하고 이를 달성하기 위해서 컴퓨터를 몇 대 더 판매를 해야 할지를 계산하고자 합니다.
총판매금액은 수식입력줄에서도 보이듯이 함수「=SUMPRODUCT(D3:D16,E3:E16)」을 적용
하였습니다.

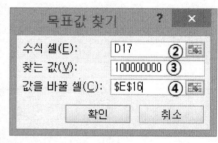

❶ 최종 목표 금액을 계산하는 수식이 있는 셀을 선택합니다. 도구 모음의 [데이터] 메뉴의 [가
상 분석]을 클릭한 후 [목표값 찾기]를 클릭합니다. [목표값 찾기] 창이 뜹니다.

❷ [수식 셀]에 목표값을 계산할 수식이 있는 셀을 지정합니다. [D17] 셀을 선택합니다.

❸ [찾는 값]에 목표액 '100000000'을 입력합니다.

❹ [값을 바꿀 셀]에 컴퓨터의 대수를 몇 대 더 판매를 하면 되는가를 찾는 것이므로 [E16] 셀
을 지정합니다. 확인을 클릭합니다.

다음은 목표값을 구한 후의 결과입니다.

	판매일	제품군	제품명	단가	판매량	판매금액
1	판매 실적					
2	판매일	제품군	제품명	단가	판매량	판매금액
3	2015-01-01	냉장고	냉장고1	1,200,000	5	6,000,000
4	2015-01-07	냉장고	냉장고1	1,200,000	9	10,800,000
5	2015-01-09	TV	TV1	950,000	4	3,800,000
6	2015-01-11	컴퓨터	컴퓨터2	950,000	4	3,800,000
7	2015-01-13	냉장고	냉장고2	3,500,000	4	14,000,000
8	2015-01-02	TV	TV1	1,000,000	4	4,000,000
9	2015-01-04	냉장고	냉장고1	1,250,000	8	10,000,000
10	2015-01-05	TV	TV2	2,000,000	3	6,000,000
11	2015-01-10	냉장고	냉장고1	1,250,000	7	8,750,000
12	2015-01-03	컴퓨터	컴퓨터1	850,000	6	5,100,000
13	2015-01-12	컴퓨터	컴퓨터1	700,000	6	4,200,000
14	2015-01-14	TV	TV1	1,200,000	5	6,000,000
15	2015-01-06	TV	TV1	980,000	5	4,900,000
16	2015-01-08	컴퓨터	컴퓨터1	900,000	14	12,650,000
17	최종 목표 금액					100,000,000

중복 및 유효성 / 통합 / 목표값 /

5 표 사용하기

🌐 표 만들기

❶ 도구모음의 [삽입] 메뉴에서 [표]를 클릭합니다. [표 만들기] 창이 뜹니다.

❷ [표 만들기] 창에서 표를 만들 위치를 지정합니다. 표의 위치를 지정할 때 크기는 다시 조정할 수 있으므로 대충 지정하면 됩니다. 그리고 [머리글 포함]이 있는데 이것도 표를 만든 후에 선택이 가능하므로 체크를 해도 되지만 그냥 넘어가고 [확인]을 클릭하여도 무방합니다.

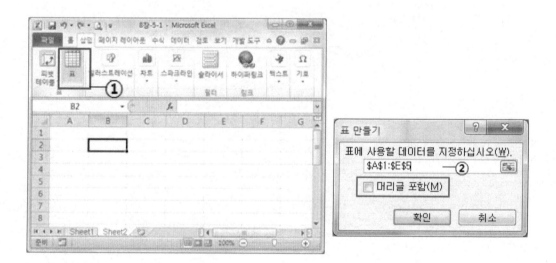

아래 그림은 위에서 지정한 위치 [A1:E5]에 표가 만들어졌습니다. 표에 대한 구성요소를 설명하겠습니다.

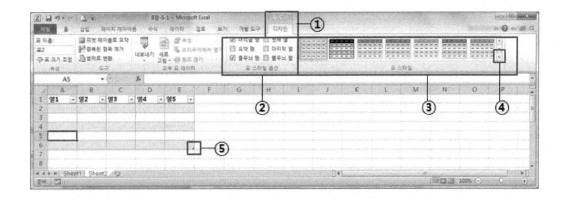

❶ 표가 만들어지면서 표의 디자인을 관리하는 메뉴가 자동으로 생성됩니다.

❷ 표 스타일 옵션을 선택하는 것으로 표의 구성요소를 표시하거나 없어지게 할 수 있습니다. 옵션 중에 [머리글 행]과 [줄무늬 행]이 디폴트로 체크가 되어있으며 이 두 요소가 일반적으로 많이 활용됩니다.

• 머리글 행 : 표의 필드명으로 그림에서 '열1'에서 '열5'까지 해당됩니다. 필드명을 '판매일자', '제품명', '판매금액' 등의 필드명을 직접 입력하며, 필터링 기능이 포함됩니다.

• 줄무늬 행 : 행간의 구분을 쉽게 할 수 있도록 자동으로 셀 면에 색이 들어 갑니다.

❸ 표 스타일입니다. 행간을 구분하는 색 또는 표 모양을 자동으로 적용하는 스타일로서 사용자가 취향에 따라 선택하면 됩니다.

❹ 화살표 모양 단추를 클릭하면 전체 표 스타일이 펼쳐집니다.

❺ 표의 크기를 조절하는 곳으로 모서리 부분에서 마우스로 클릭하여 드래그 하면서 조절합니다.

🌐 입력된 데이터 영역에서 표 만들기

데이터가 입력된 셀에서 [삽입] 탭의 [표]를 클릭합니다. [표 만들기] 창이 뜹니다. 데이터 지정 영역이 점선으로 자동으로 표시되고, 데이터 범위를 변경하려면 새롭게 영역을 지정합니다. 다음은 적용한 결과 표입니다.

판매일	제품군	제조회사	제품명	단가	판매량	판매금액	비고
				판매 실적			
2015-01-01	냉장고	A	냉장고1	1,200,000	5	6,000,000	현금
2015-01-02	TV	B	TV1	1,000,000	4	4,000,000	카드
2015-01-03	컴퓨터	C	컴퓨터1	850,000	6	5,100,000	현금
2015-01-04	냉장고	B	냉장고1	1,250,000	8	10,000,000	카드
2015-01-05	TV	B	TV2	2,000,000	3	6,000,000	카드
2015-02-06	TV	D	TV1	980,000	5	4,900,000	카드
2015-02-07	냉장고	A	냉장고1	1,200,000	9	10,800,000	현금
2015-02-08	컴퓨터	D	컴퓨터1	900,000	12	10,800,000	카드
2015-02-09	TV	A	TV1	950,000	4	3,800,000	카드
2015-02-10	냉장고	B	냉장고1	1,250,000	7	8,750,000	카드
2015-03-11	컴퓨터	A	컴퓨터2	950,000	4	3,800,000	현금
2015-03-12	컴퓨터	C	컴퓨터1	700,000	6	4,200,000	카드
2015-03-13	냉장고	A	냉장고2	3,500,000	4	14,000,000	현금
2015-03-14	TV	C	TV1	1,200,000	5	6,000,000	카드

Sheet1 Sheet2

6

피벗 테이블

피벗 테이블은 표에서 특정 항목을 기준으로 행과 열을 변경하여 다양한 형태로 표를 표현하는 기능입니다.

🌑 피벗 테이블 실행 및 구성요소

피벗 테이블 실행은 데이터 영역에 임의의 어느 셀을 선택 후 도구모음의 [삽입] 메뉴에서 맨 오른편의 [피벗 테이블]을 클릭합니다. [피벗 테이블 만들기] 창이 뜹니다.

먼저 [표 또는 범위 선택]의 표 범위를 지정하여야 합니다. 일반적으로 표의 범위가 설정된 것을 그대로 사용하며 사용가가 특별히 지정하고자 하면 표 영역을 지정합니다.

다음은 피벗 테이블을 만들 곳을 지정하여야 합니다. 일반적으로 [새 워크

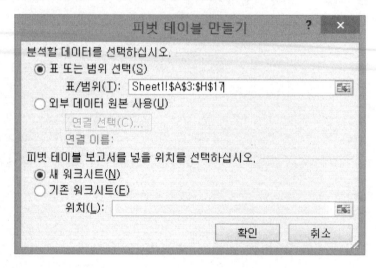

시트]를 선택합니다. [확인]을 클릭합니다. 새 워크시트가 생성되면서 다음과 같은 화면이 나타납니다.

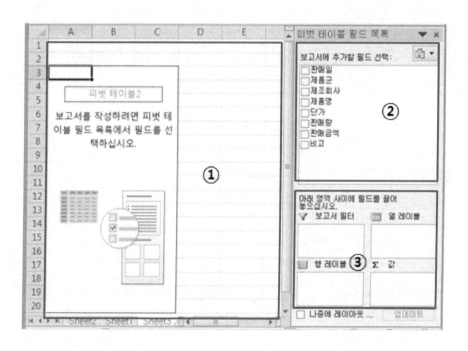

❶ 영역 : 피벗 테이블이 만들어지는 워크시트 영역

❷ 영역 : 원본 데이터의 필드명이 나타나는 영역으로 피벗 테이블을 구성할 요소를 선택할 수 있는 영역

❸ ❷ 영역의 항목을 선택하여 피벗 테이블을 구성하는 영역

피벗 테이블을 구성하기 위해서는 위 그림 ❸ 영역에서 각 요소의 역할을 잘 이해해야 할 필요가 있습니다. 예제를 통해 실습을 할 때 자세히 다루지만 먼저 이 영역의 각 요소가 어떤 역할을 하는지 이해하도록 합시다. "아래 영역에 필드를 끌어 놓으십시오" 라고 설명되어 있는 것처럼 필드 목록 중에서 피벗 테이블에 나타내고자 하는 필드를 선택하여 해당 각 영역으로 드래그하여 끌어 놓으면 됩니다.

❶ 보고서 필터 : 필드 목록 중에 피벗 테이블을 구성하고자 하는 1차 기준의 필드를 선택하여 끌어 놓습니다.

❷ 열 레이블 : 피벗 테이블에 나타내고자 하는 요소 중에 피벗 테이블의 열의 항목으로 구성되도록 하고자 하는 필드를 끌어 놓습니다.

❸ 행 레이블 : 피벗 테이블의 행의 항목으로 구성되도록 하고자 하는 필드를 끌어 놓습니다.

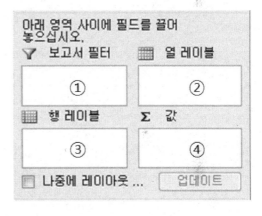

❹ 값 : 피벗 테이블의 행과 열의 기준 항목에 따른 나타내고자 하는 데이터 값 필드가 위치합니다. 필드 목록에서 숫자가 있는 필드를 선택하면 값 영역으로 들어오게 됩니다.

🌐 피벗 테이블 만들기

	A	B	C	D	E	F	G	H
1				판매 실적				
2								
3	판매일	제품군	제조회사	제품명	단가	판매량	판매금액	비고
4	2015-01-01	냉장고	A	냉장고1	1,200,000	5	6,000,000	현금
5	2015-01-02	TV	B	TV1	1,000,000	4	4,000,000	카드
6	2015-01-03	컴퓨터	C	컴퓨터1	850,000	6	5,100,000	현금
7	2015-01-04	냉장고	B	냉장고1	1,250,000	8	10,000,000	카드
8	2015-01-05	TV	B	TV2	2,000,000	3	6,000,000	카드
9	2015-02-06	TV	D	TV1	980,000	5	4,900,000	카드
10	2015-02-07	냉장고	A	냉장고1	1,200,000	9	10,800,000	현금
11	2015-02-08	컴퓨터	D	컴퓨터1	900,000	12	10,800,000	카드
12	2015-02-09	TV	A	TV1	950,000	4	3,800,000	카드
13	2015-02-10	냉장고	B	냉장고1	1,250,000	7	8,750,000	카드
14	2015-03-11	컴퓨터	A	컴퓨터2	950,000	4	3,800,000	현금
15	2015-03-12	컴퓨터	C	컴퓨터1	700,000	6	4,200,000	카드
16	2015-03-13	냉장고	A	냉장고2	3,500,000	4	14,000,000	현금
17	2015-03-14	TV	C	TV1	1,200,000	5	6,000,000	카드

Sheet2 / Sheet1 / Sheet3

그림에서 제조회사를 1차 기준으로 하여 판매일을 기준으로 각 제품의 판매금액을 표시하고 자 합니다. 이와 같이 여러 조건에 의한 값의 도출을 피벗 테이블을 이용하면 효과적으로 표현 할 수 있습니다. 먼저 데이터 범위 내의 임의의 셀을 선택하고 도구모음의 [삽입] 메뉴에서 피 벗 테이블을 클릭합니다. [피벗 테이블 만들기] 창에서 표 범위와 새 워크 시트를 선택한 후 다 음 그림과 같이 새 워크 시트에서 피벗 테이블을 구성하여 봅시다.

먼저 피벗 테이블을 구성하는데 행으로 구성할 값과 열에 구성할 값을 생각합니다. 여기서 하 고자 하는 구성은 행으로는 날짜와 제품군이고 열에 구성할 내용은 제품명으로 하고자 합니다.

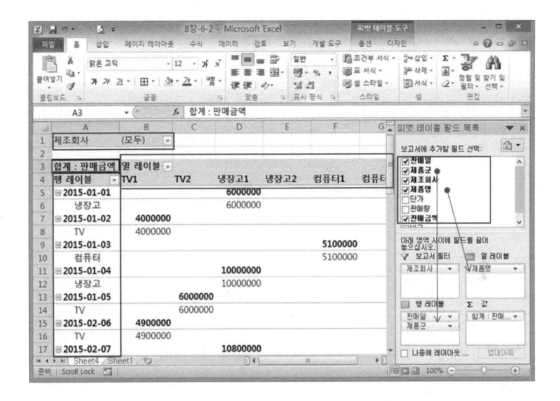

❶ 피벗 테이블 필드 목록 창에서 피벗 테이블에 구성할 필드를 선택하여 열 레이블과 행 레이블에 드래그하여 가져다 놓습니다.

- 제품명은 열 레이블로 드래그하여 이동
- 판매일은 행 레이블로 드래그하여 이동
- 제품군은 행 레이블로 드래그하여 이동
- 제조회사는 보고서 필터로 드래그하여 이동
- 판매금액은 체크하면 Σ 값 영역으로 들어갑니다.

행과 열 레이블에 필드 항목을 끌어다 놓을 때 필드 항목의 순서가 중요합니다. 그림에서 행 레이블의 필드 항목이 '판매일'과 '제품군'입니다. 두 항목의 순서에 의해 피벗 테이블의 행 레이블의 값은 판매일을 중심으로 제품군이 나타납니다. 두 항목의 순서, 즉 위 아래 위치를 바꾸어주면 제품군을 중심으로 날짜별로 데이터가 나타나게 되는 것입니다.

❷ 피벗 테이블 영역에서 보고서 필터에 속해 있는 제조회사가 테이블 맨 위의 항목으로 차지하고 있습니다. 제조회사를 1차 기준으로 하였기 때문입니다. 그리고 행, 열 레이블의 값에 따라 행과 열에 해당 항목들이 있고 이에 따른 판매금액이 표시되어 있습니다. 그런데 조금 복잡하게 되어 있지요. 이것을 메뉴 [피벗 테이블 도구]의 [옵션] 영역의 메뉴들을 이용하여 원하는 형태의 테이블로 재구성해 보겠습니다.

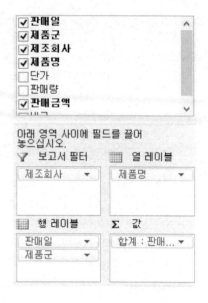

제조회사는 [모두]로 지정되어 있습니다. 「▼」단추를 클릭하면 A, B, C, D 제조회사 이름이 나열되어 나타납니다. [여러 항목 선택]을 체크합니다. 그러면 회사별로 선택할 수 있는 체크 박스가 생깁니다. A, B 둘 만 체크하면 두 회사에 대한 값만 필터링 되어 나타납니다.

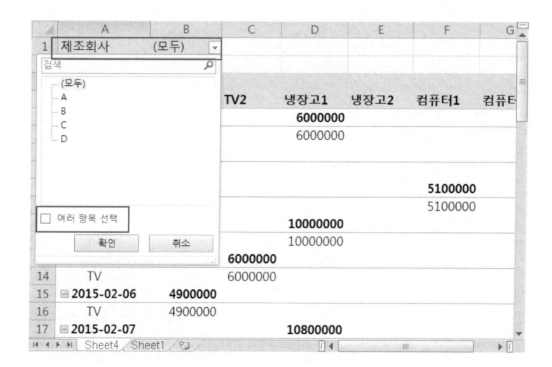

날짜가 있는 [A5] 셀을 지정한 후 [피벗 테이블 도구]의 [옵션] 메뉴에서 [그룹 선택]을 클릭합니다. [그룹화] 창이 뜹니다.

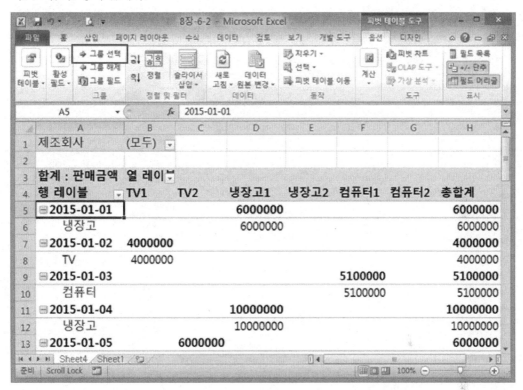

구룹화 대화 상자에서 [단위]에 '월'을 선택하고 시작 날짜와 끝 날짜를 확인하고 [확인] 단추를 클릭합니다. 2015-01-01부터 2015-03-15까지 월 단위로 표시되도록 한 것입니다.

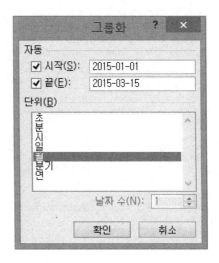

다음과 같이 월별로 그룹화 되어 나타납니다.

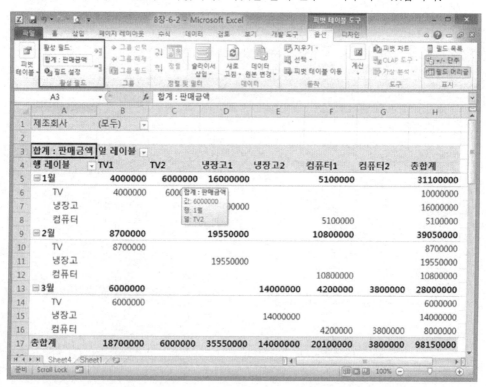

그림에서 데이터 값은 판매금액입니다. 이것을 판매 건수로 바꾸어 보겠습니다.

셀 [A3] 값이 '합계:판매금액'입니다. [A3] 셀을 선택한 후 [피벗 테이블 도구]의 [옵션] 메뉴에서 [필드 설정]을 클릭합니다. [값 필드 설정] 창이 뜹니다. 계산유형인 '합계'를 '개수'로 선택하고 [사용자 지정 이름]에 '판매개수'로 변경합니다. [확인]을 클릭합니다.

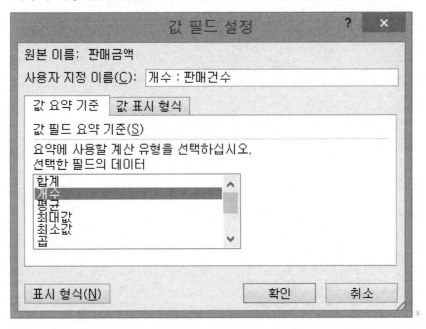

다음과 같이 데이터 내용이 판매금액에서 판매 건수로 바뀌었음을 볼 수 있습니다.

행 레이블	TV1	TV2	냉장고1	냉장고2	컴퓨터1	컴퓨터2	총합계
제조회사 (모두)							
개수 : 판매건수 열 레이블							
⊟1월	1	1		2		1	5
TV	1	1					2
냉장고				2			2
컴퓨터						1	1
⊟2월	2			2		1	5
TV	2						2
냉장고				2			2
컴퓨터						1	1
⊟3월	1				1	1	1	4
TV	1						1
냉장고					1		1
컴퓨터						1	1	2
총합계	4	1		4	1	3	1	14

Sheet2 Sheet1 Sheet3

기타 도구 활용하기

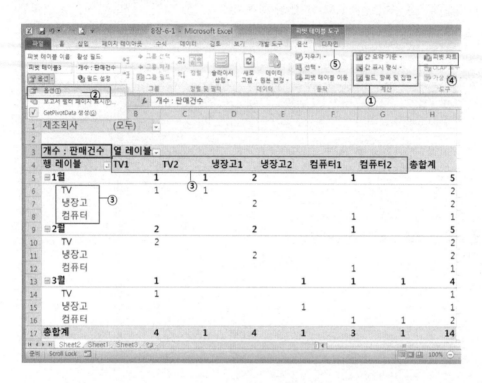

❶ 계산 값 변경

앞에서 표시 값의 내용을 합계, 건
수, 평균 등 계산 형태를 선택할 수
있었습니다. 이번에는 다른 도구를
이용합니다. [피벗 테이블 도구]의
[옵션] 메뉴에서 [계산] 그룹에 있는
[값 요약 기준]을 클릭합니다. '개수'
에 체크되어 있는 것을 '합계' 항목
을 체크하면 피벗 테이블에 나타나
는 값이 합계 값으로 변경됩니다.

❷ 빈 셀에 특정 값 입력하기

피벗 테이블에서 값이 없는 셀은 기본적으로 빈 셀로 표시됩니다. 빈 셀에 특정 값을 지정하겠습니다. 여기에서는 '0'을 입력해 보겠습니다. [피벗 테이블 도구]의 [옵션] 메뉴에서 [옵션] 내의 [옵션]을 클릭합니다. 다음과 같이 [피벗 테이블 옵션] 창이 뜹니다. [레이아웃 및 서식] 탭에서 [빈 셀 표시]에 체크를 하고 '0'을 입력합니다. [확인]을 클릭하면 됩니다.

❸ 레이블 필드 정렬하기

행 레이블 또는 열 레이블의 필드명은 기본적으로 오름차순으로 정렬이 되어 있습니다. 이를 내림차순으로 변경하고 할 경우 필드명이 있는 셀을 선택한 후 내림차순 정렬을 실행합니다.

또한 레이블 영역 내에서 특정 위치로 이동할 수도 있습니다. 이동하고자 하는 필드명을 선택한 후 오른쪽 버튼을 클릭합니다. 다음 그림에서 처럼 펼쳐진 항목 중에 [이동] 항목에 마우스 포인트를 가져가면 오른쪽에 해당 항목이 펼쳐집니다. 이 중에서 하나를 선택하여 필드의 위치를 이동합니다.

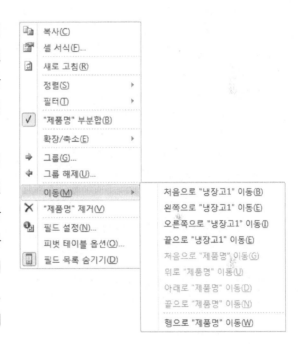

또는 마우스 포인터를 왼쪽 또는 오른쪽 가장자리로 가져가면 상하좌우 모양의 포인터로 변경될 때 클릭한 상태로 원하는 위치로 드래그 하면 됩니다.

❹ 피벗 차트 만들기

[옵션] 메뉴에서 [피벗 차트]를 클릭합니다. 다음과 같이 차트가 생성됩니다. 크기와 위치를 조정해 줍니다.

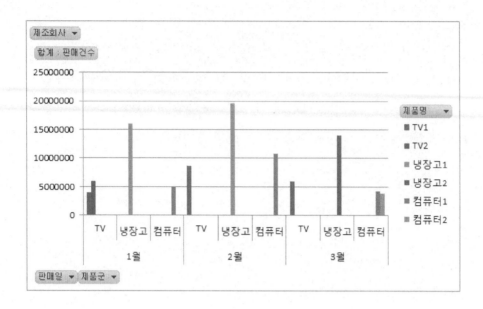

❺ 피벗 테이블 디자인

[디자인] 탭을 클릭합니다. 데이블 디자인과 동일합니다.

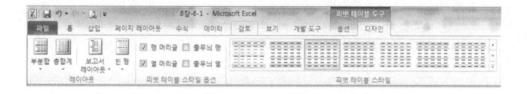

● 실전 예제 - ITQ 시험 문제를 중심으로

이름	직업	주민등록번호	신고액 (단위:천원)	전년도신고액 (단위:천원)	종업원
홍길동1	세무사	590730 - 2******	51,038	61,000	5
홍길동2	변호사	721110 - 1******	75,038	75,038	3
홍길동3	변호사	620301 - 1******	66,039	62,000	4
홍길동4	의사	680405 - 1******	88,020	78,000	7
홍길동5	세무사	700909 - 1******	36,010	35,000	3
홍길동6	의사	660920 - 2******	67,010	60,000	3
홍길동7	의사	610217 - 2******	55,087	55,000	5
홍길동8	세무사	691011 - 1******	52,015	53,000	2
신고액 평균(단위:천원)					

▶ ▶ ▶ 목표값과 필터링 / 부분합 /

- 목표값 구하기 : 신고액 평균 목표값을 65,000으로 하려면 홍길동5의 신고액이 얼마 되어야 하는가 입니다.
  - [E11] 셀에 먼저 평균을 구하는 수식(함수)을 입력합니다. 「=AVERAGE(E3:E11)」
  - 도구 모음의 [데이터] - [가상 분석] - [목표값 찾기] 클릭을 하면 다음과 같이 [목표값 찾기] 창이 뜹니다.
  - 수식 셀에 적용할 수식이 있는 셀을 지정합니다. 즉, 평균을 구하고자 하므로 평균을 구하는 셀 [E11]입니다.
  - 찾는 값 '65000'을 입력합니다.
  - 목표값 '65000'을 구하기 위하여 바꾸고자 하는 값이 있는 셀을 지정합니다. [E7]
  - 결과는 다음과 같습니다

이름	직업	주민등록번호	신고액 (단위:천원)	전년도신고액 (단위:천원)	종업원
홍길동1	세무사	590730 - 2******	51,038	61,000	5
홍길동2	변호사	721110 - 1******	75,038	75,038	3
홍길동3	변호사	620301 - 1******	66,039	62,000	4
홍길동4	의사	680405 - 1******	88,020	78,000	7
홍길동5	세무사	700909 - 1******	**65,753**	35,000	3
홍길동6	의사	660920 - 2******	67,010	60,000	3
홍길동7	의사	610217 - 2******	55,087	55,000	5
홍길동8	세무사	691011 - 1******	52,015	53,000	2
신고액 평균(단위:천원)			**65,000**		

목표값과 필터링 / 부분합

- 고급 필터링 적용하기
  - 직업이 '변호사'이거나, 신고액(단위:천원)이 '60,000' 이하인 데이터만 추출하여 「B17」 셀부터 나타나도록 하고자 합니다.
  - 먼저 필터링 조건을 입력합니다. [B13]에서 [E15]영역에 다음과 같이 입력합니다. 두가지 조건이 OR 조건이므로 행을 다르게 하여 입력합니다.
  - [데이터] 메뉴의 [정렬 및 필터] 그룹의 [고급]을 클릭합니다. 다음과 같이 [고급 필터] 창이 뜹니다.
  - [다른 장소에 복사]에 체크합니다.
  - [목록 범위]는 필터링을 적용하고자 하는 데이터 범위를 지정합니다. [B13:G10]
  - [조건 범위]는 위에서 조건을 입력한 범위입니다. [B13:C15]

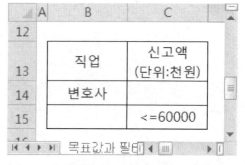

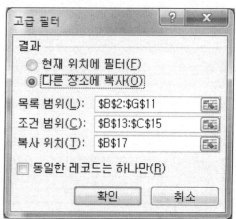

- [복사 위치]는 [B17] 셀을 클릭합니다.
- 다음은 필터링 결과를 보여줍니다.

A	B	C	D	E	F	G
12						
13	직업	신고액 (단위:천원)				
14	변호사					
15		<=60000				
16						
17	이름	직업	주민등록번호	신고액 (단위:천원)	전년도신고액 (단위:천원)	종업원
18	홍길동1	세무사	590730 - 2******	51,038	61,000	5
19	홍길동2	변호사	721110 - 1******	75,038	75,038	3
20	홍길동3	변호사	620301 - 1******	66,039	62,000	4
21	홍길동7	의사	610217 - 2******	55,087	55,000	5
22	홍길동8	세무사	691011 - 1******	52,015	53,000	2

목표값과 필터링 / 부분합 /

부분합 구하기

- 직업별로 이름의 개수와 신고액(단위:천원)의 최대값을 구하고자 합니다.

- 부분합을 구하기 위해서는 먼저 직업별로 정렬을 실행하여야 합니다. [직업] 열의 임의의 셀 [C3]을 선택한 후 오름차순을 실행합니다.

- [데이터] - [부분합]을 클릭합니다. [부분합] 창이 뜹니다.

- 그룹화할 항목에서 「▾」단추를 눌러 [직업]을 선택합니다.

- 사용할 함수의 「▾」단추를 눌러 [개수]을 선택합니다.

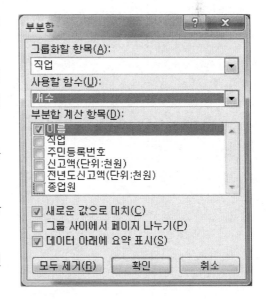

- 부분합 계산 항목에서 직업별로 이름의 개수를 구하고자 하므로 [이름]에 체크를 합니다.
- [데이터 아래에 요약 표시]를 체크 확인 후 [확인]을 클릭합니다.

다시 [데이터] 탭에서 [부분합]을 클릭합니다.

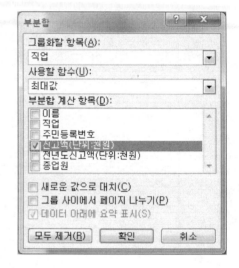

- 사용할 함수에서 「▼」단추를 눌러 [최대값]을 선택합니다.
- 부분합 계산 항목에서 [이름] 항목의 체크를 해제하고 [신고액]에 체크를 합니다.
- [새로운 값으로 대치]의 체크를 해제하고 [확인]을 클릭합니다.

- 다음은 부분합 실행 결과입니다.

	이름	직업	주민등록번호	신고액 (단위:천원)	전년도신고액 (단위:천원)	종업원
	홍길동2	변호사	721110 - 1******	75,038	75,038	3
	홍길동3	변호사	620301 - 1******	66,039	62,000	4
		변호사 최대값		75,038		
		변호사 최대값		75,038		
	2	변호사 개수				
	홍길동1	세무사	590730 - 2******	51,038	61,000	5
	홍길동5	세무사	700909 - 1******	65,753	35,000	3
	홍길동8	세무사	691011 - 1******	52,015	53,000	2
		세무사 최대값		65,753		
		세무사 최대값		65,753		
	3	세무사 개수				
	홍길동4	의사	680405 - 1******	88,020	78,000	7
	홍길동6	의사	660920 - 2******	67,010	60,000	3
	홍길동7	의사	610217 - 2******	55,087	55,000	5
		의사 최대값		88,020		
		의사 최대값		88,020		
	3	의사 개수				
		전체 최대값				
		전체 최대값		88,020		
	8	전체 개수				

피벗 테이블 작성하기

다음 테이블에 대해 다음과 같은 작성 조건의 피벗 테이블을 작성하고자 합니다.

배송코드	분류	배송시간	배송배당금	배송거리	물품개수
AU-0502	의류	오전	4500	200	2
AI-0619	건강식품	오후	5000	1200	6
CI-0714	푸드	오후	2500	400	8
DA-0112	생활용품	오후	2800	700	2
BP-0486	건강식품	저녁	4500	1100	9
AI-1123	푸드	오전	4000	300	3
BI-0855	생활용품	오후	3000	500	2
CO-0271	생활용품	저녁	3200	850	1

피벗테이블 / 제1작업 / 제2작업 / 제3작업 / 제4작

(1) 배송거리 및 배송시간별 배송코드의 개수와 배송배당금의 평균을 구하시오.

(2) 배송거리를 그룹화하고, 레이블이 있는 셀 병합 및 가운데 맞춤으로 설정하시오.

(3) 배송시간을 ≪출력형태≫와 같이 정렬하고, 빈 셀은 '**'로 표시하시오.

(4) 행의 총합계를 지우고, 나머지 사항은 ≪출력형태≫에 맞게 작성하시오.

배송시간 ▼	저녁		오후		오전	
배송거리 ▼	개수 : 배송코드	평균 : 배송배당금	개수 : 배송코드	평균 : 배송배당금	개수 : 배송코드	평균 : 배송배당금
200-499	**	**	1	2500	2	4250
500-799	**	**	2	2900	**	**
800-1099	1	3200	**	**	**	**
1100-1399	1	4500	1	5000	**	**
총합계	2	3850	4	3325	2	4250

피벗테이블 / 제1작업 / 제2작업 / 제3작업 / 제4작업 /

[삽입] 탭에서 [피벗 테이블]을 클릭한 후 [피벗 테이블 만들기] 창이 뜨면 테이블 범위와 피벗 테이블을 만들 위치를 정해줍니다.

먼저 피벗 테이블을 구성하기 위해 필드 항목을 선택하여 행, 열 레이블에 끌어 놓습니다.

- 배송시간 → 열 레이블
- 배송거리 → 행 레이블
- 배송코드 → Σ 값
- 배송배당금 → Σ 값

그림과 같이 작성하고자 하는 피벗 테이블의 기본적인 구성이 이루어졌습니다.

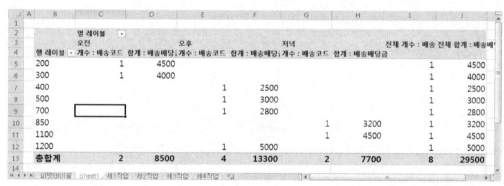

행 레이블	오전 개수 : 배송코드	오전 합계 : 배송배당	오후 개수 : 배송코드	오후 합계 : 배송배당	저녁 개수 : 배송코드	저녁 합계 : 배송배당금	전체 개수 : 배송	전체 합계 : 배송배
200	1	4500					1	4500
300	1	4000					1	4000
400			1	2500			1	2500
500			1	3000			1	3000
700			1	2800			1	2800
850					1	3200	1	3200
1100					1	4500	1	4500
1200			1	5000			1	5000
총합계	2	8500	4	13300	2	7700	8	29500

- 배송배당금의 합계를 평균으로 변경하기 위해 배송배당금이 있는 셀 [D4]를 선택한 후 [피벗 테이블 도구]-[옵션]에서 [값 요약 기준]을 클릭하여 계산 형태를 '평균'으로 선택합니다.

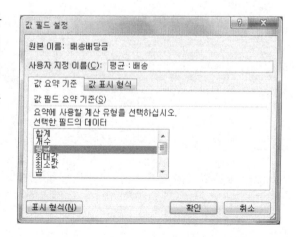

- 행 레이블의 배송거리를 그룹화 합니다. 최종 결과에서 보이듯이 배송거리를 300 단위로 그룹화 하고자 합니다.

- 그룹화 할 내용이 있는 셀 [B5]를 선택한 후 [옵션]-[그룹 선택]을 클릭합니다. 그룹화 대화 창이 나타납니다.
- 시작과 끝은 지정된 값 그대로 둡니다.
- 단위에 '300'을 입력하고 [확인]을 클릭합니다.

• 레이블이 있는 셀 병합 및 가운데 맞춤으로 설정하고 빈 셀은 '**'로 표시하고자 합니다. 그리고 행의 총합계를 피벗 테이블에 나타나지 않도록 하고자 합니다.

- [피벗 테이블 도구]-[옵션]에서 맨 오른편에 위치한 [옵션] 항목을 클릭하고 펼쳐지는 내용 중에 [옵션]을 클릭합니다. [피벗 테이블 옵션] 창이 뜹니다.

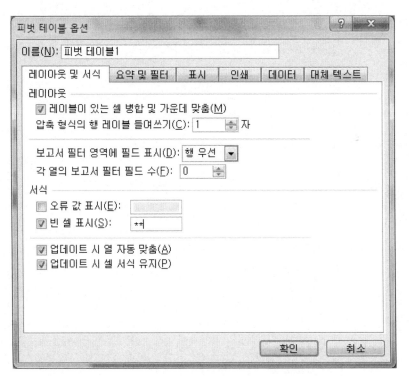

- [레이블이 있는 셀 병합 및 가운데 맞춤]에 체크합니다.
- [빈 셀 표시]에 '**'를 입력합니다.
- 행 총합계를 나타나지 않도록 하기 위해 [피벗 테이블 옵션] 창의 [요약 및 필터] 탭을 클릭

합니다. 총 합계 표시의 체크를 클릭하여 해제합니다.

- [확인]을 클릭합니다.

- 배송시간을 '저녁' → '오후' → '오전' 순으로 변경하고자 합니다.
  - 열 레이블의 '저녁' 필드를 선택한 후 마우스 포인터를 오른쪽 가장자리로 옮기면 마우스 포인터가 상하좌우 화살표 모양으로 바뀌면 클릭한 상태로 드래그하여 왼쪽 앞순으로 끌어 놓습니다. '오후' 필드 열도 동일하게 합니다.
- '열 레이블', '행 레이블'을 '배송시간'과 '배송거리'로 변경하기 위해 셀을 각각 지정하여 직접 입력합니다.
- 별표가 있는 셀을 지정하여 가운데 정렬을 합니다.

Chapter

9

차트

1 차트 만들기

🌐 차트란 ?

차트란 숫자로 표시된 표를 시각적으로 쉽게 데이터 현황을 분석할 수 있도록 그래프 형태로 표현하는 도표입니다. 차트를 사용하는 이유는 엑셀처럼 데이터가 표의 형태로 있으면 데이터 분석이 쉽지 않은 반면에 차트로 표현하면 데이터의 전체적인 현황을 시각적으로 쉽게 분석이 되고 인식이 될 수 있습니다. 제품별 판매현황을 시각적으로 쉽게 비교가 되거나 연도별 등 시간적으로 추이 현상을 바로 알 수 있도록 합니다. 값의 상대적인 비교와 시간에 따른 변화의 추이를 표현할 때 차트를 활용할 수 있습니다.

차트의 종류는 막대 그래프, 꺾은 선 그래프, 막대와 꺾은 선의 혼합 형태, 도넛과 원형 형태, 2차원 3차원 형태의 차트가 있습니다.

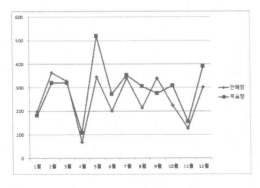

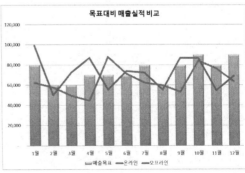

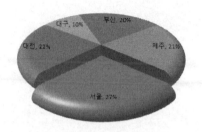

🔵 차트 만들기

연속 영역의 데이터에 대한 차트 만들기

그림에서 처럼 차트로 표현하려고 하는 데이터 영역 [A2:E7]을 지정합니다. 메뉴의 [삽입] 탭을 클릭하면 그래프 모양의 차트 그룹에서 그래프 형태를 지정하면 차트가 생성됩니다.

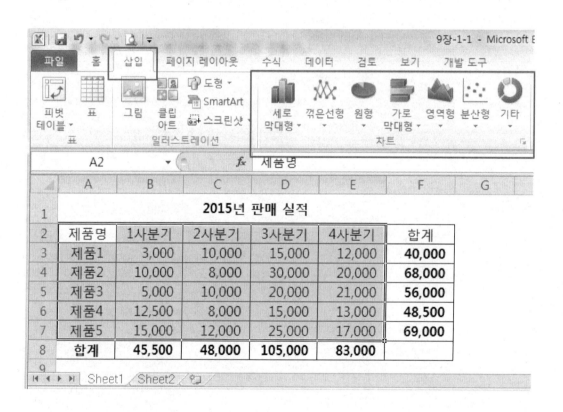

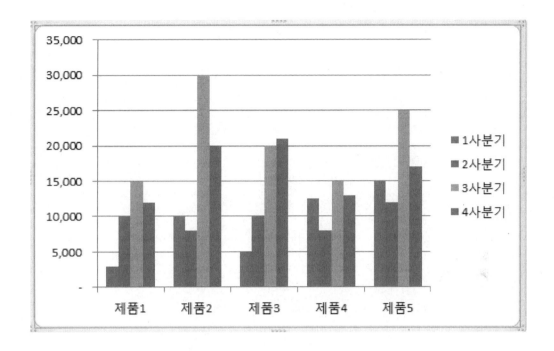

그래프 모양은 언제든지 변경할 수 있지만 미리 어떤 모양의 그래프로 표현할 것인지를 결정하고 선택하는 것이 좋겠습니다.

● 불연속 영역의 데이터에 대한 차트 만들기

차트로 나타내고자 하는 데이터의 영역이 연속으로 있지 않을 때에 대한 데이터 지정방식입니다. 아래 그림처럼 '제품3'은 차트에서 제외시키고자 할 경우

- 먼저 [A2:E4]까지 데이터를 지정한 후 ⟨Ctrl⟩ 키를 누른 상태에서 [A6:E7] 영역을 지정합니다.
- 불연속 영역의 데이터 지정을 끝낸 후 [삽입] 탭의 차트 그룹에서 그래프 형태를 선택하면 됩니다. 이번에는 '꺾은선형'을 선택하였습니다.

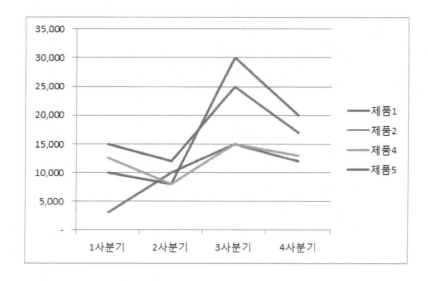

차트 종류의 특성

차트의 종류는 많이 있습니다. 많이 활용되는 3종류의 차트에 대해 소개합니다.

(1) 막대형
막대형은 값의 크기 또는 양을 비교할 때 많이 활용되는 그래프 형태입니다. 앞에서 잠시 보았듯이 제품별로 분기별 판매량 또는 판매금액을 비교할 수 있습니다.

(2) 꺾은선형
꺾은선형은 시간에 따라 변화추이를 분석할 때 많이 사용되는 형태입니다. 물론 값의 비교도 가능하지만 변화추세를 더 강조하고자 할 때 사용합니다. 분기별로 판매량의 추이를 쉽게 분석할 수 있습니다.

(3) 원형
원형은 막대형과 꺾은선형과 달리 행 또는 열의 데이터 하나만 표현합니다. 비교하는 값의 크기도 표현되지만 비율로 표현할 때 유용하게 활용됩니다.

2 차트 편집하기

차트는 차트의 목적에 따라 언제든지 변경이 가능합니다. 차트 종류의 변경, 차트 데이터의 수정, 차트 색깔 및 구성 형태의 변경 등의 수정이 가능합니다.

차트가 만들어지고 만들어진 차트를 선택하면 메뉴에 [차트 도구] 메뉴가 생성되고 하부 메뉴로 디자인, 레이아웃, 서식 메뉴가 있습니다.

🔵 디자인

[디자인] 메뉴에는 크게 차트종류, 데이터 변경, 차트 레이아웃, 차트 스타일, 차트이동위치를 결정해 줄 수 있는 메뉴들로 구성되어 있습니다.

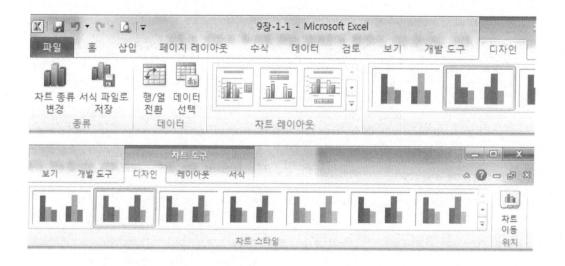

• 차트 종류 변경

[차트 종류 변경] 아이콘을 클릭합니다. 차트의 종류는 세로 막대형에서 방사형, 2차원, 3차원 형태까지 다양하게 있습니다. 이 중에서 원하는 형태를 선택하면 변경이 됩니다.

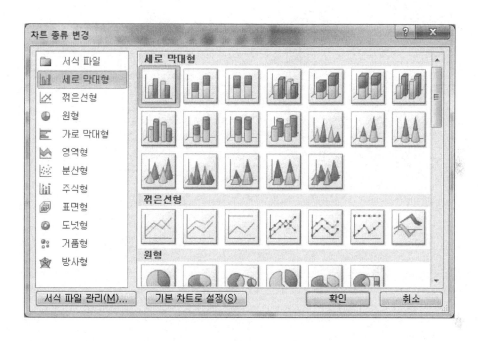

• 행/열 전환

행/열 전환은 가로축의 기준내용을 변경하는 기능입니다. [행/열 전환] 아이콘을 클릭합니다. 그림처럼 가로축의 기준이 제품에서 분기별로 나타나는 것을 볼 수 있습니다. 다시 [행/열 전환] 아이콘을 클릭하면 기준 값이 다시 변경됩니다.

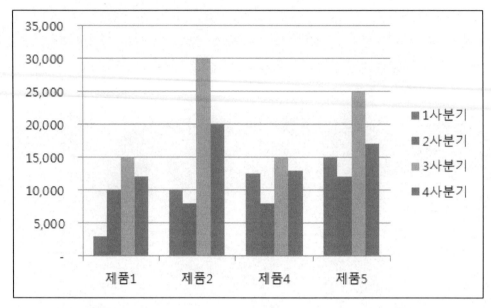

▲가로축이 제품별

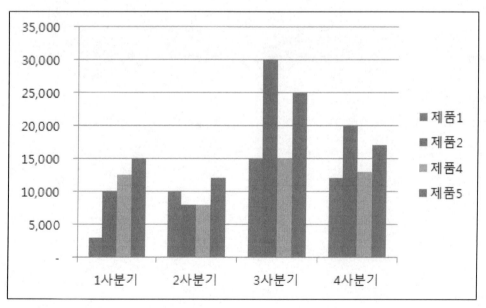

▲가로축이 분기별

• 데이터 선택

데이터 선택은 차트로 나타내고자 하는 데이터의 범위를 수정할 수 있습니다. [데이터 선택] 아이콘을 선택하면 원본 데이터가 표시되며 [데이터 원본 선택] 대화 창이 뜹니다. 데이터 범위를 새로 지정하면 됩니다.

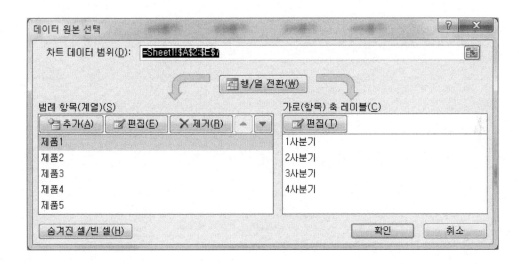

• 차트 레이아웃

차트 레이아웃은 차트의 레이아웃을 빠른 실행으로 정해진 레이아웃 형태로 변경하고자 할 때 활용할 수 있습니다. [차트 레이아웃] 아이콘의 화살표 단추를 클릭하면 여러 개의 레이아웃 형태가 펼쳐집니다. 이것은 정해진 형태를 그대로 적용하는 것으로 [레이아웃] 메뉴에서 사용자정의 형식으로 정할 수 있습니다.

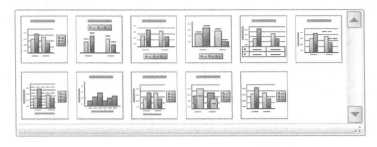

차트 레이아웃은 차트제목이 나타나도록 할 것인지 나타내면 위치는 어디에 할 것인지, 범례의 표현과 위치 등에 대한 것을 지정하는 것으로 뒤에 공부할 차트 편집에서 별도로 사용자가 결정할 수 있으므로 여기에서 반드시 결정하여야 하는 것은 아닙니다. 일반적으로 기본적인 레이아웃만 선택하고 편집에서 직접 다루는 것이 더 효과적입니다.

• 차트 스타일

차트 스타일은 차트의 색깔이나 모양을 정해진 스타일로 쉽게 적용할 수 있습니다.

• 차트 이동 위치

차트의 생성위치를 정할 수 있습니다. 차트를 데이터가 있는 시트에 만들거나 새로운 시트에서 생성되도록 하는 둘 중에 하나를 선택할 수 있습니다.

● 레이아웃

[레이아웃] 메뉴는 앞에서 [디자인] 메뉴의 [차트 레이아웃]에서 기본적인 레이아웃을 선택하는 것에서 확장된 메뉴입니다. 앞서 언급하였는데 차트의 제목, 데이터 형식, 축서식 등 차트를 만든 후 사용자가 직접 표현형태를 결정할 수 있습니다.

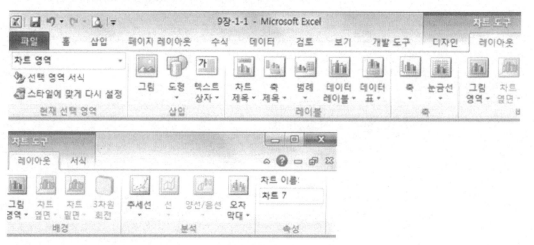

• 차트 제목

[레이블] 그룹의 [차트 제목] 아이콘을 클릭합니다. 제목 '없음', '제목을 가운데에 맞춰 표시', '차트 위' 중에 하나를 선택합니다. '차트 위'가 가장 일반적으로 사용하므로 '차트 위'를 선택합니다. 차트 위에 제목을 만들 수 있는 글상자 개체가 생성됩니다. 생성된 글상자에 제목을 입력합니다. 글꼴, 크기, 색 그리고 배경 색등을 [홈탭]을 클릭한 후에 지정합니다. 입력이 완료된

후 다시 수정할 사항이 생기면 해당 개체를 선택하여 [홈] 탭에서 동일하게 적용하면 됩니다. 제목 글상자에 대한 기타 속성의 수정은 글상자 개체를 더블 클릭 한 후에 서식을 지정하면 됩니다. 차트 제목의 위치는 클릭하여 선택한 후 원하는 위치로 옮기면 됩니다.

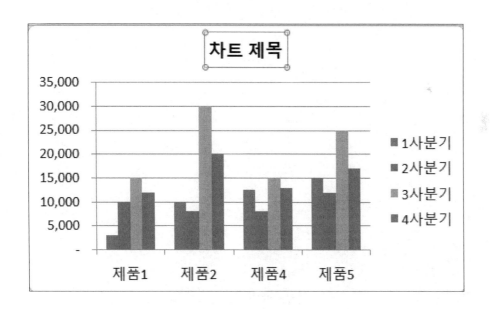

• 축 제목

가로축과 세로축의 제목 설정은 같으며, 일반적으로 가로축의 제목은 제목을 넣지 않아도 가로축이 어떤 속성인지를 알 수 있으므로 특별한 경우 외에는 제목을 넣지 않습니다. 세로축은 숫자의 속성이 무엇을 의미하는지 그리고 단위를 지정하는 것이 차트의 완성도를 높이므로

제목을 넣는 경우가 많습니다.

[제목 축] 아이콘을 클릭하고 [기본 세로축 제목] 항목에 마우스 포인트를 가져가면 다음과 같이 세로축 형식이 펼쳐집니다. [세로 제목]을 선택하여 클릭합니다. 세로축 제목을 넣을 수 있는 글상자가 생성됩니다. 예를 들어 '판매금액(천원)'과 같이 제목과 단위를 입력합니다. 제목 글상자에 다른 서식을 적용하려고 한다면 제목상자를 선택한 후 [홈] 탭에서 글꼴, 크기, 색깔 등 기본적인 서식을 적용할 수 있으며 추가적인 서식은 제목글상자를 더블 클릭하면 [축 제목

서식] 대화 창이 뜹니다. 추가 서식을 적용하면 됩니다. 그리고 축 제목의 위치는 클릭하여 선택한 후 원하는 위치로 옮기면 됩니다.

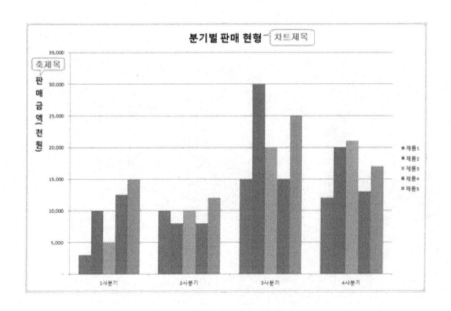

• 범례

[범례] 메뉴를 클릭하면 다음과 같은 항목이 펼쳐집니다. 여기서 선택할 내용은 범례의 위치에 대한 것이므로 특별히 여기서 선택할 필요는 없습니다. 앞에서도 감깐 언급하였지만 차트에

생성되는 모든 항목들은 모두가 하나의 개체로 다루어지
므로 각 개체를 별도로 다룰 수 있습니다. 따라서 범례도
사용자가 직접 드래그하여 위치를 정하는 것이 더 편리하
므로 이 메뉴에서 지정할 필요는 없으므로 그냥 지나쳐
갑니다.

• 데이터 레이블

차트의 그래프에 데이터 값을 표시하는 기능입니다. [데
이터 레이블] 메뉴를 클릭하면 다음과 같이 레이블 위치를
선택하는 항목이 펼쳐집니다.

'바깥쪽 끝에'를 선택합니다. 차트의 그래프 끝에 데이터 값이 표시됩니다. 데이터 값이 들어
가니 조금 복잡하지요? 글자 크기를 조절하거나 필요한 부분만 나타나게 할 수 있습니다. 데
이터 레이블을 없애려고 하면 [없음] 항목을 클릭하면 됩니다.

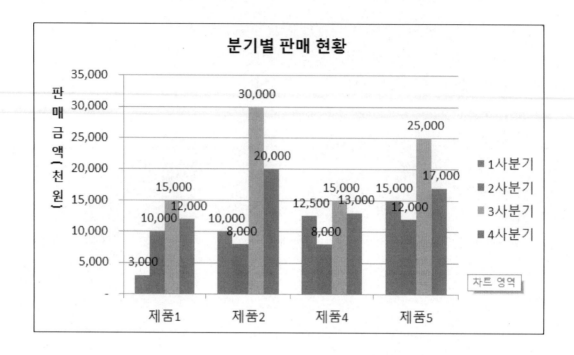

• 데이터 표

차트를 생성한 원본 데이터를 차트와 함께 표시하는 기능입니다.

[데이터 표] 메뉴 항목을 클릭하면 데이터 표시 선택 사항이 나타납니다. [범례 표지와 함께 데이터 표 표시]를 클릭하면 차트 아래에 데이터 표가 표시됩니다. 표를 없애려면 [없음]을 클릭합니다.

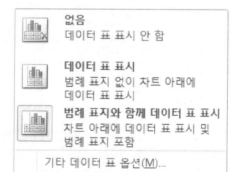

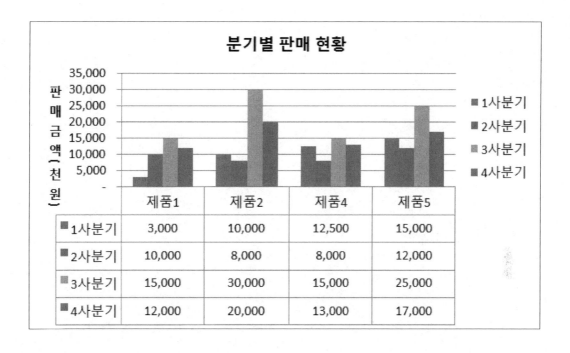

	제품1	제품2	제품4	제품5
■1사분기	3,000	10,000	12,500	15,000
■2사분기	10,000	8,000	8,000	12,000
■3사분기	15,000	30,000	15,000	25,000
■4사분기	12,000	20,000	13,000	17,000

• 눈금선

가로 눈금선과 세로 눈금선에 대한 표시 기준을 선택하는 기능입니다. 가로와 세로의 설정 내용이 동일하므로 가로 눈금선에 대한 것만 설명하겠습니다. [눈금선] 메뉴 항목을 클릭하고 [기본 가로 눈금선] 항목을 클릭합니다. 눈금선에 대한 4가지의 설정 기준이 펼쳐집니다. 일반적으로 눈금선이 없도록 [없음]을 선택하거나 [주 눈금선] 설정 정도입니다. 보조 눈금선을 선택하면 차트에 눈금선이 너무 복잡하게 느껴질 수 있습니다.

3 차트 서식 변경하기

서식 변경하기

서식을 변경하는 절차는 다음과 같다.

- [홈] 탭에서 글꼴, 글자 크기, 글자 색, 배경 색 등 기본적인 서식의 변경
- 서식을 변경하고자 하는 영역을 클릭하여 선택한 후 [차트 도구]의 [서식] 탭에서 변경
- 서식을 변경하고자 하는 영역을 클릭하여 마우스 오른쪽 버튼을 클릭하여 [서식] 항목을 클릭하거나, 서식을 변경하고자 하는 영역을 더블 클릭하면 [서식] 대화 상자가 뜹니다. 대화 상자에서 서식을 변경

아래 그림은 차트에서 차트 레이아웃의 각 영역별 이름입니다.

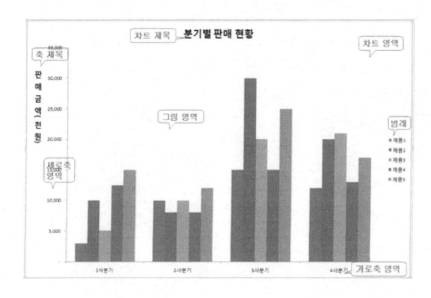

서식을 적용할 때 해당 서식 대화 상자가 뜰 때 각 영역별 이름이 명시되므로 이름을 확인하고 서식을 적용하는 것이 두 번 작업하지 않는 좋은 경우입니다.

• 차트 영역 배경색 변경하기

차트 영역에서 더블 클릭을 합니다. [차트 영역 서식] 창이 뜹니다. 배경색, 배경 그라데이션, 선 색 등을 지정할 수 있습니다.

• 그림 영역 배경색 변경하기

차트 영역과 동일합니다. 그림 영역에서 더블 클릭 후 [그림 영역 서식] 창에서 배경색, 배경 그라데이션, 선 색 등을 지정할 수 있습니다. 다음 그림은 차트 영역과 그림 영역에 배경색을 적용한 경우입니다.

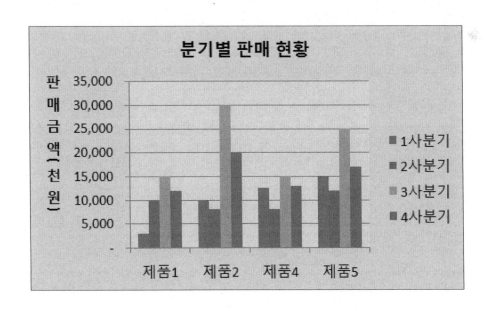

• 차트 제목, 축 제목, 범례, 축 서식 변경

차트 제목 또는 축 제목 또는 범례 또는 축 영역을 클릭하여 선택한 후 [홈] 탭에서 기본적인
글꼴, 크기, 글자 색, 면 색을 지정하여 변경합니다. 다음은 글자 크기, 면 색, 범례 위치를 변
경한 예입니다.

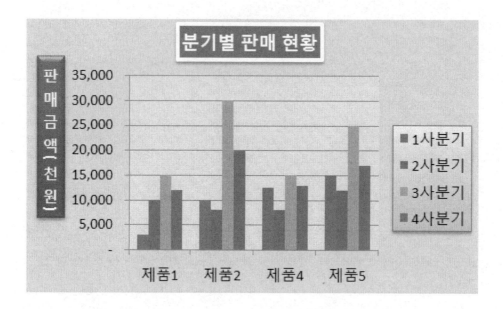

🔵 기타 차트 변경하기

다음 그림을 예제로 하여 차트 변경에 대한 것을 좀 더 살펴 보겠습니다.

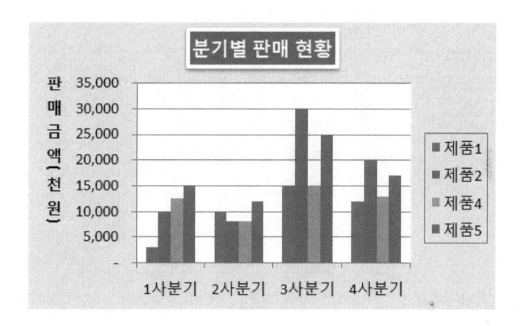

• 막대 그래프 색깔 변경하기

차트 스타일을 적용하면 전체 그래프가 일율적으로 정해진 형식으로 적용됩니다. 적용된 스타일에서 특정 부분만 다르게 서식을 적용하려고 합니다. '제품5'의 막대 그래프의 색을 다르게 적용해 봅시다.

먼저 '제품5' 그래프를 클릭합니다. 1사분기에서 4사분기까지의 '제품5'가 선택이 됩니다. [차트 도구]의 [서식] 탭을 클릭합니다. 면색을 변경하여 적용합니다. 검정색으로 변경해 보았습니다.

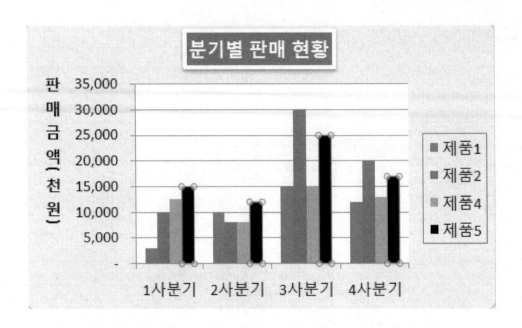

• **막대 그래프 특정 부분 서식 변경하기**

제품2의 3사분기 막대 그래프만 다른 서식을 적용해 보겠습니다. 이 부분만 서식이 적용되어
야 하므로 '제품2'를 클릭하여 선택합니다. 3사분기의 '제품2' 막대를 한번 더 클릭합니다. 그
러면 제품2의 3사분기 막대 그래프만 선택이 됩니다. 면색을 변경하면 됩니다.

막대 그래프에 해당 제품의 그림을 넣었습니다. 막대 그래프에 색을 지정하는 것 외에 그림을
넣을 수 있는데 그림을 넣는 절차는 다음과 같습니다.

- [차트 도구]의 [서식] 메뉴를 클릭합니다.

- [도형 채우기] 항목의 「▼」를 클릭하면 채우기 색깔 외에 여러 종류의 형태로 채우기 할 수
  있는데 그 중에 [그림] 항목을 클릭하여 컴퓨터에 저장되어 있는 해당 제품의 그림을 선택하
  면 됩니다.

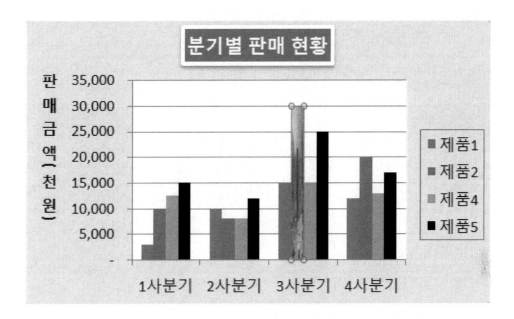

• **막대 그래프 특정 부분에 데이터 값 표시하기**

데이터 레이블 적용을 특정 부분에만 적용하는 것이므로 먼저 앞의 경우와 동일하게 '제품2'를 클릭한 후 3사분기의 '제품2' 막대를 한번 더 클릭합니다. 그러면 제품2의 3사분기 막대 그래프만 선택이 됩니다.

- [차트 도구]의 [레이아웃] 메뉴를 클릭합니다.
- [데이터 레이블]을 클릭한 후 [바깥쪽 끝에] 항목을 선택합니다.
- 데이터 레이블이 생성되고, 레이블 서식을 변경하고자 할 경우에는 레이블을 선택하여 [홈] 탭에서 글자 크기 등 글꼴에 서식을 적용합니다.

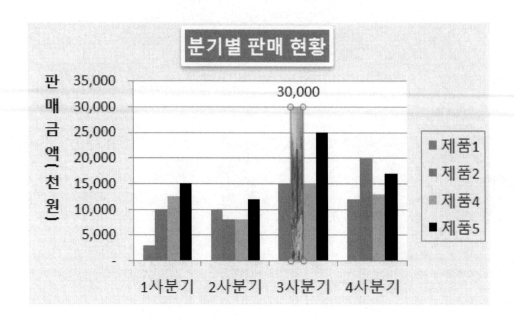

🔵 보조 축 사용하기

보조 축은 속성이 다른 계열 값에 대해 별도의 보조 축을 생성하여 구분하여 표시하고자 할 때
사용되는 기능입니다.

차트 데이터 영역을 변경하여 보겠습니다.

차트를 클릭하여 선택합니다. [차트 도구]의 [디자인] 메뉴에서 [데이터 선택] 항목을 클릭합니
다. 다음과 같이 원본 데이터 영역과 데이터 선택 대화상자가 뜹니다.

[차트 데이터 범위]에 원본 데이터 영역에서 데이터 범위를 [A2:E8]로 다시 지정하고 [데이터 원본 선택] 대화상자의 [확인]을 클릭합니다. 다음과 같이 '합계' 항목이 추가된 차트로 변경됩니다.

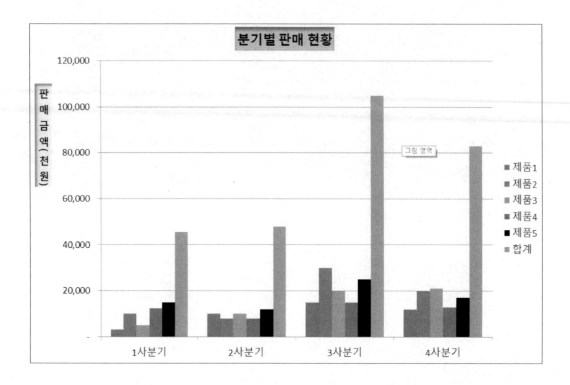

그림에서처럼 합계 항목으로 인해 제품별 판매현황이 시각적으로 비교되는 것이 명료하지 않습니다. 그래서 합계에 해당하는 막대를 다른 형태로 나타낼 수 있는 것이 보조축 활용입니다.

- 합계 막대그래프를 더블 클릭합니다.
- [데이터 계열 서식] 대화 상자가 뜹니다. 그래프의 서식을 변경할 수 있는 서식 창입니다.

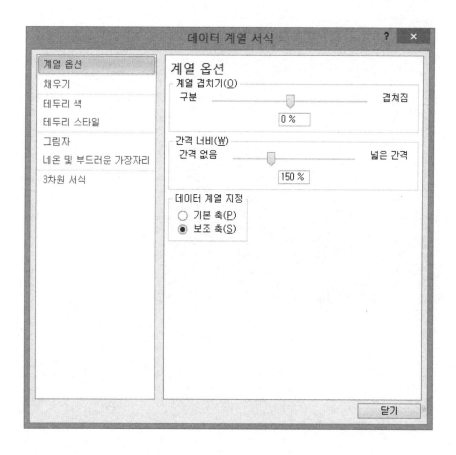

- [데이터 계열 지정]의 보조 축을 선택합니다.

- [데이터 계열 서식] 대화 상자에서 [닫기]를 합니다.

- 차트에서 합계에 해당하는 막대그래프가 겹쳐서 나타나고 오른쪽에 합계에 해당하는 보조
  축이 나타납니다.

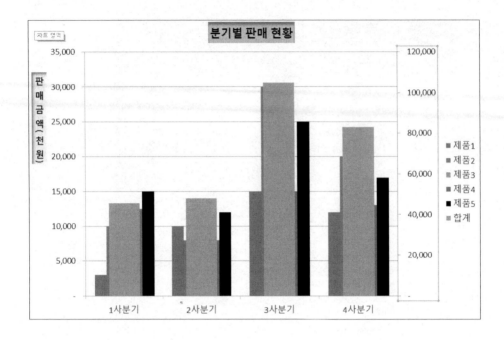

- 합계 막대 그래프가 선택된 상태에서 [차트 도구]의 [디자인] 메뉴를 클릭하여 왼편에 [차트 종류 변경] 메뉴를 클릭합니다.
- [표식이 있는 꺾은선형]을 클릭합니다.

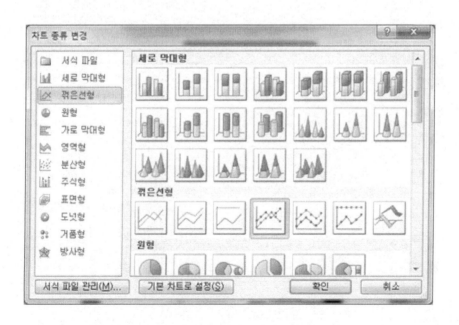

- [확인] 단추를 클릭하면 다음과 같이 차트가 변경되어 나타납니다.

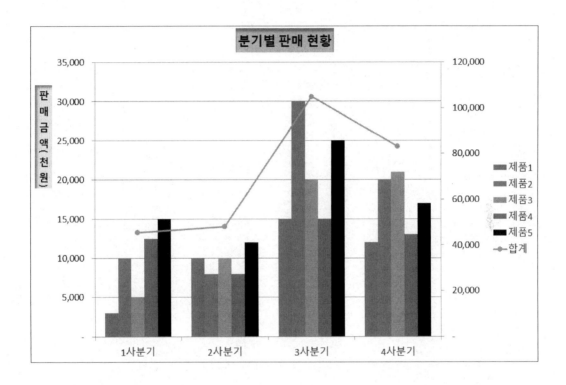

꺾은 선형이 서식을 변경해 보겠습니다.

- 꺾은 선형을 클릭하여 선택합니다.

- 선택된 꺾은 선형을 더블 클릭합니다.

- 그림처럼 [데이터 요소 서식] 대화 창이 뜹니다.

- [표식 옵션]을 선택하고 [기본제공]을 선택 후 표식 형식의 모양을 원하는 모양으로 선택합니다.
- 다시 [표식 선 스타일]을 클릭하고 [완만한 선]을 체크합니다.

- 다음과 같이 꺾은선형의 스타일이 변경됩니다.

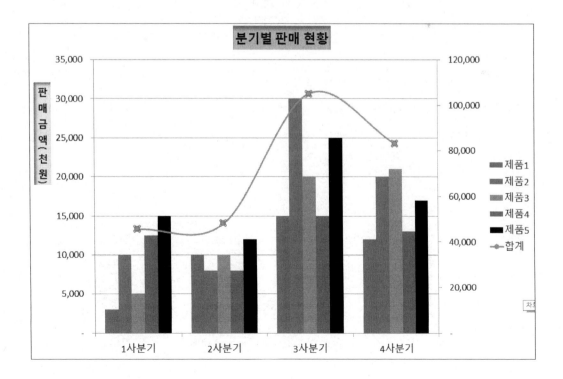

원형 차트 만들기

원형 차트는 비율로 나타내고자 할 때 효과적으로 표현됩니다. 다음 예제에서 제품별로 4분기 실적을 비율로 표현하려고 합니다.

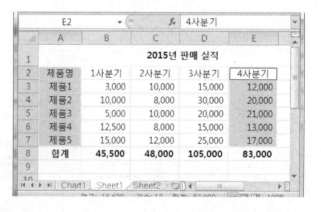

❶ 그림에서 [A2:A7] 영역을 선택합니다. 그리고 Ctrl 키를 누른 상태에서 [E2:E7] 영역을 지정합니다. 제품명과 4사분기 데이터를 동시에 지정하였습니다.

❷ 메뉴바에서 [삽입] 탭을 클릭합니다. [차트]를 클릭합니다. 펼쳐지는 차트 종류 중에 [원형]을 클릭합니다. 원형 차트의 여러 종류가 펼쳐집니다. [3차원 원형]을 클릭하여 선택합니다.

다음과 같이 3차원 원형 차트가 생성됩니다.

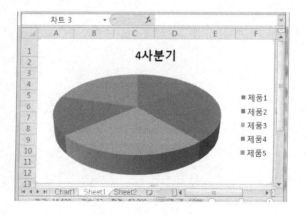

❸ 메뉴 바에서 [차트 도구]-[디자인] 탭을 클릭합니다. 도구 모음 맨 오른쪽에 [차트 이동]을 클릭한 후 [새 시트] 항목을 선택하고 [확인]을 클릭합니다.

❹ 메뉴 바에서 [차트 도구]-
[디자인] 탭을 클릭합니다. [차
트 레이 아웃]에서 첫 번째 레
이아웃을 클릭합니다.

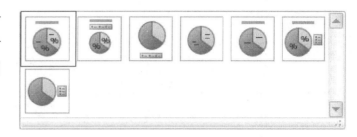

❺ 그림처럼 차트에 제품명과
실적 비율이 같이 나타납니다.
레이아웃 종류에 따라 표현 형
태를 선택할 수 있습니다.

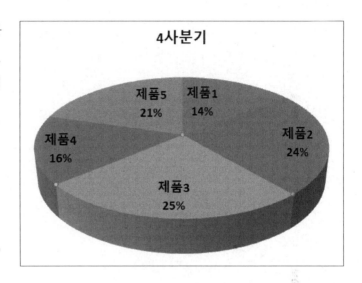

⬤ 원형 차트 수정하기

차트 위에서 마우스 오른쪽 버튼을 누릅니다.
오른쪽 그림처럼 메뉴 항목이 나타나는데 이 중에서 [데
이터 레이블 서식] 항목과 [데이터 계열 서식] 항목에 대
한 수정에 대해 설명합니다.

● **[데이터 레이블 서식]**

[데이터 레이블 서식]을 클릭합니다.

❶ 데이터 레이블에 대해 채우기, 테두리 등의 옵션을 적용할 수 있습니다. 이 중에 레이블 내용에서 [항복 이름], [백분율], [지시선 표시]가 체크되어 있습니다. 백분율 대신 값으로 표현이 가능하고 지시선 표시는 데이터 레이블을 차트 밖으로 이동시키면 차트와 레이블을 연결하는 연결선을 표시하라는 것을 지시합니다.

❷ 레이블의 위치는 현재 [자동 맞춤]이 선택되어 있습니다. 다른 것을 선택함에 따라 차트에 데이터의 위치가 변경됨을 볼 수 있습니다.

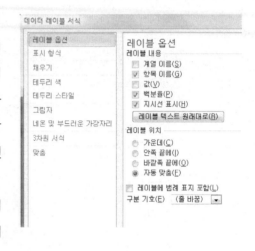

● **[데이터 계열 서식]**

❶ 오른쪽 그림에서 '제품3'만 조금 떨어져 나와 있습니다.

차트를 클릭하면 제품1에서 제품5까지 계열 전체가 선택이 됩니다. '제품3'을 한 번 더 클릭합니다. '제품3'만 선택이 됩니다. 마우스로 클릭한 채로 조금 이동시켜 주면 됩니다.

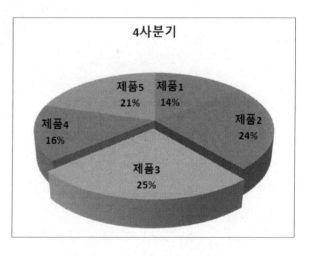

❷ 마우스 오른쪽 버튼을 클릭하여 [데이터 계열 서식] 항목을 클릭합니다.

[쪼개진 원형] 항목에서 0%을 10%로 변경합니다. 다음과 같이 데이터 계열들이 떨어진 형태로 표현됩니다.

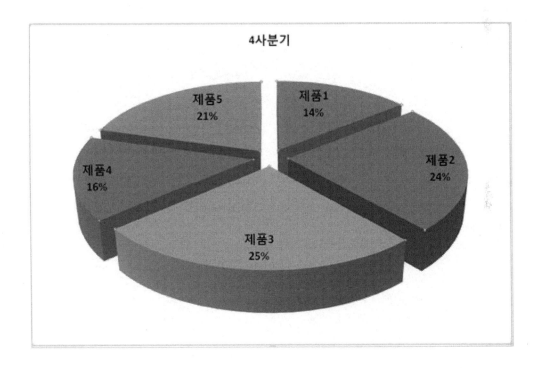

데이터 계열 서식

계열 옵션
채우기
테두리 색
테두리 스타일
그림자
네온 및 부드러운 가장자리
3차원 서식

계열 옵션
첫째 조각의 각(A)
회전 없음   360도 회전
0

쪼개진 원형(X)
함께   구분
0 %

4사분기

제품5
21%

제품1
14%

제품2
24%

제품4
16%

제품3
25%

저자

최명세

경북대학교 전자공학과 졸업
한국원자력원구소 연구원
포항대학교 IT전자과 교수
(현재) 포항대학교 국방전자통신과 교수

엑셀 2010, 기본만 하자!

1판 1쇄 발행 2015년 03월 10일
1판 3쇄 발행 2020년 10월 28일
저 자 최명세
발 행 인 이범만
발 행 처 **21세기사** (제406-00015호)
경기도 파주시 산남로 72-16 (10882)
Tel. 031-942-7861   Fax. 031-942-7864
E-mail : 21cbook@naver.com
Home-page : www.21cbook.co.kr
ISBN 978-89-8468-573-4

정가 25,000원